国家文化产业资金支持媒体融合重大项目

省级精品课程教材
21世纪高职高专精品教材·财经类专业平台课

统计学基础

Tongjixue Jichu

（第四版）

宫春子 主编

东北财经大学出版社
Dongbei University of Finance & Economics Press
大 连

图书在版编目（CIP）数据

统计学基础 / 宫春子主编．—4版．—大连：东北财经大学出版社，2019.8（2020.12重印）

（21世纪高职高专精品教材·财经类专业平台课）

ISBN 978-7-5654-3654-3

Ⅰ．统…　Ⅱ．宫…　Ⅲ．统计学-高等职业教育-教材　Ⅳ．C8

中国版本图书馆CIP数据核字（2019）第169259号

东北财经大学出版社出版

（大连市黑石礁尖山街217号　邮政编码　116025）

网　址：http：//www.dufep.cn

读者信箱：dufep@dufe.edu.cn

大连雪莲彩印有限公司印刷　东北财经大学出版社发行

幅面尺寸：185mm×260mm　字数：304千字　印张：13

2019年8月第4版　2020年12月第10次印刷

责任编辑：张晓鹏　刘晓彤　责任校对：齐　心

封面设计：张智波　版式设计：钟福建

定价：28.00元

教学支持　售后服务　联系电话：（0411）84710309

如有印装质量问题，请联系营销部：（0411）84710711

富媒体智能型教材出版说明

“财经高等职业教育富媒体智能型教材开发系统工程”入选国家新闻出版署新闻出版改革发展项目库，并获得文化产业专项资金支持，是“国家文化产业资金支持媒体融合重大项目”。项目以“融通”“融合”“共建”“共享”为特色，是东北财经大学出版社积极落实国家推动传统媒体与新媒体融合发展的重要举措之一。

“财道书院”智能教学互动平台是该工程项目建设成果之一。该平台通过系统、合理的架构设计，将教学资源与教学应用集成于一体，具有教学内容多元呈现、课堂教学实时交互、测试考评个性设置、用户学情高效分析等核心功能，是高校开展信息化教学的有力支撑和应用保障。

富媒体智能型教材是该工程项目建设成果之二。该类教材是我社供给侧改革探索性策划的创新型产品，是一种新形态立体化教材。富媒体智能型教材秉持严谨的教学设计思想和先进的教材设计理念，为财经职业教育教与学、课程与教材的融通奠定了基础，较好地避免了传统教学模式和单一纸质教材容易出现的“两张皮”现象，有助于教学质量的提高和教学效果的提升。

从教材资源的呈现形式来说，富媒体智能型教材实现了传统纸质教材与数字技术的融合，通过二维码建立链接，将VR、微课、视频、动画、音频、图文和试题库等富媒体资源丰富呈现给用户；从教材内容的选取整合来说，其实现了职业教育与产业发展的融合，不仅注重专业教学内容与职业能力培养的有效对接，而且很好地解决了部分专业课程学与训、训与评的难题；从教材的教学使用过程来说，其实现了线下自主与线上互动的融合，学生可以在有网络支持的任何地方自主完成预习、巩固、复习等，教师可以在教学中灵活使用随堂点名、作业布置及批改、自测及组卷考试、成绩统计分析等平台辅助教学工具。

富媒体智能型教材设计新颖，一书一码，使用便捷。使用富媒体智能型教材的师生首先下载“财道书院”APP或者进入“财道书院”（www.idufep.com）平台完成注册，然后登录“财道书院”输入教材封四学习卡中的激活码建立或找到班级和课程对应教材，就可以开启个性化教与学之旅。

“重塑教学空间，回归教学本源！”“财道书院”平台不仅是出版社提供教学资源和服务的平台，更是出版社为作者和广大院校创设的一个自主选择和自主探究的教与学的空间，作者和广大院校师生既是这个空间的使用者和消费者，也是这个空间的创造者和建设者，在这里，出版社、作者、院校共建资源，共享回报，共创未来。

最后，感谢各位作者为支持项目建设所付出的辛劳和智慧，也欢迎广大院校在教学中积极使用富媒体智能型教材和“财道书院”平台，东北财经大学出版社愿意也必将陪伴广大职业教育工作者走向更加光明而美好的职教发展新阶段。

东北财经大学出版社

第四版前言

统计学是高等教育经济管理类各专业的核心课程之一。为高职高专统计学教学量身定做的《统计学基础》教材，自2007年出版以来，陆续走进了各高职高专院校的统计学课堂，得到了广大教师的认可，受到了同学们的欢迎和好评。

统计学是一门关于如何收集数据、分析数据，并得出对总体特征规律性认识的方法论科学。统计无时不有，无处不在，特别是随着大数据时代的到来，统计方法在金融、证券、保险、投资、理财等领域得到广泛应用，越来越受重视，统计数据已成为各行各业领导决策的重要依据。正是缘于对统计科学的热爱、对统计理论的不断明晰和不断深入，基于对统计教学规律的不断探索、对统计教学经验的不断总结，为满足高职高专高素质应用型人才培养的需要，根据财经类各专业的特点，并吸收国内外优秀统计教材的成熟理论，我们对《统计学基础》进行了修订和完善。

《统计学基础》(第四版)的主要特点是：

1.保持了教材原有的优点：(1)内容全面、系统。本书不仅介绍了传统统计学中最基本的理论与方法，弘扬了统计经典，而且选取了一些最新的在实际工作中广泛运用的理论和方法。(2)把理论体系的严密性同教学上的简明通俗、由浅入深有机统一起来，在内容编排、概念阐释、图表配备、例题选择等方面符合课程教学法的要求。(3)各章都配有学习目标、练习题和实训题，方便教学。(4)将理论思考与实证分析融为一体，恰当地应用了经济生活中的各种实例来阐释统计理论问题，贴近实践，深入浅出，注重运用。

2.修订了第三版教材中个别不尽如人意之处，补充了一些最新的理论和方法。同时，按照“简明通俗、贴近实践、突出应用”的原则，补充和更新了一些更适合高职高专非统计专业统计学课程教学需要的图示与实例。

总之，在修订中，我们更注重突出满足当前统计工作实践的新要求，突出满足高职高专院校所设课程应用性特点的要求，突出满足高职高专非统计专业统计学课程教学改革的要求，使教材更具有科学性、针对性和应用性。

全书共9章，并附加3个附录。其中，南昌工学院宫春子教授修订编写了第1、3、4、5、6章及附录1、附录2和附录3；辽东学院刘卫东教授修订编写了第2、7、8、9章。全书最后由宫春子教授总纂和定稿。

在教材修订过程中，我们得到了许多专家和学者的大力支持、帮助，同时也参考了一些同类教材和资料，在此一并致以最诚挚的谢意！同时，也要感谢东北财经大学出版社的张晓鹏编辑在教材出版过程中给予的支持和帮助，还要感谢教材使用者对我们的信赖以及提出的修订建议。

由于编者水平有限，本教材难免有疏漏和不当之处，恳请同行和读者朋友批评指正。

编　者

2019年6月

目　录

第1章 绪论

[学习目标]

通过本章的学习，要对统计学有一个入门认识，了解统计学的含义、性质、基本职能和主要研究方法；掌握统计学的基本范畴，如总体、总体单位、标志、统计指标、变量、变量值、统计指标体系等。

1.1 统计工作概述

1.1.1 统计工作的含义

统计是一种用以搜集数据、分析数据和由数据得出结论的概念、原则和方法。大至对宏观社会的整体调查研究，小至对微观事物的观察分析，涉及社会政治、经济、文化和科技等各个领域、部门、单位乃至具体的人和事。可以说，凡是人们需要了解和认识的问题，都要进行统计，而且社会越发展，人们需要了解和认识的问题越广泛、越深刻，统计调查研究活动就越全面、越深入。特别是在大数据时代，“数据，已经渗透到当今每一个行业和业务职能领域，成为重要的生产因素。人们对于海量数据的挖掘和运用，预示着新一波生产率增长和消费者盈余浪潮的到来。”（全球知名麦肯锡咨询公司，麦肯锡语）。统计，是一门关于如何收集数据、分析数据，并得出对总体特征规律性认识的方法论科学。

统计就其本身的性质而言，一般包括三层含义，即统计工作、统计资料和统计学。

统计工作，也称统计实践，是指利用各种科学的统计方法，搜集、整理、分析和提供关于社会、经济和科技现象的数字资料的工作过程。例如，银行的计划统计科，每月要编制项目报表，这个过程就是统计工作。又如，我国进行人口普查时要经过的方案设计、入户登记、数据汇总、分析总结和资料公布等一系列过程都是统计工作。在我国，各级政府机构基本上都有统计部门，如各省、市、县统计局，它们的职能主要是从事统计数据的搜集、整理和分析工作。统计工作在人类历史上出现比较早，随着社会的发展，统计工作逐渐发展和完善起来，成为国家、部门、企业、事业、科研单位和个人改造客观世界和主观世界的有力工具。统计工作可简称为统计。

统计资料是统计活动的成果，是在统计活动过程中所取得的反映国民经济和社会现象及过程的数字资料以及与之相联系的其他资料的总称。它包括统计的原始调查资料，如企业车间的统计台账、人口普查时初次登记的资料；也包括经过统计整理、分析形成系统的次级资料，如《统计年鉴》《国民经济与社会发展统计公报》等。统计资料也可简称为统计。

统计学，也称统计理论，是指研究如何对国民经济和社会现象的数量方面进行调查、整理和分析的原理、原则和方式方法的科学。学习、研究统计理论和方法的人也常把统计学作为统计的同义语。

统计的三层含义既有区别也有联系。统计资料是统计工作的成果；统计学则是统计工作和统计资料的理论概括，而统计学形成的理论又指导着统计工作；统计工作一方面受统计理论的指导，另一方面又检验统计理论的正确与否，并推动和促进统计理论的发展。统计学与统计工作、统计资料之间的关系表明：统计理论来源于统计实践，反过来又为统计实践服务，统计理论与统计实践是辩证统一的。

1.1.2 统计工作的特点

统计工作是对社会经济现象数量方面进行的一种调查研究活动，或者说是一种认识活动。统计调查研究活动与其他调查研究活动（如生物调查、法律调查、考古调查等）相比，一方面具有一定的共性，另一方面又有很多不同的特点。统计工作的特点主要体现在四个方面。

1）数量性

统计工作，即统计调查研究活动，是通过调查、整理、分析社会经济现象总体数量方面的资料，反映现象的数量水平、数量关系、数量界限。这一数量性特点将统计学与其他实质性的社会科学，如历史学、哲学、财政学等学科区分开来，也将统计调查研究活动与那些不以数量性为主的调查研究活动，如社会、法律、考古等调查区分开来。

统计工作的特点是用大量的数字资料说明事物的规模、水平、结构、比例关系、差别程度、普遍程度、发展程度、平均水平、平均发展速度等，但是应该注意到统计的定量研究是建立在定性研究这一前提之下的。例如，要想知道国内生产总值是多少，必须认清什么是国内生产总值，国内生产总值与国民总收入有什么区别，与社会总产值有何区别等。因此，统计不是单纯地研究社会经济现象的数量方面，而是在质与量的密切联系中研究现象的数量方面，定性研究是基础，定量研究是目标。

2）总体性

统计工作研究的是总体的数量特征而非个体的数量表现。因此，只有把大量的个体数量资料经过汇总、综合，才能表现出总体数量特征。统计的大数法则认为，大量的个体数量之间存在很大的变异，但它们也有其内在的共性能够表明总体的规律性。从总体上研究社会经济现象的数量方面，是统计学的重要特点。

社会经济现象是各种社会规律相互交错作用的结果，它呈现出一种复杂多变的情景。统计对社会经济现象总体数量方面的调查研究，使用综合研究方法，而不是对单个事物进行研究，但其研究过程是从个体到总体，即必须对足够大量的个体（这些个体都表现为一定的差别、差异）进行登记、整理和综合，使它过渡到总体的数量方面，从而把握社会经济现象的总规模、总水平及总发展变化趋势。例如，要了解股价升降变动情况，统计工作应着眼于整个股价指数的变动，而不是某一只股票价格的变动，但股价指数的编制必须从了解每只股票（或样本股票）价格的变动情况开始，这样经过一系列的统计工作过程，才能达到对股价总体数量变动情况的认识。总之，统计研究最终要得到反映总体数量的指标，但统计工作是从研究个体开始的。只有从个体开始，才能对总体进行分析研究。

3）具体性

统计工作研究的总体数量是一个有具体时间、具体地点、具体条件限定的数量。如果说职工人数为416人，从统计上看它只是一个毫无意义的抽象数量，但如果说2018年年底鸭绿江啤酒厂职工人数为416人，这就是统计中所说的具体数量了。因此，统计工作的具体性是指在时间、地点、条件三方面都有明确的规定。

应该指出，虽然统计工作是研究具体的数量，但为了进行复杂的定量分析，还需要借助抽象的数学模型和数理统计方法，遵循数学规则。因此，统计工作具体的数量研究需要密切联系抽象的数学方法，以抽象方法为手段，以具体数量为目的，体现统计工作中具体和抽象的辩证关系。

4）社会性

统计的社会性这一特点把社会经济统计与数学、生物统计学、物理统计学（统计力学）等自然科学类学科区分开来，因为统计属于社会科学，它以马克思主义的辩证唯物主义和历史唯物主义为指导。统计的社会性主要表现在两个方面：一是统计的研究对象，统计的研究对象是社会经济现象的数量方面，而社会经济现象是人类社会活动的条件、过程和结果，如生产、分配、流通和消费等，这些都与人的利益密切相关，反映了人与人之间的关系。二是从事统计活动的人员，个别人的思想觉悟还不十分高，个别人的法制观念还不十分强，受个人和小团体利益的驱动，有时也会影响和左右统计工作的过程及结果的科学性和准确性。

由于统计工作存在明显的社会性，各国政府都很重视统计工作的开展。因此，要特别强调克服统计工作中的主观随意性，抑制任意夸大或缩小统计数字、歪曲事实的现象出现。我们既要承认统计是为一定政治集团服务的工具，具有明显的社会性，又要注意到统计是实际情况的反映，具有强烈的客观性。因此，要求从事统计工作的人员一定要加强职业道德修养，实事求是，客观准确地反映社会经济现象。

1.1.3　统计的基本职能

统计是认识社会的有力武器，是各级政府和企业进行经济管理的重要工具，是对国民经济和社会运行状况进行监督的有效手段。统计的基本任务是对国民经济和社会发展情况进行统计调查、统计分析，提供统计资料，实施统计监督。统计的基本职能可以概括为信息职能、咨询职能和监督职能。

1）信息职能

信息职能，即提供统计资料，反馈经济信息。社会经济统计通过统计工作获得了各种社会经济信息，统计信息是社会经济信息的主体。统计信息以数量性和总体性为特征，运用总量、水平、速度、结构、比例关系等特有的方法来反映国民经济和社会发展的总体情况以及单个行业发展的具体情况。统计所提供的资料、所反馈的经济信息、所进行的统计预测，是党和国家确定战略目标、制定长远规划和经济计划的基础，是各级党政领导了解情况、制定决策的重要依据。

2）咨询职能

咨询职能，即提供统计咨询，为社会公众服务，为市场经济服务。统计是利用已掌握的丰富的统计信息资料，运用科学的分析方法和先进的技术手段，深入开展综合分析和各种专题研究，为各级党政领导机关制定政策和决策提供咨询建议。同时，要重视统计信息的开发利用，改善统计服务的方式，扩大统计服务的领域，充分发挥统计为社会公众服务、为市场经济服务的职能。

3）监督职能

监督职能，即真实地反映客观实际情况，实行统计监督。统计监督的客体是国民经济和社会运行情况，是社会生产的各个环节、各个要素及条件的状况。统计监督与其他监督相比有两个显著特点：一是数量性，即对经济和社会运行是否正常提出数量警示，进行数量监测；二是总体性，即对监督对象进行综合性的、全局性的统计监督。强化统计监督，就是加强统计调查和统计分析，及时、客观地从总体上对国民经济和社会运行状况进行全面、系统的定量检查、监督和预警，真实、准确地反映客观实际，以促进经济和社会活动按照客观规律的要求持续、稳定、协调、均衡地发展。

统计信息职能、统计咨询职能和统计监督职能是相互联系、相辅相成的。搜集和提供统计信息是统计最基本的职能。统计信息职能的完成，是统计咨询职能和统计监督职能实现的前提、基础和保证；而统计咨询职能是统计信息职能的延续和深化；统计监督职能的最终实现又是对统计信息职能、统计咨询职能的促进。

1.1.4 统计工作过程

统计工作是对社会经济现象数量方面进行的一种调查研究活动，也是对事物的表象、本质及其规律性的认识活动。这一活动是由浅入深的序列过程，一般来说，这个过程可以概括为统计设计、统计调查、统计整理和统计分析四个阶段。

1）统计设计

统计设计是统计工作的第一个阶段，它是根据统计研究对象的性质和研究目的，对统计工作的各个环节和各个方面进行统筹安排。统计设计的关键任务，是通过对客观现象质的认识来确定研究对象的范围和反映这一对象范围的指标及其指标体系，通过统计设计使统计工作有序地开展起来。统计设计阶段主要考虑四个问题：

（1）设计指标与指标体系。统计设计要根据统计的任务、目的和具体研究对象的特点选择那些能够反映现象本质特征的指标组成一个指标体系。另外，还要考虑各指标之间的相互联系，明确指标的口径、范围、计算方法和重要的分组等。设计指标与指标体系是统计设计的核心内容。

（2）设计搜集资料与整理资料的方法。统计调查与统计整理的方法有很多，如搜集统计资料的方法有报表制度、普查、抽样调查等，要根据统计的目的和任务确定适当的方法，方法得当才能事半功倍。

（3）设计各种保证条件。统计活动需要一定的人员、文具、表格资料、计算机、经费等，这些都需要预先考虑其供应，不能因条件不足而影响统计工作的正常进行。

（4）设计具体的实施方案。具体安排各个环节，提出日程表和工作进度，以此指导实施工作。

统计设计的结果，往往表现为各种设计方案，如统计指标体系、统计分类目录、统计分析提纲等。

2）统计调查

统计调查，也即统计资料的搜集，是统计工作过程的第二个阶段。它是根据统计研究对象和研究目的的要求，采用科学的调查方法，有组织、有计划地搜集统计资料的工作过程。统计调查的方式方法主要有统计报表制度、普查、抽样调查、重点调查、典型调查等。这一阶段是统计实践活动的开始，属于表层和感性认识阶段，但因为统计是要用数字说话的，而统计数字来源于统计调查，因此，统计调查属于定量认识阶段，它的工作质量如何，直接关系和影响到以后各阶段的工作质量。

3）统计整理

统计整理，也即统计资料的整理，它是对统计调查阶段搜集的资料进行科学的加工、分类和汇总。调查阶段搜集的资料既丰富也零乱，既大量也粗糙，因此，需要通过统计整理去粗取精、去伪存真，使大量丰富的资料条理化、系统化。这一阶段是对事物由表层认识到深层认识的连接点，对统计分析的质量有举足轻重的作用，是一个承上启下的中间环节。

4）统计分析

统计分析，也即统计资料的分析，它是在统计整理的基础上，对统计资料进行多种多样的定量和定性分析或评价、论证，由表及里、由浅入深、由此及彼，做出科学的结论，达到对事物本质和规律的认识。这一阶段是认识活动上升到深层次和理性认识的研究阶段。

统计工作的四个阶段是一个统一体，无论哪一个环节出现了偏差，都会背离统计认识活动的规律，从而歪曲反映事物。统计调查出现偏差，会直接影响统计整理的质量和统计分析结果的正确性；统计分析出现偏差，会导致统计调查和统计整理两个阶段前功尽弃。四个阶段的工作质量和效果是密切相关的，因此，要注意它们之间的衔接和协调。

需要指出的是，也有学者认为统计工作过程除了以上四个工作阶段以外，还包括统计预测和决策阶段、统计资料提供和保管阶段。应该说这两个方面工作的确都是统计工作的重要内容，因为整个统计工作绝不能仅仅满足于对统计数字的简单加工和初步分析，统计工作的一个重要内容就是要利用过去和现在的资料对现象的长期趋势做出判断和预测，并以此作为企业决策的依据。统计的基本职能是信息职能、咨询职能和监督职能。因此，统计信息的披露与保管都是统计工作不可或缺的组成部分。

综上所述，统计工作过程是从统计设计（定性认识）到统计调查和统计整理（定量认识），最后通过统计分析达到对事物本质和规律性的认识（定性认识）的过程。这种“质—量—质”的认识过程是统计认识的一个重要特点。

1.1.5 统计工作组织机构

统计是认识社会的有力武器。有效和科学地组织、管理全国范围内的统计活动，是一项十分复杂而又庞大的社会系统工程，必须加强领导、加强组织管理，建立一套完整的、科学的、符合我国国情的统计组织制度和管理体制，把国家统计系统建设成为社会经济信息的主体、国民经济核算的中心以及国家重要的咨询和监督系统。

我国的统计系统由各级政府综合统计系统、各级政府部门统计系统以及城乡基层单位的统计组织所组成。

1）政府综合统计系统

我国政府自上而下设置统计机构或配备统计人员，构成政府综合统计系统。目前，国务院设立国家统计局，县以上地方各级人民政府设立独立的统计机构（统计局）。乡一级人民政府则由专职或兼职的统计人员来负责统计工作的具体协调管理。此外，国家统计局还直接管理着遍布全国的调查队，各调查队既是政府统计调查机构，也是统计执法机构，依法独立行使统计调查、统计监督的职权，独立向国家统计局上报调查结果，并对上报调查资料的真实性负责。同时，其承担地方政府委托的各项统计调查任务。

全国性的统计工作任务、制度、方法由国家统计局统一制定，全国性的统计报表由国家统计局会同国务院有关部门制定，重要的报请国务院批准下达。全国性的基本统计数字由国家统计局统一管理，并按时向中央领导机关和有关部门提供综合性的社会经济统计资料，全面检查监督社会经济活动的运行情况。

2）政府部门统计系统

政府部门统计系统由国务院各部门和地方各级人民政府各部门，根据统计任务的需要设立的统计机构或在有关机构中设置的统计人员构成，如工业部门、交通部门、邮电部门、金融部门等的统计机构。以中国人民银行系统为例，中国人民银行设立了调查统计司，中国人民银行地区分行设立了调查统计处。各级政府部门的统计机构在业务上受国家统计局和同级地方人民政府机关的指导。

3）基层单位统计组织

基层单位统计组织包括乡镇的统计组织或统计人员、企事业单位的统计组织或统计人员。乡政府和镇政府都是国家的行政组织，需要建立统计机构或配备统计人员，并需要建立乡镇统计信息网。乡镇统计人员和乡镇统计信息网在统计业务上受县人民政府统计机构的领导。企事业单位根据统计任务的需要，设立统计机构或配备统计人员，在业务上受所在地人民政府统计机构的指导，负责执行本单位的各项统计任务。

需要指出的是，现阶段我国还出现了一些按市场规律运行的信息产业组织，即民间统计组织。民间统计组织在性质上是独立的事业法人或企业法人。它是信息市场商品生产和经营的主体，也是信息市场竞争的主体。它的职能和任务是：在市场上为客户提供其需要的信息；为企业的微观决策提供较具体的商品价格、供求关系、竞争热点和投资环境等方面的信息。它们可以受客户委托直接进行市场调查，或者搜集大量间接资料，经过鉴别分类整理，提供给客户。它们也可以为客户提供市场分析、市场预测、经营决策等方面的咨询服务。它们还可以接受委托进行社会调查、民间调查。民间统计组织有市场调查所、社会调查所、统计事务所、信息开发公司、行业协会统计组织等多种形式。

此外，随着统计改革深化的需要，我国各省、市、县、区的调查队（由原城市经济调查队和企业调查队合并组成），已从地方统计局中分离出来，由国家统计局直属领导，各省、市、县、区的农村社会经济调查队也由各省统计局直属领导，这使统计数字摆脱地方的干扰，更有利于保证统计数字的准确性。

● 1.2 统计学的研究对象和研究方法

1.2.1 统计学的研究对象

统计学和统计工作是一种理论和实践的关系，统计学理论来源于实践，反过来又为实践服务。因此，统计学研究对象和统计工作的研究对象具有协调性和基本一致性。

统计工作是研究社会经济总体数量方面的调查研究活动，统计学的研究对象也应是关于社会经济现象总体的数量方面。统计工作是对社会经济现象数量方面直接进行调查研究，统计学则是从理论和方法上对统计工作加以指导，即统计学的研究对象是关于统计工作实践活动应遵循的一系列原理、规则和方法。因此，可以概括地说，统计学是研究大量社会经济现象总体的数量特征和数量关系的学科。它包括指导统计活动的原理、原则，统计过程所应用的核算和分析方法以及组织方法。人们通过对社会经济现象中各种数量关系的研究来认识社会经济现象发展的规律。统计学描述的规律主要是平均数规律，不了解平均数规律或者说不懂得统计学揭示的规律，就不能深入掌握经济规律。

1.2.2 统计学的性质

从统计学的发展史看，统计学是从研究社会经济现象开始，逐渐趋于成熟，成为一门研究客观事物总体数量方面的方法论科学。这里所指的方法论包括指导统计活动的原理和原则、统计核算和分析的方法。这些方法是在统计工作的实践中产生的，再经过理论概括，反过来用于指导统计实践，为统计工作服务。人们通过对客观事物中的各种数量关系的研究来认识客观事物发展的规律性。特别值得注意的是，统计学在研究社会经济规律现象时，首先从定性研究开始，然后进行定量分析，最后达到认识客观现象的本质、特征或规律，这就是质—量—质的统计研究过程和方法。由于统计学的研究对象既存在于自然领域，也存在于社会领域，因此，统计学是一门具有跨学科性质、较高概括程度和较大适应范围的一般方法论科学。

统计学是一门方法论科学，与理论科学不同，它不能直接阐明社会经济规律，而只是为研究社会经济现象的数量表现、数量关系及其发展规律提供原理、原则和方式方法。因此，统计学只是认识社会的方法、工具和手段。只有掌握正确的方法才能准确地认识和反映客观规律；只有方法对才能情况明，才能认识客观规律，才能做出正确的决策。

1.2.3 统计学的类型

统计学是一门应用非常广泛的科学，所以，统计学的内容体系也非常丰富。统计学可以作如下分类（如图1-1所示）：

- 统计学
  - 应用统计学
  - 理论统计学
    - 描述统计学
    - 推断统计学

图1-1 统计学的分类

应用统计学是统计的一般理论和方法应用到各个领域形成的科学，比如国民经济统计学、管理统计学、人口统计学、医学统计学、生物统计学等。统计学是一门关于如何收集数据和分析数据的科学，社会科学和自然科学领域都需要通过数据分析来解决实际问题。因此，统计方法的应用，几乎涵盖了所有的科学研究领域。

理论统计学是把统计研究对象一般化、抽象化后，形成的可以应用于各种统计活动的一般统计理论和方法。统计学基础属于注重应用的理论统计学。

其中，描述统计学是关于如何对现象的数据特征进行观测、整理、计量、表述的理论和方法论科学，研究如何取得反映客观现象的数据，并通过图表形式对所搜集的数据进行加工处理和显示，进而通过综合概括与分析，得出反映客观现象的规律性数量特征。推断统计学，也称统计推断，是关于如何抽取样本并利用样本数据推断总体有关数据的理论和方法论科学。从描述统计学发展到推断统计学，既是统计学发展的巨大成就，也是统计学发展成熟的重要标志。本教材主要是为缺乏系统概率论基础的学习者所编写的，所以，本教材以描述统计学为主，只用一章（第7章）内容简单介绍推断统计学的基本理论和方法。

1.2.4 统计学的研究方法

统计学研究现象的性质和特点，决定了统计学的研究方法。统计学的基本研究方法有很多，主要有大量观察法、统计分组法、综合指标法和统计推断法。

1）大量观察法

大量观察法是指对要研究事物的全部或足够多的单位进行观察的方法。这一方法主要用于统计调查工作阶段。在统计调查中，无论是全面调查还是非全面调查都必须采用这一方法。由于统计要研究社会经济现象总体的数量特征，而社会经济现象受各种因素影响和作用，因此，只选择其中一部分单位进行观察，观察的结果往往不足以代表总体的一般特征，只有对总体的全部或足够多的单位进行观察并加以分析，才可以使现象中的非本质和偶然因素相互抵消，从而反映现象总体的数量特征。

根据大量观察法的要求，它可以在全面调查中使用，如统计报表、普查等，也可以在非全面调查中使用，如重点调查、抽样调查等。但应该指出，大量观察法是统计调查工作中应遵循的法则，但调查中也可以对个别单位进行深入调查，如典型调查等，它是对大量观察法的总体进行补充，以便深入细致地说明社会经济现象。

2）统计分组法

统计分组法是指根据统计研究的目的和任务，将统计调查所得到的大量资料，按照一定的标志将其总体划分成不同的类型或组，即同类相聚，异类相分，以便进行汇总和总体内部结构分析，从而达到正确运用指标来表明事物本质与规律的目的。统计分组法主要适用于统计整理工作阶段，但在统计调查、统计分析等阶段，也都有自己独特的意义。因此，统计分组法既是统计研究中的一种基本方法，也是统计分析中的一种重要方法。

3）综合指标法

综合指标法是指通过计算各种综合指标，研究和说明现象本质的综合数量特征。任何一种具体的社会现象，最终都可以归入某项指标范畴。统计指标反映的不是个别现象的数量特征，而是经过汇总、综合的总体的某项数量特征，所以，统计指标也称综合指标。统计指标一般有总量指标、相对指标、平均指标等形式。统计分析中其他各种统计方法，如时间序列分析、指数分析、相关分析等都是以综合指标为基础的。因此，综合指标法是统计分析中的基本方法，它主要应用于统计分析工作阶段。

4）统计推断法

统计推断法是指以一定的置信标准，根据样本数据来推断总体数量特征的一种方法。在统计研究中，我们所观察的单位常常是部分单位或少数单位，而要判断的总体对象的范围却是大量的。这就需要根据样本数据，对全部总体数量的特征做出具有一定置信度的判断。例如，调查万分之一的城市居民的收入水平，就可以推断出城市全部居民的收入水平；调查千分之一的农田的收获量，就能推断出万亩农田的收获量等。总之，随着市场调查在市场经济中发挥着越来越重要的作用，统计推断方法也越来越被广泛重视，并成为统计研究的基本方法。

1.3 统计学的基本范畴

1.3.1 统计总体和总体单位

既然统计要研究社会经济现象总体的数量特征，那么，统计总体就是统计学的基本范畴，而统计总体又是由总体单位构成的。

1）统计总体

统计总体简称总体，它是客观存在的，在同一性质基础上结合起来的许多单位的整体。例如，我们要研究某市股份制企业的状况，该市的全部股份制企业便构成一个统计总体，因为股份制企业是客观存在的，而且每个股份制企业的组织形式都是相同的，即它们在某一方面具有同质性。又如，我们要研究某市工业企业设备情况，则该市所有工业企业设备就组成一个统计总体，因为每个工业企业的每台设备不仅是客观存在的，而且都是工业企业生产的条件。统计总体是我们认识的对象。

统计总体的范围随着统计研究目的的不同而改变，范围可大可小，如上例中统计总体可以是某市所有的股份制企业，也可以是某区或全省乃至全国所有的股份制企业。统计总体必须同时具备同质性、大量性和变异性的特点。

同质性是形成统计总体的一个必要条件，是总体的一个重要特征。所谓同质性，是指构成统计总体的每一个单位在某一方面必须具有的共同的属性。大量性是指总体中应包括足够多的个体事物，因为每一个个体事物常常可能受偶然因素的影响，表现出各种各样的差异。因此，少数个体事物的特征往往不能说明总体的特征，只有研究大量个体组成的总体，才能使偶然因素的作用相互抵消，从而显示出事物的本质特征。变异性是指构成总体的每一个个体单位，在某一方面性质是相同的，但在其他方面必定有所差异。例如，同是某股份制企业的职工，也有工种、工资、工龄、文化程度等方面的差异。统计研究实质上就是研究总体各单位某种品质或数量变异的程度、趋势等，从而寻找出规律性。

2）总体单位

总体单位是构成统计总体的每一个基本单位，是各项统计特征的承担者。根据统计研究目的的不同，总体单位可以是人或物，可以是企业单位或地区、部门，也可以是时间、重量或长度等。有时总体单位以自然计量单位表示，如设备以台表示、产品以件表示等。有时总体单位以物理计量单位表示，如时间用小时、分、秒表示，重量用吨、千克、克表示，长度用米、厘米、毫米表示，面积用平方千米、平方米表示等。在前例中，该市每一个股份制企业就是全市股份制企业总数这个统计总体的总体单位，而每一个工业企业的每一台设备则是该市工业企业设备总量这个总体的一个基本单位，即总体单位。

统计总体和总体单位之间体现着全体和个体、整体和局部的关系。总体和总体单位的确定，要视研究问题的需要和研究范围的大小而定。同一事或同一物，在不同的研究目的下，时而为总体时而为总体单位，不是固定不变的。随着研究目的的不同，它们是可以转化的。例如，在研究某地上市公司的情况时，该地的每一家上市公司就是总体单位。但若我们的研究目的改变了，把该地某家上市公司作为研究目标时，这家公司就成为新问题中的统计总体了。

需要指出的是，一个总体所包含的总体单位数可以是无限的，无法一一计数，称为无限总体；也可以是有限的，可以一一计数，称为有限总体。例如，在连续大量生产的某种小件产品中，总产量是无限的。又如，我国人口总数虽多达13.9亿，但总归是有限的，可以计数的。区分无限总体和有限总体是确定科学的调查研究方法的前提条件。通常，对于无限总体，无法进行全面调查，只能进行非全面调查；对于有限总体，既可进行全面调查，也可进行非全面调查。

1.3.2 标志和统计指标

总体单位通过许多标志来表现它的特征，其中数量标志可合称为指标。

1）标志

标志也称标识，是说明总体单位属性或特征的名称。每个总体单位从不同的角度和要求观察，可以有多个属性、特征。例如，对于一家上市公司来说，公司的组织形式、注册资金、职工人数、产品产量、固定资产原值等都是标志。

按说明现象的性质不同，标志可分为品质标志和数量标志。品质标志是表明总体单位品质属性和特征的，其具体表现是用文字表示的，如人的性别、民族、文化程度等。数量标志是表明总体单位数量方面特征的，用各种不同的数值表示，如人的年龄、身高、体重等。标志依附于总体单位，总体单位是标志的直接承担者。标志的具体表现是标志名称之后所表明的属性或数值。例如，某工人的性别是“男”，民族是“汉族”，则“性别”和“民族”是品质标志的名称，而“男”和“汉族”是品质标志属性的具体表现。又如，某工人的年龄是32岁，身高1.76米，则“年龄”和“身高”是数量标志的名称，而“32岁”和“1.76米”则是数量标志属性的具体表现，称为标志值或变量值。

标志按变异情况，可以分为不变标志和可变标志。当一个标志在各个单位的具体表现都相同时，这个标志被称为不变标志。当一个标志在各个单位的具体表现不完全相同时，如“性别”，有的表现为“男”，有的表现为“女”；如“身高”，有的表现为“1.76米”“1.80米”，也有的表现为“1.62米”等，那么，这个标志被称为可变标志。在划分统计总体时，可以选定某一标志的具体表现，把它固定下来，把所有具备这种标志的表现都结合在一起，形成一个统计总体。所谓统计总体的同质性，实际上就是统计总体中的各个单位都具有某一共同的标志表现。

无论是品质标志还是数量标志，当它们在总体各单位中的表现不完全相同时，就称为变异。变异性是统计总体必须同时具备的三个特征之一，也是统计研究的前提。

可变的数量标志又称变量，变量的具体数值表现就是变量值。按其是否具有连续性，变量值又分为连续变量和离散变量两种。连续变量的数值是连续不断的，相邻两数值之间可作无限分割，无限取值，既可用整数表示，也可用小数表示，如以重量、长度、面积等物理单位计量的都是连续变量。连续变量的数值要用测量或计算的方法取得。离散变量是指相邻两数值只能以整数位断开，只能以整数表示的变量，如人数、企业数、设备台数等都只能按整数计算，有了小数则令人不可思议。离散变量的数值只能用计数的方法取得。

2）统计指标

统计指标简称指标，是反映社会经济现象总体某一综合数量特征的范畴，由指标名称和指标数值两部分构成。指标名称反映了现象所属的一定的社会或经济范畴，指标数值反映了现象在具体条件下的规模、水平及比例关系。例如，经初步核算，2018年全年国内生产总值900 309亿元，比上年增长6.6%。其中，第一产业增加值64 734亿元，增长3.5%，占比为7.2%；第二产业增加值366 001亿元，增长5.8%，占比为40.7%；第三产业增加值469 575亿元，增长7.6%，占比为52.2%[①]。

统计指标一般具有三个特点：

（1）数量性，即统计指标都是用数字表示的。

（2）综合性，即统计指标是总体单位同质数量综合的结果。

（3）具体性，即统计指标是现象在不同时间、地点、条件下的具体反映。

统计指标可以按其不同的研究目的进行分类。最常用的分类方法是按其反映时间特点的不同分类和按其说明总体特征的不同分类。

统计指标按其反映时间特点的不同，可分为时点指标和时期指标。时点指标是反映现象在某一时点上的数值表现的指标，如人口数、黄金储备量等；时期指标是反映现象在某一时期内的数量表现的指标，如产值、产量等。有关这两类指标的特点、计算等在时间序列分析中还将作详细论述。

统计指标按其反映总体特征的不同，可分为数量指标和质量指标。数量指标是反映总体规模大小、水平高低的指标，一般以绝对数表示，如人口数、产值、产量等；质量指标是反映总体的强度、密度、效果等的指标，一般用相对数和平均数表示，如劳动生产率、流动比率、速动比率等。

统计指标按其作用和表现形式不同，可分为总量指标、相对指标和平均指标。总量指标是反映现象总体规模、水平的指标，如工资总额、产品产量、销售额、利税总额等。相对指标是两个有联系的总量指标进行对比的结果，用来说明现象总体的结构、发展程度、比例、强度、密度等，如产品的优质品率、平均增长率、人口密度等。平均指标是按总体内各单位某一数量标志值计算的反映总体一般水平的指标，如平均工资、工人劳动生产率等。

3）标志与统计指标的关系

标志与统计指标之间既有联系又有区别。

二者的区别主要表现为：指标是说明总体特征的，而标志是说明总体单位特征的；指标都是用数字表示的，而标志既可以用数字表示，也可以用文字表示。

二者的联系主要表现为：指标数值都是由总体单位的数量标志值汇总而来的；指标与数量标志存在一定的变换关系，随着研究目的的变化，总体和总体单位发生了变化，指标和标志也会发生相应的变化。例如，当我们要研究某市所有股份制企业的情况时，该市所有股份制企业是总体，每一个股份制企业是总体单位，那么，说明所有股份制企业经营情况的利税总额是指标，每一个股份制企业的利税额是数量标志。而若我们的研究目的就是某一股份制企业的状况，那么，该股份制企业就是总体，说明该股份制企业经营情况的利税额就是统计指标。

1.3.3　统计指标体系

统计指标体系是指一系列相互联系、相互制约、相互补充的指标组成的整体。它可以全方位、多角度地反映现象总体的数量特征。

① 国家统计局《2018年国民经济和社会发展统计公报》，2019-02-28。

对于一个复杂、多层次的现象总体而言，单个指标往往只能从某个角度来反映其数量特征。要达到全面反映现象总体的各个角度和特征的要求，我们必须用一系列相互联系、互为补充的指标体系的组合，来反映总体的全貌。例如，我们可以用出生人口数、死亡人口数、迁入人口数、迁出人口数这四个指标组成的体系来反映某地区人口变动的状况及数量特征；也可以用销售利润率、流动比率、应收账款周转率、存货周转率、社会贡献率、社会积累率等指标来评价企业的经济效益等。

1）统计指标体系的形式

由于社会经济现象本身是多种多样的，所以反映指标之间联系形式的指标体系也是多种多样的，归纳起来主要有三种形式：

（1）积的联系形式，如粮食总产量=亩产量×播种面积，反映总产量与各因素积的联系。

（2）和的联系形式，如粮食总产量=平原地区粮食产量+丘陵地区粮食产量+山区粮食产量，反映总产量与各因素和的联系。

（3）因素关系的联系形式，如工业企业八项经济指标体现工业企业的人、财、物、产、销、存等各方面关系交互运动的结果。

2）统计指标体系的种类

统计指标体系可以分成基本统计指标体系和专题统计指标体系两类。基本统计指标体系是反映国民经济和社会发展基本情况的指标体系。它包括社会指标体系、经济指标体系和科技指标体系。专题统计指标体系是为了配合生产管理、经济研究和其他方面的特殊需要，针对某一经济或社会专门问题而设置的指标体系。例如，为了人口普查而设置的指标体系，为了了解能源消耗而设置的指标体系，都是专题性的，这类指标体系具有专门性、临时性和多变性等特点。

随着人们对客观存在的现象之间相互联系的认识的逐渐发展和深入，结合研究问题的需要，我们可以设计丰富多样的统计指标体系来研究总体的复杂数量关系和规律，并用不同的分析方法分析统计指标体系中各因素的作用。

随堂测1

第2章

统计调查与整理

[学习目标]

通过本章的学习，要了解统计调查的方式方法；掌握编制统计调查方案的技术技巧；科学地设计统计调查问卷；明晰统计分组方法和统计分组标志的选择；熟练地编制变量数列、统计表和绘制统计图。

2.1 统计调查

2.1.1 统计调查的含义及种类

1）统计调查的含义

统计调查是搜集资料获得感性认识的阶段，它既是对现象总体认识的开始，也是进行资料整理分析的基础环节。

统计调查是指按照预定的统计任务，采用科学的统计调查方法，有组织、有计划地客观实际搜集资料的过程。统计调查的基本任务是按照所确定的指标体系，通过具体的调查，取得反映社会经济现象总体全部或部分单位以数字资料为主体的信息。这些信息是总体单位有关标志的表现，是经过整理进行系统化的原始资料，或有过初步整理必须进行进一步系统化的次级资料。可以认为，搜集大量的、以数字资料为主体的信息是统计调查不同于一般社会调查的主要特征。

2）统计调查的要求

统计调查是统计研究的基础环节，统计数据质量的好坏，直接影响统计研究是否能达到统计研究的目的。因此，对所搜集到的数据，提出以下四点要求：

（1）准确性要求。准确性要求是指调查资料要反映客观现象的实际情况。保证统计调查资料的准确性不仅是一个技术问题，而且还涉及坚持统计制度和纪律、坚持实事求是、如实反映情况的原则。统计调查准确性要求被调查者依照《统计法》和国家的规章制度，实事求是地报送统计资料，不允许虚报、瞒报、拒报和伪造篡改。统计机构和人员必须实事求是并如实提供统计资料，同时也要保证他们依法独立行使统计调查、统计报告、统计监督的职权不受侵害，以确保党和国家掌握国民经济和社会发展的真实情况，充分发挥统计服务和监督职能。

（2）及时性要求。保证统计调查资料的及时性也是一个全局问题。及时性要求各报告单位要及时完成各项调查的上报任务，从时间上满足各部门对统计资料的要求。一项统计任务的完成，是许多单位共同努力奋斗的结果，任何一个报告单位不能按规定时间提供资料，都会影响全面的综合工作，贻误整个统计工作的开展。因此，保证统计调查的及时性，要求各报告单位增强全局观念，认真遵守统计制度和统计纪律。

（3）完整性要求。统计资料的完整性包括两个方面的含义：一方面，是调查单位的完整性；另一方面，是调查项目的完整性。调查单位的完整性是指按规定需要报送统计资料的单位，都必须准确及时地上报统计资料，不能有遗漏和重复；调查项目的完整性是指每个调查单位，都必须按统计调查内容，一项不漏报送统计资料。只有这样，才能使资料全面、准确地反映现象的实际情况。

（4）适应性要求。适应性要求主要是针对次级资料而言的。次级资料是为了其他调查目的而形成的统计资料，若本次调查目的发生变化，那么所使用的次级资料是否能符合本次调查目的，就要考虑其适应性。对于那些不适应或不能完全适应的数据，要进行剔除或调整，以使资料能够为本次调查所用。

统计工作的各个环节是紧密衔接、相互依存的。统计调查作为统计工作的基础环节，在调查过程中所得到的原始资料的质量直接影响最终成果的质量。如果在搜集原始资料时出现差错，又不能及时更正，那么以后无论如何认真地整理这些资料，错误的数据都将影响最后结论的正确性和可靠性。

3）统计调查的种类

统计数据的搜集方式，从不同的角度划分，有不同的调查种类。

（1）按调查对象包括的范围分为全面调查和非全面调查。

全面调查是指对调查对象中的所有调查单位一一进行调查，是一种无一遗漏的调查方式。全面调查包括普查和全面统计报表。

非全面调查是指只对调查对象中的一部分单位进行调查。非全面调查包括重点调查、抽样调查和典型调查。

全面调查的资料比较详细、完整，却需要大量的人力、物力和财力，而且有些情况下也无法进行全面调查，或没有必要进行全面调查。在这种情况下，就需要进行非全面调查，一方面可以节省人力、物力和财力，同时也可以解决有些现象无法进行全面调查或没有必要进行全面调查的问题。

（2）按调查登记的时间是否连续分为经常性调查和一次性调查。

经常性调查是指随着调查对象的不断变化而连续不断地进行调查登记的调查方式。例如，销售收入的调查、销售成本的调查等。

一次性调查是指间隔很长一段时间（通常1年以上）对调查现象进行调查登记的调查方式。例如，人口普查、经济普查等。

应该注意的是，一次性调查并非只调查一次，而是间隔很长一段时间再进行的调查。

（3）按调查的组织形式分为统计报表和专门调查

统计报表是指按照统一的要求，自上而下布置、自下而上提供统计资料的一种调查方式。在我国，统计报表形成了一种制度，因此也称为统计报表制度。

专门调查是指为了某个专门的任务而组织的调查，主要包括抽样调查、重点调查和典型调查以及普查。

2.1.2 统计调查方案

统计调查是一项复杂的、严格的科学工作，必须在确定的目的下有计划、有组织地进行，这就需要在每次调查之前，制订一个周密的方案以使整个调查工作能够顺利完成。统计调查方案也是统计设计的具体体现，通常一个完整的调查方案包括以下六个方面的内容。

1）确定调查目的

制订调查方案，首先要确定调查的目的，它要解决的是为什么进行调查的问题。调查目的决定调查对象、内容和方法，如果目的不明确，就无法确定向谁调查、调查什么、用什么方法进行调查。例如，对农村经济状况进行调查，既可以从农业生产方面来考虑，也可以从农民消费方面来考虑，还可以从农产品生产成本等方面来考虑。因此，调查目的应尽可能规定得具体明确，突出中心，否则，调查来的资料可能并不是需要的，而需要了解的情况又得不到充分的反映。

2）确定调查对象和调查单位、填报单位

有了明确规定的调查目的，就可以确定调查对象了。调查对象是应搜集其资料的许多单位的总体，它是由许多性质相同的调查单位组成的。调查单位是构成调查对象的每一个单位，是调查标志的承担者。填报单位是负责向上级报送调查资料的单位。调查单位和填报单位有时一致，有时不一致。例如，要想了解某市工业企业的经济效益，则以该市的工业企业为调查对象，而每个工业企业就是调查单位，也是填报单位。如果了解一个市的汽车状况，则以汽车为调查单位，而拥有汽车的单位则是填报单位。

明确调查对象和调查单位，其目的是要确定向谁进行调查的问题，只有正确地确定了调查对象，才能划清所要研究的总体界限，这对保证调查资料的准确性十分重要。

3）确定调查项目和调查表

调查项目是指需要向调查单位了解的内容，也即能说明调查单位特征的有关标志。它完全由调查的目的和任务的性质、特点所决定，包括由品质标志和数量标志所构成的标志体系。通俗地说，调查项目就是一份在调查过程中应该获得答案的各种问题的清单。

调查项目的确定，以调查目的和任务为依据，同时也要考虑到调查对象的特点。在拟定调查项目时，要注意以下三个问题：第一，所选择的项目必须是能够取得确切资料的项目。对于不必要或者必要但不可能取得资料的项目，就不应该设置调查项目。第二，调查的每一个项目都应该有确切的含义和统一的解释，以免调查人员或被调查者按自己的不同理解进行填写，使调查结果没有统一的答案。第三，各个调查项目之间尽可能做到相互联系、彼此衔接，以便于从整体上了解现象之间的相互联系，也便于有关项目相互核对，提高调查资料的质量。

调查表是将调查项目按照一定的顺序排列起来所形成的表格。调查项目一般都是用调查表来反映的。使用调查表可以为下一阶段的统计整理提供极大的方便。

调查表一般有单一表和一览表两种形式。单一表是每个调查单位填写一份，可以容纳较多的项目；一览表是把许多调查单位登记在一张表上，在调查项目不多时较为简便，且便于合计和核对差错，但在项目较多的情况下，一览表并不太适用，因为势必会产生调查表篇幅过大的情况。

填写调查表必须附有简明扼要的填表说明和项目解释。填表说明是用来提示填表时应注意的事项，项目解释则是为了说明调查表中某些标志的含义，包括范围、计算方法等。填表说明和项目解释必须依据国家统一标准制定，以保证统计调查中采用的指标含义、计算方法、分类目录和统计编码等方面的标准化，这是填报人员必须遵守的准则。

4）确定调查时间和期限

统计调查应规定调查时间和调查期限，调查时间是调查资料所属的时间。如果调查的是时期现象，则调查时间就是资料所反映的起讫时间；如果调查的是时点现象，则调查时间就是一个统一的标准时间。

调查期限是指调查工作的起止时间，包括搜集资料和报送资料的整个工作所需要的时间。统计调查及时性要求的就是调查工作在规定的时间内完成。

调查时间和调查期限是不一致的，有时调查时间比调查期限长，有时调查时间比调查期限短。例如，2019年1月份调查一个企业2014—2018年所上缴的利税总额，这项调查的指标内容所属时间为2014—2018年，而调查期限则是2019年1月份。

5）确定调查的组织形式和具体调查技术方法

调查的组织形式主要包括统计报表、普查、抽样调查、重点调查、典型调查等。我们在确定调查方案时，也要对组织形式加以规定，当然，在一次调查中可以同时采用多种调查形式。

调查的具体方法是指搜集资料的具体方法，它包括直接调查法、报告法、采访法、统计调查问卷法。统计调查的组织方式和统计调查的技术方法，我们将在后面的章节中讨论。

6）确定调查的组织工作计划

在调查方案中，确定调查的组织工作计划，是对调查工作在组织上、措施上的强有力保证。

组织工作计划主要包括明确调查机构、调查地点，选择调查方法等问题。此外，在调查的组织工作中，对于调查前的准备工作，包括宣传教育、调查人员培训、文件印刷、调查资料报送办法、调查经费的预算和开支办法、提供或公布调查结果的时间等，都应该作具体规定。

为大规模的统计调查所制订的调查方案往往需要作试点调查，通过试点调查检验调查方案是否切实可行，以便加以修改和补充。同时，还要积累实施调查方案的经验，提高调查人员的业务技能，以圆满完成调查任务。

以上六项内容是调查方案的主要内容，但在实际工作中，需要根据调查的实际情况进行适当调整，可以增加一些内容，也可以省略一些内容，但最终目的是要将整个调查工作的各个环节、各个方面作一个详细的计划，以保证调查的顺利实施。

2.1.3 统计调查的组织形式

社会经济现象是错综复杂的，统计调查的目的也是多种多样的，因此，要做好统计工作，就应根据调查的目的和要求，以及调查对象的特点，选择适当的调查方法。在我国，统计调查主要的组织形式有统计报表、普查、抽样调查、重点调查、典型调查等。我国的统计调查方法体系是：建立以必要的周期性普查为基础，以经常性的抽样调查为主体，同时辅之以全面统计报表、重点调查和科学的统计推算综合运用的统计调查方法体系。

1）统计报表

（1）统计报表的含义。统计报表是按照国家统一规定的表格形式、统一的报送程序和报送时间，自下而上提供统计资料的一种调查方式。统计报表有以下几个优点：

一是基层单位可以利用统计报表的资料，对生产、经营活动进行科学管理。在统计报表涵盖的范围内，基层单位填报的资料，在部门、地区以及全国进行综合汇总。各部门、地区可以由此得到管辖范围内的统计资料，从而得以经常了解本部门、本地区经济和社会发展情况。

二是统计报表的调查项目相对稳定，而且是定期进行的，有利于经常搜集和积累资料，可以进行动态比较，研究经济建设和社会发展变化的规律。

三是统计报表所反映的基础资料是编制经济和社会发展计划、检查计划执行情况的基本依据。统计报表为我国宏观经济管理提供了及时、准确的信息。

（2）统计报表制度。统计报表制度是对统计报表内容的一系列规定，以及必须遵守的制度。我国的统计报表制度主要对以下内容进行统一：报表内容和指标体系、表式、报表的实施范围、报表的报送程序和报送日期、填表说明、统计目录。

（3）统计报表的资料来源。统计报表的资料来源于基层单位的原始记录、统计台账、内部统计报表。

一是原始记录。原始记录是对基层单位生产经营活动的最初数字和文字记载，一般用表格形式记录，是未经加工整理的第一手资料。它记录的是基层单位各方面的活动情况，涉及范围广泛，如工业企业中的产品产量记录、工人的出勤记录等。它一般由直接参加生产经营活动的人员来完成。

二是统计台账。统计台账是一种系统积累统计资料的表册。它是用一定的表格形式反映的原始记录资料，分门别类地按时间顺序记录在表册上，使资料系统化。

三是内部报表。内部报表是根据原始记录和统计台账，经过汇总后编制的一种报表。它是基层单位内部各职能部门和单位领导取得统计资料的一种形式，是实行科学管理、提高经济效益的主要信息来源。

2）普查

（1）普查的含义。普查是为了获得某种现象的总体资料，而专门组织的一次性的全面调查。

普查有两个主要特点：一是普查是一次性的调查，它主要是用来调查属于一定时点上的社会经济现象的总量。二是普查是专门组织的全面调查，它主要用来全面、系统地掌握如人口、工业企业等国情国力方面的统计资料。

普查和全面统计报表虽然都是全面调查，但两者是有区别的。统计报表属于经常性调查，报表的内容主要是经常调查的项目；而普查属于一次性调查，主要用于调查有关国情国力的重要资料在一定时点状态下的数量。有些社会现象不可能也不需要进行经常调查，但又需要掌握比较全面的统计资料，就要进行普查。普查比一般调查规模大，而且调查内容详细，可以得到完整的统计资料，而统计报表则不可能像普查那样掌握非常详尽的、全面的资料。

（2）组织普查应遵守的原则。普查是一次性的全面调查，涉及面广，工作量大，需要动员很多人力、物力和财力。根据普查工作的特点，在组织普查时，必须遵守以下三个基本原则：

第一，必须规定统一的时点，即统计资料所属的标准时间，其目的就是尽量避免重复和遗漏。

第二，在普查范围内的各调查单位应同时进行登记，方法步调要保持一致，并力求在尽可能短的时间内完成，以保证资料的准确性和时效性。

第三，普查项目统一规定后，不得任意改变或增减，以便于综合汇总。在时间上，对于性质相同的普查，历次调查项目要尽可能保持相对稳定，以便将历次调查资料进行比较和分析。

3）重点调查

（1）重点调查的含义。重点调查是一种为了解社会经济现象的基本情况而组织的非全面调查，它是从所要调查的全部单位中选择一部分重点单位进行调查，借以从数量上说明总体的基本情况。所谓重点单位，是指这些单位在全部总体中虽然数目不多，所占比重不大，但就调查的标志值来说，却在总量中占很大的比重。通过对这部分重点单位的调查，我们就可以从数量上说明整个总体在该标志总量方面的基本情况。

如果重点调查的重点单位是客观存在的，则调查单位易于确定，它的选择很少受主观因素的影响。重点调查由于调查单位较少，因此，调查的项目和指标可以多一些，了解的情况也可以细一些。重点调查适用于存在重点单位，并且调查任务只要求掌握总体的基本情况的调查任务。需要注意的是，并不是所有的调查都可以使用重点调查方法。

（2）重点单位的选择。进行重点调查，其关键的问题是要选择好重点单位。重点单位的选择，主要考虑以下几个方面的因素：

第一，重点单位的多少，要根据调查任务而确定。一般来说，选择出的单位应尽可能少些，而其标志值在总体中所占的比重应尽可能大些。其基本标准是所选出的重点单位的标志值，必须能够反映所研究总体的基本情况。

第二，选择重点单位时，要针对不同问题、不同时间来确定。某个单位在某一时期、某一任务下可能是重点单位，在另一时期、另一任务下可能不是重点单位。

第三，选中的单位应是管理健全、统计基础工作较好的单位。

4）典型调查

（1）典型调查的含义。典型调查是根据调查的目的和任务，在对调查对象进行初步分析研究的基础上，有意识地选取有代表性或有典型意义的单位，进行深入的调查研究，以反映被研究对象的特征和发展变化的一种调查方式。典型调查可以对问题进行深入细致的分析，可以了解事物发生发展的全过程及同各方面的联系，特别是有利于研究新情况、新问题。典型调查还可以弥补全面调查和其他非全面调查的不足。

典型调查有两个特点：第一，典型调查是对有意识地选择的调查单位进行的调查，因此，容易受人的主观意志的影响；第二，典型调查可以估计总体，但是不能检验其准确性，因此属于定性调查。

（2）典型单位的选择。典型单位的选择虽然由调查者确定，但并非随意确定，而是根据调查的目的，参照调查对象和典型单位有关资料和情况确定的。选择典型单位时，要反对主观片面性，确保选中的单位具有充分的代表性和典型意义。例如，为了研究新生事物，就要选择处于萌芽状态的新生事物为典型；为了总结先进经验，就应选择先进的典型；为了总结教训，就应选择后进的典型；如果研究总体的一般情况或一般规律，就要选择一般的典型。

5）抽样调查

抽样调查也是一种非全面调查，它是按照随机原则，从被调查对象中抽取一部分单位进行调查，并用以推断总体数量特征的调查方式。

关于抽样调查的具体理论和方法，将在第7章中详细讨论。

2.1.4　统计调查的技术方法

统计调查的技术方法就是搜集统计资料的方法，主要有直接观察法、报告法、采访法和统计调查问卷法。

1）直接观察法

直接观察法也称实地观察法，是由调查人员亲自到现场，对调查对象进行直接观察、检验、测量、点数，以取得所需要的统计资料的一种方法。例如，商业企业的盘点工作，在调查商品库存时，调查人员到仓库直接点数、计量。又如，国家统计局的调查队，在调查农作物收获量时，调查人员亲自到田间地块，进行实割实测。这些都属于直接观察法。

直接观察法可以获得大量真实的第一手资料，是获得感性认识和发现问题的重要途径，能够保证所搜集到的资料的准确性。在某些情况下，这种方法也有局限性。例如，对历史资料的搜集，对涉及私人问题的一些资料的搜集，都不宜采用直接观察法。

2）报告法

报告法是由被调查单位利用各种记录和核算资料，按照统一的要求和表格形式，向有关部门提供统计资料的方法。我国现有的各企业、事业单位填报统计报表，都属于这种调查方法。这种调查方法，可以同时进行大量的调查。如果填报单位的记录和核算工作健全，资料的可靠性就能得到保证。

3）采访法

采访法是由调查人员向被调查者提出所要了解的问题，然后根据被调查者的回答来取得统计资料的一种调查方法。这种方法可以进一步分为个别询问法和开调查会法两种。个别询问法就是由调查人员向被调查者逐一采访询问，以取得统计资料的方法。这种方法可以了解被调查者的真实想法，不受其他人意见的影响。开调查会法也称集体访谈法，是召集了解情况的有关人员，以座谈会的形式对被调查的问题进行讨论和分析，以取得统计资料的方法。采用这种方法，由于参加人员较多，会议时间有限，因此会前一定要认真做好准备，要明确会议的主题，否则就不能取得好的效果。由于采访法是调查者和被调查者直接见面，对问题逐项询问研究，因此，有利于深入了解实际情况，保证调查资料的质量，但花费时间较多。典型调查多采用这种方法。

4）统计调查问卷法

在市场调查分析中，统计调查问卷法运用得较多，我们将在下一节专门进行讨论。

● 2.2　统计调查问卷设计

2.2.1　统计调查问卷的意义

统计调查问卷又称调查表或问卷表，它是以书面形式，由事先设计的反映调查目的和调查内容的一系列问题及答案组成，从调查对象那里获取答案的表格。

统计调查问卷的特点主要有以下三个方面：

（1）统计调查问卷是调查中广泛使用的一种工具。它广泛应用于各种范围和对象以及各种类型的调查方法中。

（2）统计调查问卷通俗易懂，实施方便。由于采用统计调查问卷这种形式将所要问的问题全部以提问的方式写在书面上，大多数情况下还同时提供多种备选答案，由被调查者从中选择，因此，采用统计调查问卷进行调查，形式上方便，表达上容易为被调查者所接受；同时，统计调查问卷不要求调查者一定要具备很高的交流技巧，实施起来比较方便，只要调查者说清意图，并能回答被调查者的问题就可以完成调查任务了。

（3）有利于对资料进行统计处理和定量分析，使回答误差率降低，节省时间，调查效率高。由于统计调查问卷中的大多数问题都给出了备选答案，由被调查者从中选出与自己的观点和看法相同或相近的答案即可，因此，统计调查问卷既节约时间，又便于用人工或计算机手段对统计调查问卷中的每一个问题进行汇总和整理，可以很准确地将每一个问题的答案汇总、归类，并进行定量分析，从而提高调查效率。

2.2.2 统计调查问卷的基本结构

一份统计调查问卷从结构上通常可以细分为标题、说明、填写要求、调查甄别内容、调查主题内容、编码、必要的注明和被访者基本情况（背景资料）等八个部分。

1）标题

统计调查问卷的标题是对调查主题的高度概括，一般位于统计调查问卷表上端中央。标题要简明扼要，能激发回答者的兴趣，要能对某项调查起到画龙点睛的作用，还能够使被调查者对所要调查的内容有大致的了解。

标题不宜采用诸如“统计调查问卷”这样的文字形式，它不能说明主题，易使被调查者因不清楚要调查什么而产生排斥心理，使其不愿回答甚至拒绝回答，导致调查不能完成。标题通常要求具体化，如“大学生就业心理调查问卷”等。

2）说明

统计调查问卷说明又称为前言或引言，它一般是以信函的形式对调查的目的、意义及有关事项进行说明。其主要作用是通过阐明调查的目的和意义，消除被调查者的顾虑，引起被调查者的兴趣，争取被调查者的支持和合作。统计调查问卷说明既可以简短的信函形式放在统计调查问卷的开头，也可以一封信的形式单独放在统计调查问卷中，主要内容包括：调查的目的、意义；对被调查者的希望和要求；统计调查问卷调查的匿名性和保密原则；回复的时间、地点、方式以及主办调查的单位、组织或个人的身份等。统计调查问卷说明语气要谦虚、诚恳、平易近人，文字要简练、准确、有可读性。

3）填写要求

填写要求又称为填表说明，是对填表的要求、方法、注意事项等的说明，一般以文字和符号对要作答的题目提出要求，也可以单独进行统一说明，并放在统计调查问卷说明之前或正式调查问题之前。

填写要求一般是针对某些较特殊的问题所做出的特定指示，如“可选多个答案”“请按重要程度进行排序”等。总之，统计调查问卷中每一个有可能使回答者不清楚、不明白、难理解的地方，一切有可能使回答者面临障碍的地方，都需要给予必要的指导。

4）调查甄别内容

调查甄别内容是指通过设计一些问题先对被调查者进行过滤，筛选掉不符合条件的被调查者，然后得到满足条件的调查对象，使调查得到的结果更加真实可信。例如，调查手机使用者的手机使用情况，首先被调查者必须拥有手机或使用过手机，所以在统计调查问卷中应设计甄别问题——“您有手机或使用过手机吗”，如果没有，那就没必要进一步调查了。

5）调查主题内容

调查主题内容是基于问题与答案来表达调查者所要了解的基本内容，是统计调查问卷中最重要的部分，问题与备选答案设计的好坏直接影响着整个调查目的的实现和调查任务的完成。

6）编码

编码也是统计调查问卷的一个组成部分。它是指对统计调查问卷中的问题与备选答案用数字所表示的代码。编码既可以在设计统计调查问卷时就同时编好，称为前编码；也可以在调查完成后再进行编码，称为后编码。在实际调查中，研究者大多采用前编码，因此，前编码也成为统计调查问卷中的一部分。

统计调查问卷的编码有助于计算机处理和统计分析的进行，是实现计算机数据处理的中介和桥梁。

7）必要的注明

必要的注明又称结语，它可以放在统计调查问卷的最后，也可以放在统计调查问卷说明之后，通常可以是简短的几句话，对被调查者的合作表示真诚的感谢；也可以顺便征询一下被调查者对统计调查问卷设计和统计调查问卷调查本身的感受等；更常见的内容还包括调查人员的姓名、访问时间、对被访者回答的评价等。

8）被访者基本情况

被访者基本情况主要说明被调查者的一些主要特征，包括被调查者的性别、年龄、民族、职业、收入、文化程度、婚姻状况、家庭人口等。有的统计调查问卷还要求填写被调查者的姓名、地址、联系电话等。如果被调查者是单位，还需填写出单位名称、地址、负责人、主管部门、职工人数和固定资产等情况。这些内容哪些应列入统计调查问卷，需要根据调查目的和要求而定。

2.2.3　统计调查问卷的问题分类与问题的设计技术

统计调查问卷的主体是问题与备选答案。这部分设计得好坏将直接关系到统计调查问卷设计质量的高低。因此，在设计统计调查问卷时，首先应考虑如何选择问题的类型。问题可分为开放型和封闭型两大类。

1）开放型问题

开放型问题是指没有向被调查者提供备选答案的问题，这类问题可以使被调查者不受限制地使用自己的评议或提供精确的数字来回答。开放型问题的形式主要有以下两种：

（1）填空题。这种问题的答案没有事先给定，而是给出空格，让被调查者根据自己的实际情况来填写。例如：

您喜欢的洗发精品牌是：

①________②________③________④________。

您的年龄是：________。

您公司每月的营业额是：________。

（2）自由回答题。自由回答题是由调查人员提出问题，不给出备选答案，由被调查者自由回答的问题。这是开放型问题最为常见的形式，故开放型问题又称为自由型问题。例如：

您对攀比购买心理行为怎样看？

请您对××品牌的洗发精谈谈看法。

您为什么购买××品牌汽车？

开放型问题的优点是：被调查者有机会进行自我表达或详细描述，有利于发挥被调查者的主动性和想象力。因此，开放型问题所获得的资料往往比较主动、具体、信息量大，特别适合询问那些潜在答案很多，或者答案比较复杂，或者尚未弄清各种可能答案的问题，尤其是想了解客户的真实呼声，探求其建设性的意见和建议，也适用于指标的变化范围很大，想弄清准确的数据的问题。当封闭型问题不易将备选答案设计出来时，可以使用开放型问题中填空题的形式作为封闭型问题的补充。

2）封闭型问题

封闭型问题是指调查者事先已经设计好了问题及问题的各种可能答案，被调查者只能从备选答案中选择一个或几个现成的答案的问题。这种问题的表达方法常见的有二项选择法、多项选择法、排序法、评定法等。

（1）二项选择法。它是封闭型问题最简单的一种，是指提出来的问题只有两个备选答案供被调查者选择的方法。备选答案通常是用“是”与“否”、“有”与“无”或“好”与“坏”等来描述，这两个备选答案是对立的、互斥的，被调查者的回答非此即彼，没有更多的选择。例如：

您用过手机吗？（在选择的□内画√）

①用过 □　②没用过 □

这种提问方法便于被调查者选择，而且易于统计分析。但由于问题中两个备选答案的性质不同，调查者只能知道被调查者的一种态度或一种状况，不能弄清形成这种态度或状况的原因，也无法把握被调查者对答案的认同程度，因而这种方法常常需要其他形式的询问作为补充，才能使提问更深入，使对问题的回答更明朗。

（2）多项选择法。它是指对所提出的问题事先提供两个以上的备选答案，被调查者可从备选答案中任选一项或多项来回答的方法。只选择一项答案的叫单项选择法，它适用于答案相互排斥的情况。例如：

您上网最多的地方是？

①家里 □　②网吧 □　③图书馆 □　④其他 □

如果被调查者可以在备选答案中选择两项或两项以上答案的叫多项选择法，它适用于答案互相不排斥的情况。在这类多项选择题中，由于所选择的备选答案不一定能恰当地表达出被调查者的所有看法，所以一般将最后一个备选答案设为“其他”，以便被调查者能够有机会表达出自己的真实看法和实际情况。对多项选择题答案的选择一般没有数量限制，但有时为了便于统计，也可要求被调查者最多可以从备选答案中选择指定的项数或者不能超过指定的项数。例如：

请问您选择××品牌电冰箱的主要原因是什么？（在选择的□内画√）

①制冷快□　②容积大□　③价格便宜□　④维修方便□　⑤外观漂亮□

⑥别人推荐□　⑦噪声小□　⑧售后服务好□　⑨其他□

从以上示例中可知，多项选择法同二项选择法相比其强制性有所缓和，答案有一定的范围，也比较便于统计处理。但是，在运用这种方法时，设计者应考虑以下三种情况的正确处理：一是要考虑全部可能出现的结果，即答案可能出现的重复和遗漏。二是要考虑备选答案的个数，一般应控制在8个左右，因为答案过多，一方面使被调查者无从选择，或产生厌烦；另一方面当样本量有限时，易使选择出的答案结果分散，缺乏说服力。三是要考虑备选答案的排列顺序，因为有的被调查者经常喜欢选择第一个答案，从而使调查结果产生偏差。

（3）排序法。排序法是要求被调查者根据问题中的答案，按自己的偏好程度判断所列答案的重要程度，并按顺序排列出答案的方法。例如：

请您按有效性大小的顺序将您寻找工作的一些途径进行排序，您认为最有效的途径标上“1”，其次标上“2”，依此类推。

①邮寄个人简历□　②在报纸或杂志上登广告□　③政府就业中心□

④与朋友商量□　⑤私人安置服务□　⑥与雇主直接联系□

⑦网络求职□　⑧其他（请注明）□

对这类问题也可以采取让被调查者打分的形式来完成。如设定每个品牌商品应得的最高分为100分，最低分为0分，被调查者认为该品牌商品应得多少分，就在相应的空格处填上自己打的分数。最后，把每一品牌被调查者所打的分数进行平均，如果是70分以上的，说明较受喜欢，30～40分的说明一般，30分以下的说明不受欢迎。

排序法便于被调查者对其意向、动机、感觉做出评价和比较性的表达，也便于调查结果的统计处理。

（4）评定法。如果研究的目的是对某一事物的若干特征进行程度比较，则可先将特征与反映特征的重要程度进行排列，然后由被调查者从中选择；或直接将特征与反映特征的程度排列成表格，并赋予分值，由被调查者从中选择答案，即评定法既可用文字来表示，也可用表格来表示。

其一，评定法用文字表示。例如：

您对××品牌洗发精的喜欢程度如何？

①特别喜欢□　②喜欢□　③一般□　④不喜欢□　⑤特别不喜欢□

其二，评定法用表格表示。例如（见表2-1）：

表2-1　评定法表格

特　征	理　想	较理想	一　般	不太理想	不理想
口　味	5	4	3	2	1
泡　沫	5	4	3	2	1
清　纯	5	4	3	2	1
包　装	5	4	3	2	1
价　格	5	4	3	2	1
购买方便	5	4	3	2	1

在构造应该评定的等级时，必须考虑下面两个问题：

第一，要考虑特征应该有多少个选项，选项可以少至2个，也可以多至10个。例如，从“一点不重要”到“特别重要”来划分等级。

第二，要考虑选项中是否包括中性选项，如既不是不满意，也不是满意，因为被调查者有选择中性选项的倾向。例如：

您对我公司提供的客户服务的满意程度如何？

①非常满意 □ ②满意 □ ③一般 □ ④不满意 □ ⑤非常不满意 □

2.2.4 设计问题时应该注意的问题

1）避免提断定性的问题

例如，“您一天抽多少支烟？”这就是一种断定性的问题，被调查者可能根本不抽烟，这就会造成无法回答。正确的方法是：在这个问题前加一个过滤性问题“您抽烟吗？”如果回答“是”，则继续提问“您一天抽多少支烟？”；如果回答“否”，则结束提问。

2）问题不能太多

在问卷调查中，被调查者通常都是义务来回答调查问卷的内容的，如果问题设计得太多，会使被调查者产生反感的心理，不愿意回答，致使调查问卷无法完成。

3）问题应是被调查者有能力回答的，避免提出被调查者不了解的问题

例如，在调查钢铁生产的技术是否先进时，调查对象是一名小学生，通常情况下，小学生是不会懂得钢铁生产的技术的，无法回答这样的问题，所以这类问题也应该避免。

4）不能直接提出禁忌性或敏感性问题

禁忌性或敏感性问题包括各地风俗和民族习惯中忌讳的问题，也包括涉及个人利害关系的问题和个人隐私的问题。例如，“您在考试中作过弊吗？”这类涉及个人利害关系的问题，直接这样问，得到的答案通常不会反映客观事实。

敏感性问题调查的处理方法有：

（1）释疑法：在问题前面写一段消除顾虑的文字，或在调查表引言中写明替被调查者严格保密，并说明将采取的保密措施。

（2）假定法：用一个假定条件句作前提，然后询问被访者的看法。

（3）转移法：把本应由被访者根据自己的实际情况回答的问题，转移到由被访者根据他人的情况来阐述自己的想法。

5）问题不能带有诱导性或倾向性，要保持客观中立

诱导性问题是指在提出的问题中，暗示出了调查者的观点和态度，有使被调查者跟着这种倾向来回答问题的可能。例如，“有人认为，被动吸烟会导致肺癌，您同意吗？”这就是一种诱导性问题，在问题中，已经暗示了调查者认为被动吸烟会导致肺癌，所以这个问题可能会使被调查者也跟着认为，被动吸烟会导致肺癌。

6）问题的内容要单一，一个问题只能有一个询问内容

在问卷设计时，要注意一个问题不能同时有两个或两个以上的询问内容，这样会使被调查者难以回答，也会给问卷整理造成麻烦。例如，“您的年龄和性别？”在一个问题中，既问了“年龄”，又问了“性别”，这就属于一个问题中询问了多个内容。

7）问题的语言要简单易懂、标准规范

提问时语言要简单易懂，少用“一般”“经常”“很多”等词。例如，“您经常上网

吗?”这就是一种让人很难回答的问题，因为“经常”对于不同的人来说，其含义是不同的：有的人天天上网谓之经常；有的人1个月上网10次也是经常的；有的人认为1个月上网5次也算是经常了。所以，这种问题很难回答，这样的问题可以问：“您1个月上网多少次?”

8）问题的排列要讲究逻辑性

问题的排列要先简后难；先过去，后现在，再将来；先封闭，后开放；先事实性问题，后意见性和解释性问题。

2.2.5　设计答案时应注意的原则

1）所列答案应包括所有可能的回答

如果不能将所有答案包含在内，有的被调查者就有可能因没有备选答案可选而导致问题无法回答。如果答案过多，无法罗列所有的可能答案，可将不太重要的答案用“其他”来代替。例如：

您在购买手机时，主要考虑哪些因素？（选择其中三项）

①功能 □　②款式 □　③价格 □　④品牌 □　⑤售后服务 □　⑥其他 □

2）不同答案之间不能相互包含

如果不同答案之间相互包含，就会给被调查者在回答问题时造成一种疑惑，无法选择。例如：

您喜欢哪项体育运动?

①游泳 □　②跑步 □　③球类 □　④足球 □

⑤篮球 □　⑥田赛 □　⑦跳高 □　⑧其他 □

这里的球类包括足球和篮球，田赛包括跳高，这样的答案就属于包含性的答案。

3）答案的表达必须简单易懂，标准规范

答案的表达应简单明确，符合通用标准和惯例。在答案中，不要使用方言等非标准语言，也尽量不使用晦涩难懂的术语，要使被调查者很容易理解问题答案的意思。例如：

运动最易受伤的部位是哪里?

①手 □　②脚 □　③脖子 □　④玻璃盖 □　⑤胳膊 □　⑥其他 □

这里的“玻璃盖”就是方言，正确用法应为标准词“膝盖”。

4）每一项答案应有明显的填答标记

常见的填答标记有A、□、（　　）、[　] 等，其回答方式如打“√”或“×”、涂黑等。

2.3　统计整理

2.3.1　统计整理的含义和程序

1）统计整理的含义

统计整理是按照统计研究任务的要求，对统计调查得来的资料进行科学的分类和汇总，使大量零碎的和分散的、说明总体单位特征的资料条理化、系统化，使之成为反映总体资料特征的工作过程。例如，由人口普查得来的原始资料是说明每个居民的性别、年龄、民族、职业等标志的具体表现，而统计研究的目的是要了解总体的特征，因而，只有将这些原始资料进行分类和综合，才能得到全国男女人口总数、分民族、分地区的男女人口总数等说明人口这一总体特征的数字资料。

广义的统计整理，还包括系统地积累原始资料和根据其他分析需要而对加工整理过的统计资料进行再加工。

统计整理在整个统计研究中占有重要地位，它是从对个别单位标志具体表现的认识向对总体综合数量特征认识的过渡，也是对现象由感性认识向理性认识过渡的基础。它是统计调查的继续，也是统计分析的前提，在统计中处于承前启后的重要地位。统计整理是否正确、恰当，直接决定了整个统计研究任务能否顺利完成、统计分析结果是否正确。

2）统计整理的程序

统计整理工作是一项细致的、科学性很强的工作，需要有组织、有计划地按科学工作程序进行。统计整理的基本步骤是：

（1）设计和制订统计整理方案。正确制订统计整理方案，是保证统计整理有计划、有组织地进行的首要步骤。统计整理方案主要包括以下三方面内容：

一是确定对总体资料的处理方法。对总体资料的处理方法有：对总体单位的简单排列；将所有总体单位的资料加以合计；对总体进行各种分组，在分组的基础上计算各组和总体的单位总量和标志总量，即汇总，最后将汇总得到的单位数和一系列标志总量指标的资料按一定规则编制表格，即统计表。统计整理首先是对这些内容加以规定。

二是确定统计指标和指标体系。首先，要确定统计指标体系中包括哪些指标，哪个指标是核心指标，统计指标间具有什么样的联系；其次，要确定统计指标的名称、含义、内容和计算范围；再次，要确定统计指标的计量单位和计算方法；最后，要确定统计指标的空间范围和计算时间。

三是确定统计整理工作的组织计划。例如，确定汇总工作的组织领导，汇总的组织形式和汇总方法，资料审核的要求和方法，汇总工作的完成期限，各个工作环节的责任以及汇总资料的报送等。

从形式上看，统计整理方案主要表现为一系列空白的汇总表式、汇总用的填表说明和各种分类目录。

（2）对资料进行逻辑审查和计算审查。逻辑审查是指检查资料是否符合逻辑。例如，15周岁以下的少年儿童不能列入文盲范围，因为他（她）们还处在义务教育年龄段，还有可能接受教育。又如，一个人36岁，但却有26年工龄，就要再作调查，因为一般情况下，10岁的儿童是不可能有工龄的。计算审查是指检查调查表中各栏数字的计算方法和计算口径，验算合计数与各项数据之间是否平衡。例如，期初数加本期增加数减本期减少数等于期末数，若本期增加数多于本期减少数，而期末数却没有期初数多，就一定是在某个环节出现了差错，就要复查。

（3）对资料进行分组并汇总。统计整理的重要工作就是进行分类和汇总。统计分类即统计分组（统计分组的具体问题将在后面章节详细阐述）。统计汇总按组织形式可以分为逐级汇总和集中汇总，其汇总技术主要有手工汇总和计算机汇总。手工汇总的方法具体包括画记法、过录法、折叠法和卡片法。计算机汇总是统计汇总技术的新发展，也是统计现代化的重要标志，这种汇总技术，无论在汇总质量上还是时效上，都大大优于手工汇总，同时，它还为利用计算机强大的分析功能奠定了基础。

（4）编制统计表，绘制统计图。统计表的编制与统计图的绘制，我们将在后面章节陆续阐述。

需要特别指出的是，在统计资料整理过程中，还应注意以下三个问题：

一是统计整理要为统计分析的目的服务。统计整理要根据统计分析的目的，抓住最基本的、最能说明现象本质特征的统计指标，进行科学的统计分组，对统计数据资料进行加工整理。对于一个特定的研究对象，尽管可以搜集到大量的有关资料，但其中必定有一方面或几方面是基本的、能表现现象本质的。统计整理的任务就是要从事物的总的联系中找出这种基本的数量关系。

二是统计整理要注意现象各方面的联系。任何事物之间都有着联系，同时也有着不同方面。在进行统计整理时，要注意到数据资料各个方面的相互联系，如指标的口径是否一致等，否则整理出的数据资料将无可比性。如进行几年内的动态分析，或是对更复杂的事物进行相关分析，就要特别注重这一点。

三是统计整理要研究现象的全貌，即要有总体性。在现象发展变化的过程中，其各部分的数量特征是不相同的。在利用统计资料说明现象的发展状况时，应研究现象总体，分析与总体有关的各方面的数量，而不能只注意对总体事物有利的一方面，或利用一些个别事实来达到主观目的。

2.3.2　统计分组

1）统计分组的含义和作用

统计分组是统计研究的一种重要方法，它是根据统计研究任务的要求和现象总体的内在特点，把统计总体按照一定标志划分为若干性质不同又有联系的几个部分。例如，某班30名学生按性别这一标志分为男生、女生两组。

统计分组兼有“分”与“合”两层含义。就总体而言，是“分”，即把总体内性质不同的单位划归相应的组，使组间存在差异，如男、女同学性别上的差异；就总体单位而言，是“合”，即把性质相同的单位合并成一组，使组内单位至少在一个标志上同质，如女同学组，虽然她们可能来自不同地区，可能爱好不同，但有一点相同，即她们都是女生，所以归为同一组。

统计分组具有重要的作用：

（1）区分社会经济现象的类型。统计分组的根本作用是区分现象之间质的差别。社会经济现象是复杂多样的，不同的社会经济现象具有不同的矛盾和规律。例如，按所有制性质不同，可将企业分为国有企业、集体企业、股份制企业、其他企业等。统计在研究现象总体数量方面时，要从区分事物质的差别入手，在认识不同社会经济类型特殊性的基础上、在事物的普遍联系中正确把握现象总体的规律性。

（2）研究现象的内部结构，揭示事物的本质特征。统计分组区分了事物质的区别，在此基础上计算各组数量占总体数量的比重，研究总体的内部构成。总体内部结构表明了总体的本质特征、总体结构的变动，反映了事物内在联系和发展变化的趋势。例如，某班40名同学按学习成绩分为好、中、差三组，各组人数分别为8人、26人、6人，从这种分组上我们可以看出，该班同学在学习成绩上的分布特征是两头小、中间大的正态分布。又如，2018年某省各种运输方式完成货物运输周转量资料见表2-2。

表2-2　　2018年某省货物运输周转量资料表

运输方式	货运周转量（亿吨）	比重（%）
铁　路	14 575	31.92
公　路	6 180	13.54
水　运	24 860	54.45
民　航	44	0.09
合　计	45 659	100.00

通过表2-2的资料，可以看出该地区各种运输方式所承担的任务或所占的份额。

（3）研究现象之间的数量依存关系。社会经济现象是相互联系、相互依存和相互制约的。分组可使我们了解现象之间的数量依存关系，如产品产量与单位成本的关系，作物的施肥量与产量的关系等。例如，某地区生产性固定资产价值与工业增加值相关情况见表2-3。

表2-3　　某地区生产性固定资产价值与工业增加值相关表

企业编号	生产性固定资产价值（万元）	工业增加值（万元）
1	30	150
2	30	170
3	50	250
4	60	280
5	60	300
6	70	360
7	80	370
8	90	420
9	90	450
10	100	450

从表2-3的资料可以看出，生产性固定资产价值与工业增加值有紧密关系，生产性固定资产价值越高，工业增加值越多。

2）统计分组的原则

统计分组必须遵循“穷尽”与“互斥”的原则。所谓穷尽，是指总体中任何单位无一例外地必须划归到各自所属的组。例如，按职业情况将人口分为教师、干部、工人、无业四组，这种分法就没有穷尽，因为还有医生、护士、司机等职业。所谓互斥，是指总体中任何单位都只能属于一个组，非此即彼，不能亦此亦彼。例如，去年企业效益较好，今年企业亏损了，不能将该企业既划归效益好的组又划归亏损的组。

3）统计分组标志的选择

分组标志是指统计分组时划分资料的标准或依据。任何事物都有许多标志，确定一个分组标志，必然突出总体单位在该标志上的差异而掩盖了各单位在其他标志上的差异。选择分组标志是统计分组的核心。选择的分组标志不同，说明的问题和由此得出的结论也不同。分组标志选择不当，分组结果就不能正确反映总体的性质特征。因此，正确选择分组标志是统计分组的关键。在选择分组标志时，必须遵循以下原则：

（1）要根据统计研究的目的和任务来选择分组标志。统计总体的总体单位都有多个标志，有些标志对某一问题是至关重要的，而对另一个问题则又是无关紧要的。同一研究总体，研究目的不同，分组标志的选择也不同。因此，应选择什么标志作为分组标志，要依据统计研究的目的而定。例如，在某市工业企业这一总体中，每一个工业企业是总体单位，它有工业企业所有制、总产值、职工人数、流动资金、固定资产等许多标志，如果我们的研究目的是分析规模大小不同企业的经济效益，就要选择总产值或职工人数作为分组标志；如果要研究工业企业不同经济类型的构成，就要选择所有制作为分组标志。

（2）要选择最能反映事物本质特征的标志。在同一研究目的和要求情况下，往往有许多标志可供选择。有些标志是带有根本性的、主要的标志，能够反映事物的本质特征，而有些标志则是非本质的、次要的标志。我们应根据研究问题的需要，力求选择最能反映现象本质的主要标志。例如，在研究居民收入水平高低的情况时，可供选择的标志有很多，如家庭总收入、家庭可支配收入、家庭人均收入、家庭人均可支配收入等。然而最能够综合反映居民收入水平高低的是家庭人均可支配收入这一标志。又如，比较一个国家的经济发展水平，由于每个国家都有国内生产总值（GDP）、国民收入（NI）、人均国民收入等标志，但唯有人均国民收入消除了国家规模因素的影响，该标志对不同规模的总体单位具有可比性。因此，选择人均国民收入作为分组标志是最适宜的。

（3）要根据现象所处的具体历史条件或经济条件来选择。社会是不断发展的，历史条件和经济条件也在不断地发生变化。同一分组标志，在某一时期、某个条件下适用，而在另一时期、另一条件下就不一定适用。例如，在经济技术条件不发达的地区，采用职工人数作为分组标志可以反映企业生产规模的大小，而在经济技术条件发达的地区，对于技术密集型产业，反映企业生产规模大小用固定资产价值或生产能力更合适。

4）统计分组的方法

总体不仅可以按品质标志分组，也可以按数量标志分组，有时也可以将多种标志结合起来分组。

（1）按品质标志分组，是指选择反映总体单位属性差异的品质标志作为分组标志，依据此标志将总体划分为若干性质不同的组，如按所有制性质将企业分为国有企业、集体企业、股份制企业、其他企业等。

（2）按数量标志分组，是指选择反映总体单位数量差异的数量标志作为分组标志，依据此标志将总体划分成若干数量各异的组，如按工资标志将公司员工月工资收入分为2 000元以下，2 000～3 000元，3 000～4 000元，4 000～5 000元，5 000元以上等。

（3）按主要标志和辅助标志分组，是指选择反映总体单位差异的一个主要标志和一个或几个辅助标志作为分组标志，依据这些标志将总体划分成若干性质或数量各异的组。例如，在编制零售商品物价指数时，就是先将主要零售商品按主要经济用途标志划分成食品类、衣着类、日用杂品类、文化用品类等大类，再在大类中分成若干种类，如在食品类中，再分为粮食、副食，再将粮食分为细粮、粗粮等。又如，先按企业性质分为国有企业、集体企业、股份制企业、其他企业等，再按月收入分为2 000元以下，2 000 ~ 3 000元，3 000 ~ 4 000元，4 000 ~ 5 000元，5 000元以上等。

2.3.3 分配数列

分配数列也称为分布数列或频数分布，它是指总体按某一标志分组，且依次排列，并列出每个组的单位数，从而形成总体单位在各组中的分布。

分配数列有两个构成要素，一个是分组后形成的各组，另一个是各组的单位数。各个组的单位数也称为频数或次数，各组频数与总频数之比称为频率或比率，频率之和等于1。

根据分组标志形式的不同，分配数列有品质分配数列和变量分配数列两种。

1）品质分配数列

品质分配数列是指按品质标志分组所形成的分配数列，它用来观察总体中不同属性单位在各组中的分配状况。例如，某地区各种所有制性质企业分组情况见表2-4。

表2-4 **某地区企业分组情况**

所有制性质	企业数（个）	比重（%）
国有企业	420	47.73
集体企业	280	31.82
股份制企业	30	3.40
其他企业	150	17.05
合　计	880	100.00

2）变量分配数列

变量分配数列是指按数量标志分组所形成的分配数列，简称变量数列。变量数列可以反映总体中各组间的数量差异和结构状况。按变量是否连续以及数目的不同，变量数列可分为以下几种，如图2-1所示。

- 变量数列
  - 离散型
    - 单项式
    - 组距式
      - 等距式
      - 异距式
  - 连续型
    - 等距式
    - 异距式

图2-1　变量数列分类

离散型变量分配数列是指按离散变量标志分组所形成的数列；连续型变量分配数列是指按连续变量标志分组所形成的数列。

（1）单项式变量数列。它是指每个组仅有一个变量值作为分组标志值所形成的数列，它通常适用于离散变量值不多且变量变动范围不是很大的情况，具体见表2-5。

表 2-5　**单项式变量数列**

家庭人口数（人）	户数（户）
2	5 200
3	23 000
4	15 000
5	3 500
6	1 500

（2）组距式变量数列。它是指将变量的一定变化区间作为分组标志而形成的数列，它通常适用于变量值多的离散变量或连续变量的分组。在组距式变量数列中，要明确以下几个概念：

①组距。组距是指在组距式分组中上下限之间的距离。

组距=本组上限-本组下限

在组距式分组中，若各组组距相等，称为等距式分组；若各组组距不等，则称为不等距分组或异距分组。当变量值变动较均匀时，可采用等距分组；当变量值变动很不均匀时，可采用异距分组，具体见表 2-6 和表 2-7。

表 2-6　**等距数列**

按上缴利税额分组（万元）	企业数（个）
5 ~ 25	10
25 ~ 45	40
45 ~ 65	60
65 ~ 85	20

表 2-7　**异距数列**

按职工人数分组（人）	企业数（个）
200 以下	20
200 ~ 500	30
500 ~ 1 000	22
1 000 ~ 2 000	10
2 000 以上	6

②组中值。进行组距式分组，组中值的计算也是十分重要的。组中值是上下限之间的中点数值，它代表着各组变量的一般水平。组距式分组使各单位的具体标志值看不见了，取而代之的是变量值变动的范围，但在许多场合，仅仅了解这些变量值的变动范围还是远远不够的，为了分析的需要，就要计算组中值。

组中值是每一组数值的中间数值。组中值的计算，需要根据各组的情况来定，对于“闭口组”，即一组中既有上限值又有下限值的组，其组中值的计算公式为：

组中值=（上限+下限）÷2

对于“开口组”，即一组中或缺少下限值或缺少上限值的组，其组中值的计算公式为：

缺下限的开口组组中值=该组的上限值-（邻组组距÷2）

缺上限的开口组组中值=该组的下限值+（邻组组距÷2）

组中值的计算，通常都是结合统计表进行的。例如，某企业职工按日完成工作量进行分组，其组中值计算见表2-8。

表2-8 **组中值计算表**

按日完成工作量分组（件）	组中值（件）
400以下	350
400 ~ 500	450
500 ~ 600	550
600以上	650

利用以上公式计算组中值是有假定条件的，其假定条件是：各组中的变量值变化是均匀的。但实际各组内的变量值变化不一定都是均匀的，因此，这种计算会使资料的真实性受到一定程度的损害。

③频率与频数密度。频率是指各组频数与总体单位总数之比，它反映了各组频数的大小对总体影响的相对强度。其计算公式为：

$$频率=\frac{f_i}{\sum f}$$

式中，f_i为第i组的频数。

频数密度是指频数与组距的比值。在异距式分组中，由于各组次数的多少还受组距不同的影响，各组的频数可能会随着组距的扩大而增加，随着组距的减小而减少。为了消除异距式分组所造成的这种影响，需要计算频数密度。频数密度的计算公式为：

频数密度=频数÷组距

④累计频数与累计频率。累计频数（或频率）可以是向上累计频数（或频率），也可以是向下累计频数（或频率）。向上累计频数（或频率）是将各组的频数（或频率），从变量值低的组向变量值高的组依次进行累计。向上累计频数表明某组上限以下的各组单位数之和，向上累计频率表明某组上限以下的各组单位数之和占总体单位数的比重。向下累计频数（或频率）是将各组的频数（或频率），从变量值高的组向变量值低的组依次进行累计。向下累计频数表明某组下限以上的各组单位数之和是多少，向下累计频率表明某组下限以上的各组单位数之和占总体单位数的比重。

3）变量数列的编制

编制变量数列的主要目的是反映总体的分配特征，并进一步研究总体的构成及变化规律等，而频数和频率是反映变量数列分布特征的。因此，变量数列编制得好与坏，关键要看其能否反映总体的分配特征，即要看各组频数与频率的分配是否符合客观规律。

变量数列的编制是较复杂的，下面以一个实例说明变量数列的编制方法。

例如，对某班40名同学的学习成绩调查结果如下：

68	72	84	56	70	51	86	93
95	73	78	82	87	86	64	75
78	74	74	77	85	82	63	74
79	80	97	78	92	71	71	84
86	75	76	68	75	76	82	66

这些资料是比较零乱的，不能直接反映出总体的特征，因此，我们需对之加以整理，形成分配数列，以反映总体的分布特征。

首先，将原始资料顺序排列，确定变量值的变动范围。

51	56	63	64	66	68	68	70
71	71	72	73	74	74	74	75
75	75	76	76	77	78	78	78
79	80	82	82	82	84	84	85
86	86	86	87	90	93	95	97

通过这样的排序，我们可以得到这样一个基本认识：40名同学的学习成绩并不是杂乱无章的，而是呈一定的规律性。一是其波动幅度在51～97分，差距为46分（97-51）。二是可以看出学习成绩大多数在70～90分，偏低或偏高的都很少。

其次，确定组数、组距及组限。由于学生成绩的变动幅度较大，如果采用单项式分组，则组数过多，不足以反映总体不同性质组成部分的分布特征，因此可以考虑用组距式分组，组数的确定要根据研究现象的具体情况而定。对学习成绩的分析主要从不及格、及格、中、良好及优秀方面来考虑，于是可将其分成五组。

组数确定以后，再确定组距。成绩虽然是连续型变量，但习惯上用离散型变量的表示方法，即采用整数作为组限，并且采用重叠组限的形式。确定组限时应注意，最低组的下限要小于或等于最小变量值，最高组的上限应大于最大变量值。

根据所确定的组数、组距及组限，可将40名同学的学习成绩编制成分配数列，具体见表2-9。

表2-9　**40名同学的学习成绩分配数列表**

学习成绩（分）	人数（人）
50～60	2
60～70	5
70～80	18
80～90	11
90～100	4

从表2-9这个分配数列中我们可以看出，这40名同学的学习成绩是“两头小、中间大”的分布，是符合学生学习成绩的变化规律的，反映了总体的分布特征。

2.4 统计资料的表现形式

2.4.1 统计表

1）统计表的作用

统计表是统计用数字说话的一种最常用的形式。它是指将统计调查得来的数字资料，经过汇总整理后，得出一些系统化的统计资料，将其按一定顺序填列在一定的表格内，这个表格就是统计表。

统计表是统计资料最基本的表述形式。它方便读者阅读，能给人以明确清晰的概念；同时，它通过合理地排列统计资料，便于读者比较对照，发现现象的规律性；此外，它便于汇总和审核，也便于计算和分析。

2）统计表的结构

（1）从统计表的形式上看，统计表由横行、纵栏、标题和数字资料组成，标题又分为总标题、横行标题、纵栏标题。

总标题是统计表的名称，它表明统计表所要反映的统计资料的内容，通常放在统计表上端中央。横行标题是统计表中各横行的名称，它表明统计总体及各组成部分，是统计表所要说明的对象，一般写在统计表的左方。纵栏标题是统计表中各纵栏的名称，它表明总体数量特征的指标名称，一般写在统计表的上部。数字资料是统计表格中的数字，每一个数字都是由横行标题和纵栏标题所限定的。

（2）从统计表的内容上看，统计表由主词和宾词两部分构成。主词是统计表要说明的总体、总体的分组和有关单位的名称。通常情况下，主词列在表的左方，构成横行标题的内容。宾词是用来描述主词的数字资料，通常列在表的右方，构成纵栏标题的内容。

统计表的构成举例见表2-10。

表2-10 **我国2017年和2018年国内生产总值指标**

纵栏标题

产 业	2018年		2017年	
	增加值（亿元）	比重（%）	增加值（亿元）	比重（%）
第一产业	64 734.00	7.19	62 099.50	7.57
第二产业	366 001.00	40.65	332 742.70	40.54
第三产业	469 575.00	52.16	425 912.10	51.89
国内生产总值	900 310.00	100.00	820 754.30	100.00

横行标题　主词栏　宾词栏

3）统计表的种类

统计表按主词是否分组及分组标志的多少，可分为简单表、分组表和复合表三种。

（1）简单表。它是指主词未经任何分组的统计表。简单表又分两种情况：一是将总体单位按空间顺序排列，以反映总体单位的具体情况；二是将说明总体特征的数字资料按时间的先后顺序排列，以反映现象在不同时间上的发展状况和发展趋势，具体见表2-11。

表2-11 **某公司2018年各季度上缴利税情况表**

季 度	上缴利税额（万元）
第一季度	320
第二季度	360
第三季度	350
第四季度	400
合 计	1 430

（2）分组表。它是指主词按一个标志进行分组形成的统计表。分组表能反映不同类型现象的不同特征，也可用来反映总体内部结构，具体见表2-12。

表2-12 **某机床厂按固定资产原值分组情况表**

按固定资产原值分组（万元）	机床厂数		总产值	
	绝对数（个）	比重（%）	绝对数（万元）	比重（%）
800以下	72	60.0	43 100	26.2
800～3 000	40	33.3	87 300	53.1
3 000以上	8	6.7	34 000	20.7
合 计	120	100.0	164 400	100.0

（3）复合表。它是指主词按两个或两个以上标志进行复合分组形成的统计表。在一定分析任务的要求下，复合表可以把更多的标志结合起来，以便更深入地分析社会经济现象的规律，具体见表2-13。

表2-13 **某地区2018年工业净产值和职工人数资料表**

项 目	净产值（万元）	年底职工人数（人）
一、国有	2 255	6 885
1.大型	975	1 380
2.中型	860	4 500
3.小型	420	1 005
二、集体	1 690	2 240
1.大型	730	750
2.中型	520	1 040
3.小型	440	450
合 计	3 945	9 125

4）统计表的编制规则

在编制统计表时，应注意以下七个规则：

（1）统计表的标题应简明、准确地表述其内容，特别是总标题，应十分简要地概括出统计表的基本内容和表中资料所属的时间和地点。

（2）表中主词各行和宾词各栏，一般按先局部后总体的原则排列，即先列出项目后列出总计，在没有必要列出所有项目时，可先列出总计，然后再列出一部分重要项目。

（3）如果表中栏次较多，通常要加以编号。主词栏和计量单位栏，通常可用<甲><乙>等标明，而宾词栏可用（1）（2）（3）等标明。表中各栏如有计算上的勾稽关系，可同时标明，如（3）=（2）÷（1），表明第（3）栏的数据是由第（2）栏的数据除以第（1）栏的数据得到的。

（4）表中数据应对准位数，填写整齐。当数字为零或数值太小而忽略不计时，要写上零；当缺乏某项资料时，用符号“……”表示；当不应有数时，用符号“—”表示，即统计表中不能有空格。

（5）统计表中必须注明计量单位。如各行有不同的计量单位，可专设计量单位一栏；纵栏的计量单位，可标写在纵栏标题的下面；如各纵栏计量单位一致，可将其标在表的右上方。

（6）统计表的表式，通常是左右两端开口，上下两端封口。

（7）必要时，应在统计表下方注明表中某些资料的来源或注明某些指标的计算方法、计算口径等。

2.4.2 统计图

1）统计图的作用

统计图是用点、线、平面等几何图形表现统计资料的一种方法。统计图将统计数字用直观的形象表现出来，因而更加鲜明、生动，能给人以明确而深刻的印象，易于为人们所理解。统计图主要有三个方面的作用：

（1）分析作用。由于统计图能将比较复杂的社会经济现象用一种简明扼要的形式表现出来，所以它也是分析的一种主要方法。

（2）管理作用。统计图在展示功能和形式上的特点，使它能广泛地应用于企业管理，发挥管理工具的作用。

（3）解释作用。由于统计图具有直观感和空间感，对各种经济现象进行说明比较时，能给人以直观、鲜明的感觉，因此，它对统计资料是一种很好的解释。

2）统计图的种类

统计图按其表现形式可分为条形图、平面图、曲线图等。

（1）条形图。条形图是以宽度相等的条形的高度来表现被研究现象数量多少的一种统计图。条形图可用于同一指标在不同空间上的对比，也可用于同一指标在不同时间上的对比，还可将实际与计划进行对比。

条形图的排法有横排和纵排两种，横排的叫带形图，纵排的叫柱形图。条形图无论是纵排或横排，就每组条形的数量和构成来说，又可分为单一条形图和复合条形图。

单一条形图是以一个条形作为一组的条形图，如图2-2所示。

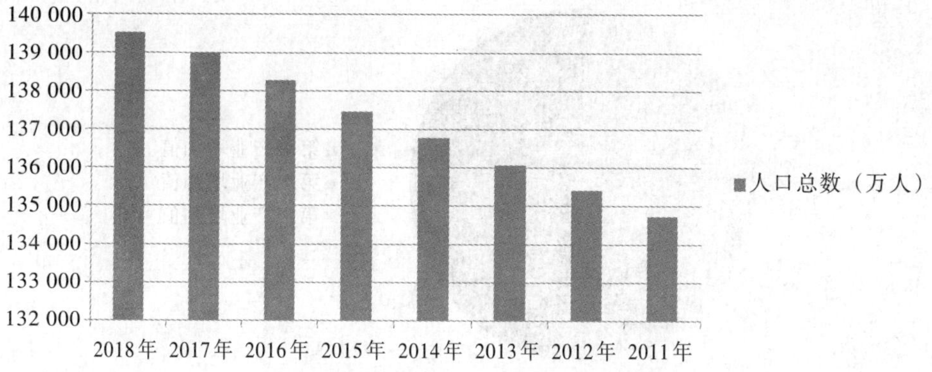

图2-2 2011—2018年我国人口总数情况

复合条形图是由两个或两个以上条形为一组的条形图，即将若干组的条形并列在同一个图上的条形图，如图2-3所示。

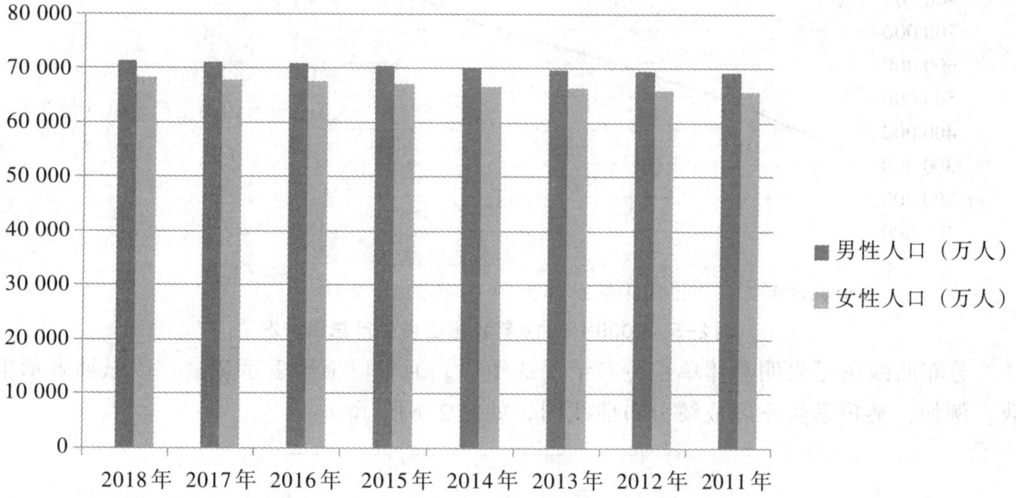

图2-3 2011—2018年我国人口性别对比情况

（2）平面图。平面图是以平面面积的大小来表示统计资料的一种统计图。它主要用来说明总体内部结构及其在时间上的变化，也可用来比较统计指标。

根据平面图的几何形式，平面图又分为圆形图、正方形图和长方形图。其中最常用的是圆形图。

圆形图是以圆形面积的大小来表示现象数量多少的一种平面图形。由于圆形图的面积与其半径平方成正比，因此在绘制时，只要按图示指标的数值求其平方根，再按所求数字比例确定圆的半径，即可制成圆形图。圆形图最广泛的用途是表示总体内部的构成，这种图形叫圆形结构图。它是以整个圆形的面积来代表一个完整的总体，而以圆内的各个扇形来显示总体的各个组成部分，因此又叫扇形结构图。例如，2018年我国三产业增加值结构图，如图2-4所示。

（3）曲线图。曲线图就是在坐标平面上，以曲线的升降来表示被研究现象变动状况的一种图形，常用的有动态曲线图、分布曲线图、相关曲线图。

动态曲线图是以曲线说明现象动态的图形。绘制时，一般以横轴表示时间，纵轴表示某一统计指标。例如，2009—2018年我国国内生产总值动态曲线图，如图2-5所示。

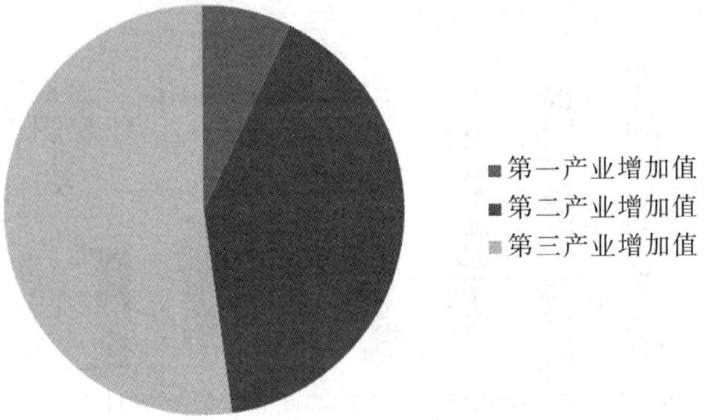

图2-4 2018年我国三产业增加值结构图

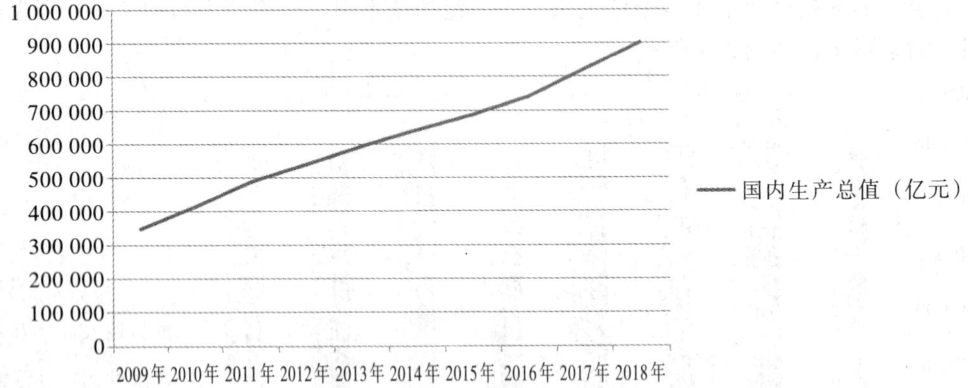

图2-5 2009—2018年我国国内生产总值情况

分布曲线图是表明总体单位分布情况的图形，通常以横轴表示变量，以纵轴表示单位数。例如，某班学生学习成绩分布曲线图，如图2-6所示。

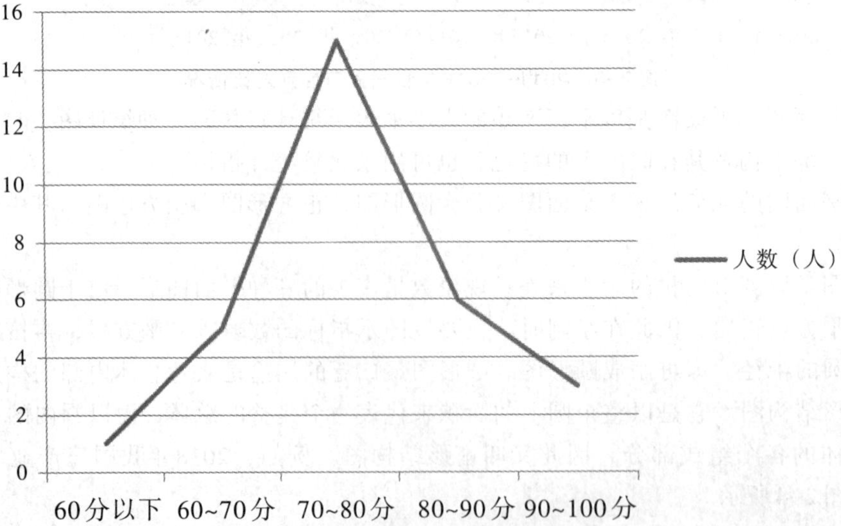

图2-6 某班学生学习成绩分布图

相关曲线图是以曲线表示现象之间依存关系的一种图形。例如，产品产量与单位成本的关系、施肥量与亩产量的关系等。图2-7是1999—2016年我国国内生产总值与教育经费相关曲线图。

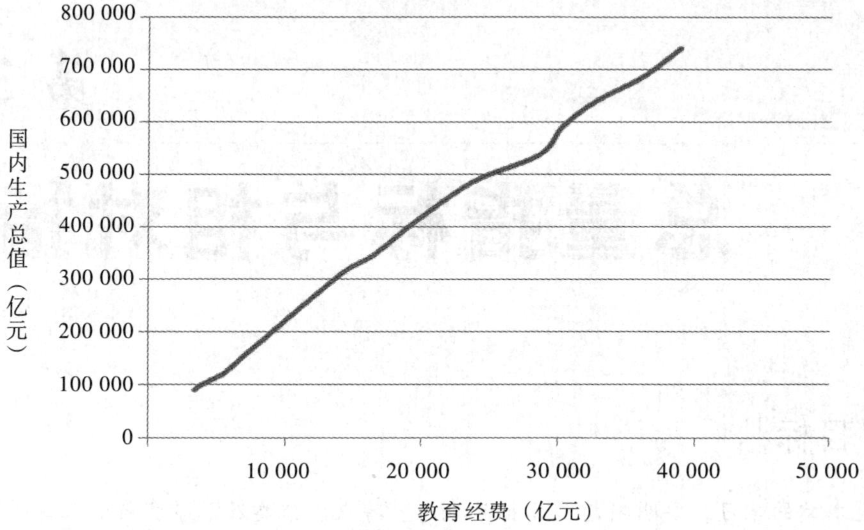

图2-7　1999—2016年我国国内生产总值与教育经费相关图

随堂测2

第3章

总量指标与相对指标

[学习目标]

通过本章的学习，要明晰总量指标的概念、特点、分类及总量指标的计算方法；明确总体总量与标志总量、时期指标与时点指标的区别；熟练掌握六种相对指标的概念、特点、表现形式、应用条件和指标的经济意义。

3.1 总量指标

3.1.1 总量指标的含义和作用

统计是从数量方面来认识社会经济活动的，而对社会经济现象总量的描述是最基本的描述。

1）总量指标的含义

总量指标也称绝对指标、绝对数，是反映社会经济现象在一定时间、地点、条件下的总规模或总水平的统计指标。例如，2018年我国的国内生产总值为900 309亿元，人均国内生产总值为64 538元（按13.95亿人计算）。有时，总量指标还可以表现为总量之间的绝对差数。例如，2017年我国的国内生产总值为820 754亿元，2018年比2017年增加79 555亿元[①]。

总量指标与其他种类的指标相比，具有两个突出的特征：其一，只有有限总体才能计算总量指标；其二，总量指标数值的大小与总体范围的大小密切相关，总量指标的多少随总体范围的大小而增减。

2）总量指标的作用

总量指标在统计实践和统计理论中都具有十分重要的作用，具体表现在三个方面。

（1）总量指标是对社会经济现象总体认识的起点。社会经济现象总体的基本情况首先是以绝对数字即总量指标表现的。例如，要了解一个国家的国情、国力和国民经济基本情况，就必须掌握该国的人口总数、土地面积、国内生产总值等总量指标。同样，要了解一个上市公司的财务状况，也要了解该公司的固定资产总值、年利税总额、工业增加值、生

① 国家统计局《2018年国民经济和社会发展统计公报》，2019-02-28。

产能力、资产负债总额等总量指标。

（2）总量指标是进行经济管理的主要依据。进行经济管理，必须做到“心中有数”，这个数就是绝对数，就是总量指标。在经济管理实践中，各决策层对计划的编制、检查，首先都必须掌握经济发展的总量指标数据。

（3）总量指标是计算相对指标和平均指标的基础。总量指标只是反映一定时空状态下社会经济现象的总量和规模，要对社会经济现象进一步深入地认识，还需要从比例、速度、一般水平等方面进行分析，这就需要计算一系列相对指标和平均指标。而总量指标数字准确与否，直接影响相对数和平均数的准确性，从而也直接影响统计分析的效果。

3.1.2　总量指标的种类

1）总体单位总量和总体标志总量

按说明总体内容不同，总量指标可以分为总体单位总量和总体标志总量两种。

总体单位总量反映一个总体内包含了多少个总体单位数，它说明了总体本身规模的大小，如企业数、学校数、职工人数、学生人数等。总体标志总量是总体各单位某种数量标志值的总和，说明了总体数量特征的总规模和总水平，如总产量、总产值、工资总额、利税总额等。

一个总量指标究竟属于总体单位总量还是总体标志总量，并不是固定不变的，它是随着研究目的的不同和研究对象的变化而变化的。例如，要了解某市工业企业的基本情况，研究对象是该市的工业企业。那么，该市全部工业企业是总体，每一个工业企业是总体单位。如果全市所有工业企业的合计数是1 100个，而全市全部工业企业的职工人数是12.6万人，那么，这1 100个工业企业就是总体单位总量，12.6万人就是总体标志总量。而若研究对象是该市全部工业企业职工的状况，那么，研究总体就是该市工业企业的全部职工，每一位职工则是总体单位，所以全市工业企业的职工人数12.6万人就是总体单位总量，而工业企业职工工资总额13 000万元、养老保险金总额1 040万元等则是总体标志总量。

理解和区分总体单位总量与总体标志总量，对于计算平均指标以及区分平均指标和相对指标具有十分重要的意义。

2）实物指标和价值指标

按计量单位不同，总量指标可以分为实物指标和价值指标两种。

实物指标是直接具体体现实物的使用价值或现象具体内容的绝对指标。它根据实物的属性和特点采用不同的实物计量单位。实物计量单位包括自然单位、度量衡单位、标准实物单位、双重单位和复合单位。例如，2018年我国主要工业产品产量：汽车2 781.9万辆，大中型拖拉机24.3万台，工业机器人14.8万台（套），原煤36.8亿吨，原油18 910.6万吨，天然气1 602.7亿立方米，发电量71 117.7亿千瓦小时[①]。实物指标能较直观地反映事物的数量，被广泛地应用于编制计划、检查计划执行情况等经济管理实践中。但由于实物单位种类纷繁，不同计量单位的实物或同一计量单位的不同实物，通常也不能直接加总。因此，以实物单位计量的实物指标综合性差，不能用于反映复杂现象的总规模、总水平和总速度。

① 国家统计局《2018年国民经济和社会发展统计公报》，2019-02-28。

价值指标是用货币单位来计量实物数量大小的统计指标。货币单位是用货币作为度量社会财富或劳动成果的一种计量单位，如我国用人民币元、日本用日元、德国用欧元等。不同的国家一般都有自己的货币名称和货币单位。以货币单位来度量实物的数量，能使不能直接相加的经济现象的数量变为可以加总，它可以综合地说明具有不同使用价值的经济现象的总规模、总水平和总速度。例如，2018年我国全年货物进出口总额305 050亿元，比上年增长9.7%。其中，出口164 177亿元，增长7.1%；进口140 874亿元，增长12.9%。货物进出口顺差23 303亿元，比上年减少5 217亿元。对“一带一路”沿线国家进出口总额83 657亿元，比上年增长13.3%。其中，出口46 478亿元，增长7.9%；进口37 179亿元，增长20.9%[①]。

由于价值指标具有广泛的综合性，因此，它在统计核算中具有十分重要的作用。但价值指标也有局限性，它不能直观地反映实物的数量，在实践中常将实物指标和价值指标结合运用。

需要指出的是，除了实物指标和价值指标外，有时也用劳动单位如工日、工时等来计量劳动时间的长短，这类指标被称为劳动量指标，它一般用来反映各种产品所消耗的劳动总量，主要用于编制和检查基层企业的生产作业计划以及为实行劳动定额管理提供依据。

3）时期指标和时点指标

按所反映的时间状况不同，总量指标可以分为时期指标和时点指标两种。

时期指标是反映现象在某一段时期内发展过程总量的指标。例如，一定时期内（日、月、年等）的产品产量、产值、商品销售额、工资总额等。时期指标有三个特点：其一，不同时间指标数值可以累计相加，即可以进行纵向累计。纵向累计的结果表明在更长一段时期内事物发展过程的总数量，而横向累计的结果通常只是表明在某一时期内更大范围内的总数量。其二，指标数值的大小与计算期的长短直接相关。一般来说，计划时期越长，时期指标的数值越大；反之，则越小。例如，通常情况下，年销售额要大于月销售额，月产量要多于日产量。其三，指标数值要连续计数取得，因为它的每一个数值都是表明现象在某一段时期内的发生总量。例如，1个月的总产值是1个月中每天产值的总和。

时点指标是反映现象在某一时刻（瞬间）状况的总量指标。例如，人口数、企业数、商品库存数、流动资金占用额等。时点指标也有三个特点：其一，同一性质的时点指标只能在同一时点上作横向累计，不能作纵向累计。例如，不能将某企业全年各月初或月末的职工人数相加作为本年度该企业的全部职工人数，以反映企业的规模，但可以将企业各车间同期的月初人数相加。其二，指标数值的大小与时间间隔的长短没有直接关系。例如，某企业年末某种产品的库存数不一定大于年初库存数；全年的流动资金平均占用额也不一定大于1月份的流动资金平均占用额。其三，指标数值一般是间断统计取得的。因为时点指标变化通常不是很大，不需要随时登记，此外，因为时点指标实际上是一个存量指标，它不能纵向累计，所以通常间断计数。

正确理解时期指标与时点指标的特点，有助于正确计算序时平均数等动态分析指标。

3.1.3 总量指标的计算

总量指标是一定社会经济范畴的具体数量表现，具有一定的质的规定性。科学地确定

---

① 国家统计局《2018年国民经济和社会发展统计公报》，2019-02-28。

社会经济统计总量指标的内涵，是正确计算社会经济指标的基础。

总量指标的计算方法有两种：一是直接计量法；二是推算与估算法。

1）直接计量法

直接计量法是通过对研究对象的直接计数、测量、汇总等而形成的，这是总量指标最主要的计算方法。

2）推算与估算法

当研究对象不能或不必直接计量时，通常采用推算与估算法，推算与估算法也有多种方法。

（1）平衡关系估算法。平衡关系估算法是利用现象之间的平衡关系来估计出某一未知总量指标的方法。例如，企业某产品产量月末库存指标，就可以通过平衡关系估算法求得：

月末库存量=月初库存产品量+本月新入库产品量-本月出库产品量

（2）因素关系估算法。因素关系估算法是利用现象的内部影响因素来推算某一总量指标的方法。例如，产品销售额=产品销售量×产品单价；工资总额=职工人数×平均工资；某产品原材料消耗总额=产量×单位产品原材料消耗量×单位原材料价格等。

（3）比例关系估算法。比例关系估算法是当估算某一地区、某一时期的某种指标时，可利用相类似的另一地区或不同时期等的同类指标的比例关系来计算的方法。例如，在某一地区国民生产总值中，“折旧”大约为20%，若已知另一类似地区的国民生产总值为75亿元，则其中的折旧大约为15亿元。

（4）预计推算法。预计推算法是一种根据过去和现在的情况来推测将来的某项指标值的方法。例如，某企业1月份产值为50万元，若其他条件不变，第1季度产值应为150万元左右。

（5）插值估算法。插值估算法是一种插值补全的方法。在统计分析时，我们常常会遇到一个数列缺某一项或某几项资料的情况，这时通常可以利用插值法来估算这些缺项。例如，利用平均发展速度补全时间数列，通过定性分析得到某一指标等。关于具体怎样推算，我们将在时间数列分析、相关分析两章中分别作详细介绍。

3.1.4　国民经济核算中的主要总量指标

反映我国国民经济运行状况的总量指标主要有社会总产品、增加值、国内生产总值、国民总收入、国内生产净值、国民净收入等。

1）社会总产品

社会总产品也称总产出，是指一个国家或地区在一定时期（比如1年）内全部生产活动的总成果，当以货币表现时，即为全部生产活动成果的价值总量。这里所说的全部生产活动，既包括物质生产部门的生产，也包括非物质生产部门的生产。社会总产品就是这两大部门产品的总和，其产品形式，既有实物形态的商品，也有不具有实物形态的各种服务或劳务。

国民经济中的物质生产部门是指农业、工业、建筑业、运输邮电业和商业，社会总产品的价值总量称为社会总产值，是指这五大物质生产部门总产值的总和。

非物质生产部门在一定时期内的总产出成果的价值表现称为服务总值或劳务总值。通常，金融业、保险业、房地产业等营利性服务部门的劳务总值以营业收入为基础计算；教育、国家机关等非营利性服务部门的劳务总值则按其经常性业务活动支出项计算。

总之，社会总产品是同时期的社会总产值与服务总值（或劳务总值）之和，它是人们认识国民经济总规模的重要指标。

2）增加值

增加值是企业或部门在一定时期（比如1年）内从事生产经营活动所增加的价值。它是总产出减去中间投入后的余额。因此，从价值构成看，它包括全部新创造的价值和物质消耗中本期固定资产折旧价值。

增加值既包括物质生产部门的产值，也包括非物质生产部门提供的劳务价值。物质生产部门的增加值等于净产值加本期固定资产折旧；非物质生产部门的增加值等于劳务总收入减去总支出。

3）国内生产总值

（1）国内生产总值的含义。国内生产总值（GDP），是指一国所有常住单位在核算期内生产活动的最终成果。由定义可知，国内生产总值是从最终产品角度反映各生产部门一定时期内生产的可供全社会最终使用的产品产量指标。

国内生产总值指标之所以成为国民经济核算体系中的核心指标，主要是国内生产总值指标能够综合反映国民经济活动的最终成果；能够反映国民经济发展规模、发展速度；是分析经济结构和宏观经济效益的基础数据。此外，国内生产总值有利于分析研究社会最终产品的生产、分配和最终使用情况，有利于进行国际间的经济对比等。

（2）国内生产总值的计算方法。国内生产总值有三种计算方法，即生产法、收入法和支出法。

①生产法。生产法又称部门法或增加值法，它是从生产的角度计算国内生产总值的，即国内生产总值等于所在生产单位新增价值总和。具体计算时，通常先剔除总产出中的中间产品投入，再计算各生产单位的增加值，然后加总所有生产单位的增加值求得国内生产总值。其计算公式为：

国内生产总值=国民经济各部门增加值之和

增加值=总产出-中间投入

②收入法。收入法又称分配法或成本法，它是从分配或收入的角度来计算国内生产总值的。按这种方法计算，首先是各个部门根据生产要素在初次分配中应得到的收入份额来计算增加值，然后再加总各部门的增加值而得到国内生产总值。增加值的计算公式为：

增加值=固定资产折旧+劳动者报酬+生产税净额+营业盈余

③支出法。支出法又称最终产品法或使用法，它是从最终使用的角度来计算国内生产总值的。一定时期的国内生产总值在本期内的最终使用具体包括最终消费、资本形成总额、货物和服务净出口三部分。其计算公式为：

国内生产总值=最终消费+资本形成总额+货物和服务净出口

以上阐述了国内生产总值的生产法、收入法和支出法，三种计算方法从理论上讲应是相等的，称为“三面等值”。但是，由于资料来源不同，实际上用三种方法计算的结果往往会存在一些细小的差异，这种差异属于统计误差。

（3）国内生产总值的具体计算。例如，某地区某年的国民经济有关资料见表3-1。

表3-1　　国内生产总值及其使用情况　　单位：亿元

生　产	顺序号	合计	物质生产部门	非物质生产部门	使　用	顺序号	合计	物质生产部门	非物质生产部门
		(1)	(2)	(3)			(1)	(2)	(3)
一、总产出	(1)	1 005	930	75	一、总支出	(10)	1 005	930	75
二、中间投入	(2)	585	560	25	二、中间使用	(11)	585	558	27
1.物质产品投入	(3)	560	540	20	1.物质产品投入	(12)	562	540	22
2.服务投入	(4)	25	20	5	2.非物质产品部门使用	(13)	23	18	5
三、国内生产总值(5)=(1)-(2)	(5)	420	370	50	三、国内生产总值	(14)	420	370	50
1.国内固定资产折旧	(6)	50	42	8	1.最终消费	(15)	230	183	47
2.劳动者报酬	(7)	160	140	20	①居民消费	(16)	190	178	12
3.生产税净额	(8)	70	65	5	②社会消费	(17)	40	5	35
4.营业盈余	(9)	140	123	17	2.资本形成总额	(18)	160	160	—
					①固定资产形成	(19)	125	125	—
					②库存增加	(20)	35	35	—
					3.出口	(21)	77	76	1
					4.进口	(22)	47	47	0
					5.统计误差	(23)			

根据表3-1的资料，用三种方法计算该地区该年的国内生产总值。

①生产法。

国内生产总值=总产出-中间投入=1 005-585=420（亿元）

②收入法。

国内生产总值=固定资产折旧+劳动者报酬+生产税净额+营业盈余

=50+160+70+140=420（亿元）

③支出法。

国内生产总值=最终消费+资本形成总额+货物和服务净出口

=230+160+30=420（亿元）

4）国民总收入

（1）国民总收入的含义。国民总收入原称国民生产总值（GNP），它是指一定时期内国内生产总值与来自国外的要素净收入之和。来自国外的要素净收入，就是本国从国外（非常住单位）获得的劳动报酬和财产收入（如利息、红利、租金等）减去国外（非常住单位）从本国获得的劳动报酬和财产收入的净额。

国民总收入反映了本国常住单位原始收入的总和。因此，国民总收入不是一个生产概念，而是一个收入概念。

（2）国民总收入的计算方法。国民总收入的计算可以通过与国内生产总值的关系求得。其计算公式为：

国民总收入=国内生产总值±国外要素收入净额

总量指标除以上四种外，还有国内生产净值、国民净收入等指标。其中，国内生产净值是国内生产总值减去固定资产折旧后的余额，它表示一国或地区在一定时期内新创造的全部价值。国民净收入是国民总收入减去固定资产折旧后的余额，它反映一定时期内本国获得的原始净收入。

以上我们阐述了总产出、中间投入、增加值、国内生产总值、国民总收入、国内生产净值和国民净收入等总量指标，这几个总量指标之间有一定的内在联系，如图3-1所示。

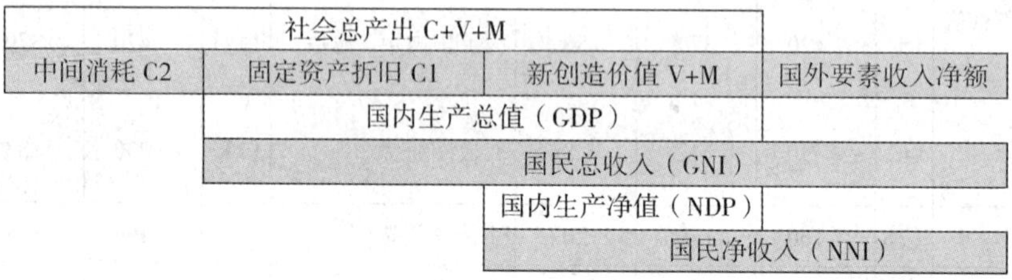

图3-1 各总量指标间的内在联系

3.2 相对指标

3.2.1 相对指标的含义和表现形式

总量指标只是表明现象所达到的总规模、总水平和工作总量，但要深入了解情况，就必须在计算总量指标的基础上进行对比分析，计算出各种相对指标，对经济现象进行更深入的描述和分析。

相对指标也称相对数，它是两个有联系的指标相比的比值或比率。例如，2018年辽宁省全年接待国内外旅游者56 499.1万人次，比2017年增长11.7%。其中，接待国内旅游者56 211.4万人次，增长11.7%；接待入境过夜旅游者287.7万人次，增长3.2%。全年旅游总收入5 369.8亿元，比上年增长13.3%。其中，国内旅游收入5 254.8亿元，增长13.7%；旅游外汇收入17.4亿美元，下降2.2%。再如，2018年根据1‰人口抽样调查推算，辽宁省年末常住人口4 359.3万人。其中，城镇人口2 968.7万人，占常住人口的比重为68.1%；乡村人口1 390.6万人，占比31.9%。按年龄划分，0～15岁（含不满16周岁）人口477.7万人，占常住人口的10.96%；65周岁及以上人口661.3万人，占常住人口的15.17%。在上述指标中，增长速度是相对指标，占百分比数，也是相对指标[①]。

相对指标具有重要的作用，概括起来有以下两点：其一，利用相对指标可以综合地反映事物之间的数量关系，说明现象的比率、构成、速度、密度、普遍程度等，从而能够更深刻地反映现象的实质。例如，2018年经初步核算，辽宁省地区生产总值25 315.4亿元，比上年增长5.7%。其中，第一产业增加值2 033.3亿元，增长3.1%；第二产业增加值

① 辽宁省统计局《2018年辽宁省国民经济和社会发展统计公报》，2019-02-25。

10 025.1亿元，增长7.4%；第三产业增加值13 257.0亿元，增长4.8%。全年人均地区生产总值58 008元，比上年增长5.9%①。这些增长速度指标揭示了辽宁省各产业的地位和发展状况。其二，相对指标将现象在绝对数方面的具体差异抽象化，使原来不能直接用总量指标对比的现象找到了直接对比的基础。例如，有甲、乙两个企业，甲企业生产灯泡，乙企业生产化妆品，由于企业规模不同，生产产品不同，我们不能根据两个企业的生产水平直接评价它们经营的好坏，但如果我们计算它们各自的人均利税额、固定资产利税率、产值利润率等相对指标，就使它们有了共同的比较基础，从而能够进行比较和评价。

相对指标的数值有两种表现形式：一种是有名数；另一种是无名数。有名数是将对比的分子指标和分母指标的计量单位结合使用，以表明事物的密度、普遍程度和强度等。例如，表明住房状况用平方米/人表示，表明平均每人分摊钢铁产量情况用千克/人表示等。

无名数是一种抽象化的数值，一般分为系数、倍数、成数、百分数、千分数等。

系数或倍数是将对比的基数作为1，两个数值对比，其分子数值与分母数值相差不多时，可用系数形式表示，如固定资产磨损系数、工资等级系数、结构比例系数等；反之，分子数值与分母数值相差很大时，则常用倍数表示，如某县农民纯收入2018年为12 600元，2013年为5 860元，2018年是2013年的2.15倍。

成数是将对比的基数作为10。例如，粮食产量增加一成，则为增长1/10。这里的成数是对十分数的一种习惯叫法。

百分数是将对比的基数作为100。它是相对指标中最常用的一种表现形式。当相对指标中的分子数值和分母数值比较接近时，通常采用百分数表示，1/100用“1%”表示。千分数是将对比的基数作为1 000，它适用于对比的分子数值比分母数值小得多的情况，如人口自然增长率、死亡率等，用1/1 000或1‰来表示。

3.2.2　相对指标的种类和计算

根据研究目的和研究任务不同，以及对比基础的差别，相对指标通常可以分为六种，即结构相对指标、比例相对指标、比较相对指标、强度相对指标、计划完成相对指标、动态相对指标。

1）结构相对指标

结构相对指标是利用分组法，将总体区分为性质不同的各个部分，用某一部分数值与总体总数值进行对比而求得的比重或比率，用来反映总体的内部结构是否合理。其计算公式为：

结构相对指标=总体中某一部分指标数值÷总体总数值×100%

例如，2018年某地区各种运输方式完成货物运输周转量资料见表3-2。

表3-2　**2018年某地区各种运输方式完成货物运输周转量资料表**

运输方式	货运周转量（亿吨）	比重（%）
铁　路	14 575	31.92
公　路	6 180	13.54
水　运	24 860	54.45
民　航	44	0.09
合　计	45 659	100.00

① 辽宁省统计局《2018年辽宁省国民经济和社会发展统计公报》，2019-02-25。

需要特别强调的是，在结构相对指标中，各组比重之和应等于100%。

结构相对指标具有重要的作用，概括起来主要有两个方面：

（1）通过计算结构相对指标，可以认识事物内部构成状况及发展变化趋势。例如，德国经济学家和统计学家恩格尔，通过对西方几个国家的工人家庭所作的统计调查，发现了一种带有普遍性的消费结构趋势和规律：家庭收入越少，用于饮食消费的支出在家庭收入中所占的比重就越大，而用于教育、文化娱乐、医药卫生等方面的支出所占的比重也就越小，但用于衣着、住宅、取暖、照明等方面的支出所占的比重变化不大。他由此得出结论：在其他条件相同的情况下，居民收入中用于食物部分的比重，可以作为衡量消费水平的标志。习惯上认为食品支出占全部消费支出的比重（恩格尔系数）在50%以上为勉强度日，在40%～50%为小康水平，在20%～40%为富裕，在20%以下为最富裕。《世界主要国家和地区社会发展比较统计资料》披露，美国、加拿大、英国、法国、日本、新加坡等国家的恩格尔系数均在20%以下。我国近年来城镇居民家庭食品消费支出比重也在逐年下降。2018年，全国居民恩格尔系数为28.4%，比上年下降0.9个百分点，其中，城镇为27.7%，农村为30.1%。又如，2018年年末，全国总人口139 538万人，比上年年末增加530万人，其中城镇常住人口83 137万人，占总人口比重（常住人口城镇化率）为59.58%，比上年年末提高1.06个百分点。户籍人口城镇化率为43.37%，比上年年末提高1.02个百分点。全年出生人口1 523万人，出生率为10.94‰；死亡人口993万人，死亡率为7.13‰；自然增长率为3.81‰。全国人户分离的人口2.86亿人，其中流动人口2.41亿人①。这些数据基本可以反映我国人口构成情况，具体见表3-3。

表3-3　**2018年年末我国人口主要构成情况**

指　标	年末数（万人）	比重（%）
全国总人口	139 538	100.00
其中：城镇常住人口	83 137	59.58
男性人口	71 351	51.10
0～15周岁人口	24 860	17.80
60周岁以上人口	24 949	17.90

（2）在工商企业管理中，利用结构相对指标可以衡量和评价各构成部分是否合理科学。例如，计算产品的合格率、设备完好率、能源有效利用率等指标可以从不同侧面说明企业的生产经营状况。又如，通过成本构成的分析，企业可以发现薄弱环节，采取措施降低成本等。

需要指出的是，用圆形图来表明总体内部结构关系更直观、更形象。我们在第2章已经阐述过圆形图（也称扇形图），它是把全圆分成若干个扇形部分，以扇形面积的大小表示总体各组成部分所占百分比的大小。全圆面积为100%，因为圆心角是360°，所以3.6°的圆心角代表1%的圆面积，用各部分占合计的百分数乘以3.6°，即得各圆心角的度数。

① 国家统计局《2018年国民经济和社会发展统计公报》，2019-02-28。

例如，某企业2018年第一季度A产品质量检验结果资料见表3-4。

表3-4 **某企业A产品2018年第一季度质量检验结果**

产品等级	各等级品所占比重（%）	圆心角（°）
一等品	75.0	270.0
二等品	17.5	63.0
三等品	7.5	27.0
合 计	100.0	360.0

将表3-4的资料绘成圆形图，如图3-2所示。

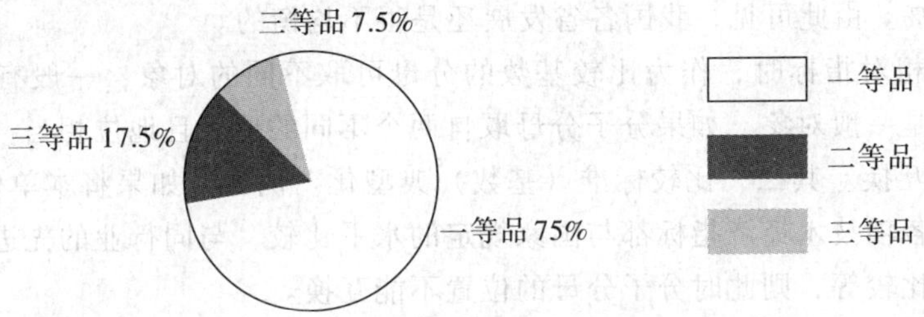

图3-2 某企业A产品2018年第一季度质检结构图

2）比例相对指标

比例相对指标是利用分组法，将总体区分成性质不同的部分，以某一部分数值与另一部分数值进行对比而得出的比重或比率，用来表明总体内部的比例关系是否合理。其计算公式为：

比例相对指标=总体中某一部分数值÷总体中另一部分数值×100%

比例相对指标可以用百分数表示，也可以用一比几或几比一的形式表示。例如，2018年某市第二产业从业人数为59.23万人，第三产业从业人数为67.23万人，则第二产业从业人数与第三产业从业人数之比可以表示为0.88∶1或1∶1.14。分析总体中若干部分的比例关系时也可采用连比的形式。例如，某企业2018年年末有职工350人，其中，管理人员50人，一线生产人员260人，后勤等服务人员40人，以管理人员人数为基数，则管理人员、一线生产人员、后勤人员的比例关系为1∶5.20∶0.80，当然，也可以以一线生产人员人数为基数，则管理人员、一线生产人员、后勤人员的比例关系为0.19∶1∶0.15。

比例相对指标对于国民经济宏观调控具有重要意义。利用比例相对指标可以分析国民经济中各种比例关系，如国内生产总值中三次产业比例、工农业总产值中农轻重比例、农林牧渔业总产值中农林牧渔各业的比例、基建投资中三次产业投资比例等，并可以根据比例现状制定相关政策法规，从而调整不合理的比例，促进经济协调发展。

需要指出的是，比例相对数与结构相对数都是在对总体进行分析的基础上产生的。比例相对数也有反映总体结构的作用，它所反映的比例关系，是一种结构性的比例，这种指标的作用同结构相对指标相同，只是对比的方法不同。结构相对数是部分与总体的数值之比，而比例相对数是总体内部各部分数值之比。比例相对数的分子与分母有的可以互换，而结构相对数却不能，在实际工作中，两种方法常常可以结合使用。

3）比较相对指标

比较相对指标也称比较相对数，它是指同一时期、不同单位之间同类指标之比，可以反映事物发展不平衡的相对差异程度。其计算公式为：

比较相对指标=某一现象指标数值÷同期另一同类现象指标数值×100%

式中，分子与分母现象所属统计指标的含义、口径、计算方法和计量单位必须一致。比较相对指标一般用百分数或倍数表示。例如，2018年广东省初步核算并经国家统计局核定，全省实现地区生产总值97 277.77亿元，比上年增长6.8%；年末全省常住人口11 346万人，人均国内生产总值85 738元[①]。同期，青海省经初步核算，全年全省实现地区生产总值2 865.23亿元，比上年增长7.2%；年末全省常住人口603.23万人，人均国内生产总值47 498元[②]。在两省的比较中，从总量上看，广东省是青海省的33.95倍；从人均生产总值上看，广东省是青海省的1.81倍。当然，也可以反过来看，青海省分别是广东省的2.95%和55.40%。由此可见，我国各省发展还是很不均衡的。

计算比较相对指标时，作为比较基数的分母可取不同的对象，一般有两种情况：其一，比较标准是一般对象。如果分子分母取自两个不同的地区且地位相当，这时，分子分母的位置可以互换。其二，比较标准（基数）典型化。例如，如果将本单位产品的质量、成本、单耗等各项技术经济指标都与国家规定的水平比较，与同行业的先进水平比较，与国际先进水平比较等，则此时分子分母的位置不能互换。

比较相对指标可以用总量指标进行对比，也可以用相对指标或平均指标进行对比。但由于总量指标容易受到总体范围大小的影响，因而，计算比较相对指标时，更多采用相对指标或平均指标进行比较。

利用比较相对指标，可以显示出某种现象在各地区、各单位之间先进与落后的差距，有利于分析原因、改进工作、提高效率和效益。实际经济工作中，常常将各地区、各企业的经济指标与先进水平（同行业先进水平、国际先进水平）进行比较，从而清晰地反映出现象之间的差距，为提高管理水平提供依据。

4）强度相对指标

强度相对指标也称强度相对数，它是通过两个性质不同但有一定联系的总量指标进行对比而求得的，可以表明现象的强度、密度和普遍程度。其计算公式为：

强度相对指标=某一总体总量指标÷另一有联系的总体总量指标

例如，2018年全国研究生教育招生85.8万人，在校研究生273.1万人，毕业研究生60.4万人。

同期全国总人口数为139 538万人，则强度相对指标为：

强度相对指标=858 000÷139 538=6.1（人/万人）

强度相对指标有正指标和逆指标之分。例如，生活费收入、消费水平、居民平均寿命等，此类指标数值越大，说明居民生活水平越高，所以称之为正指标；而如恩格尔系数、就业者负担人数等，此类指标数值越小，说明居民生活水平越高，所以称之为逆指标。

强度相对指标的另一个突出特点是有名数，即有计量单位。例如，每万人拥有的在校大学生数（人/万人），每万人拥有的商业网点数（个/万人），或每个商业网点的服务人数（个/万人）等都是有双重计量单位的。但也有一些强度相对指标没有计量单位，

---

① 广东省统计局《2018年广东国民经济和社会发展统计公报》，2019-02-20。
② 青海省统计局《2018年青海国民经济和社会发展统计公报》，2019-02-28。

如人口自然增长率、商品流通费用率等，虽然也是强度相对指标，但通常用百分数表示。

还需要指出一点，强度相对指标虽然也含有平均的意思（如按全国人口总数分摊的国内生产总值），在表现形式上类似统计平均数，但二者是有区别的。统计平均数（算术平均数）是指同一总体的标志总量之比，反映同质总体内各单位标志值的一般水平；而强度相对指标是指两个不同性质的总体总量之比，反映两个不同总体总量之间的联系密度或强度。

5）计划完成相对指标

计划完成相对指标也称计划完成相对数、评价相对数，它是某项工作在一段时间内的实际完成数与计划任务数之比，用来说明计划的完成情况，一般用百分数表示。其计算公式为：

计划完成相对指标=实际完成数÷计划任务数×100%

由于计划指标表现形式不同，计划完成相对指标的计算可分两种情况。

（1）计划数为总量指标。当计划数为总量指标时，可用于检查计划完成情况或进行计划进度检查。其计算公式为：

计划完成相对指标=实际完成（累计）数÷计划任务数×100%

例如，某企业2018年各季度计划销售额完成情况见表3-5。

表3-5　**某企业2018年各季度计划销售额完成情况**

季　度	计划销售额（万元）	实际销售额（万元）	计划完成程度（%）	计划进度完成程度（%）
第一季度	1 000	1 010	101.00	25.25
第二季度	1 000	890	89.00	47.50
第三季度	1 000	950	95.00	71.25
第四季度	1 000	1 050	105.00	97.50
合　计	4 000	3 900	97.50	—

计划进度检查主要看时间过半时，完成任务是否过半，若有差距应早作调整，组织人力、物力，确保按时完成计划。

对计划完成程度的评价，是实际完成数超过计划数好，还是低于计划数好，要根据计划指标的性质和内容确定。通常，正指标如产值、利税额、产量、销售额等，超过100%说明计划完成情况较好；逆指标如单位成本、费用总额等，小于100%说明计划完成情况较好。

当计划数是平均指标时，其计划完成情况检查与计划数为总量指标时基本相同。

（2）计划数是相对指标。当计划数是相对指标时，即用“增长了”“提高了”或“降低了”“减少了”的百分比表示时，其计划检查分增长计划和降低计划两种。

增长计划检查=（$1+X_{实}$）÷（$1+X_{计}$）×100%

降低计划检查=（$1-X_{实}$）÷（$1-X_{计}$）×100%

上述计算公式表明，计划完成相对指标不能直接用实际提高或降低的百分比除以计划提高或降低的百分比，而应把原有的基数（以上期实际水平为100%）包括在内。

例如，某企业计划2018年人均利税率比上年提高3%，而实际提高6%，则计划完成情况为：

计划完成程度=（1+6%）÷（1+3%）×100%=102.91%

即完成计划的102.91%，超额2.91%完成计划。

又如，某企业计划2018年A产品单位成本比上年降低6%，而实际降低3%，则计划完成情况为：

计划完成程度=（1−3%）÷（1−6%）×100%=103.19%

即仅完成计划的96.81%，比计划少完成3.19%。

计划完成相对指标，主要用来监督检查计划执行情况，分析计划完成或未完成的原因。在实际工作中，常常把计划完成相对指标和分组法结合运用，用以说明组间计划完成程度是否均衡，从而有利于深入分析问题、解决问题。

6）动态相对指标

动态相对指标是两个同类指标在不同时期上的对比，其计算公式为：

动态相对指标=报告期水平÷基期水平×100%

式中，作为对比标准的时期称为基期，而用来与基期进行比较的称为报告期，有时也称为计算期。动态相对指标的计算结果用百分数或倍数表示，用来反映现象在不同时期的发展程度、发展速度等。

● 3.3 总量指标与相对指标的应用

3.3.1 计算和应用总量指标的原则

1）在计算实物指标时，应注意现象的同类性

只有同类现象才能计算实物总量，而同类性是由实物的性质所决定的。例如，钢材和水泥的性质不同，就不能将它们混在一起计算实物总量，但是原煤、原油、天然气、水电等各种不同的燃料由于使用价值相同却可以折算为标准燃料计算总量。在统计粮食总产量时，稻谷、小麦、玉米、高粱、谷子和豆类的产量也可以直接相加。不过，在计算货物运输总量时，产品的同类性就不成为计算的条件了。因为它只要求计算货物的重量或里程，而不问其品种如何。因此，对于现象同类性的判断，还应取决于现象所处的条件或统计研究的目的。

2）统计总量指标时要有明确的统计含义和合理的统计方法

统计指标的含义包括指标的内涵和外延两个方面。只有明确了总量指标的含义，才能正确地划分它的范围，正确地确定它的计算方法，进而才能正确地计算总量指标。例如，在计算工业增加值时，首先要明确工业的范围，工业的范围不搞清楚，就不可能统计出准确的工业增加值。又如，根据研究目的的不同，国内生产总值可以采用支出法、生产法和收入法三种计算方法。因此，一定要根据研究目的，统一规定指标的含义，采取明确而合理的计算方法。

3）统一计量单位

对于同一个总量指标在不同的时间、地点、单位进行计量时，其计量单位应当一致。

计量单位不一致时，应进行换算使之一致，以便于对比和分析。

3.3.2 计算和应用相对指标的原则

1）正确选择对比的基数

相对指标通过指标与指标的对比来反映现象之间的联系，而现象之间的联系是由现象的性质、特点所决定的。因此，一个指标究竟应该和哪些指标对比，选择什么样的基数，必须从现象的性质、特点出发，并结合研究目的进行分析，才能做出决定。不合理的对比基数就会歪曲现象的真实联系，甚至得出完全相反的结论。例如，计算居民识字的普及程度指标，对比基数就不能用全部人口数，因为全部人口中包含着不属于识字普及对象的学龄前儿童，正确的基数应该是全部人口数扣除学龄前儿童后的数字。还有，在计算经济发展速度时，不能总是同1949年、1950年的水平相比，因为那时中华人民共和国刚刚成立，各方面都比较落后，依此计算得出的发展速度数值就会很大，这样我们就会盲目自大，也就不能进步。另外在商业中，某些商品的销售量有旺季和淡季之分，在选择对比基数时也应注意。

2）保持两个对比指标的可比性

由于相对指标的可比性是指两个有联系的指标数值之比，因此，要使对比的结果有现实意义和符合研究的目的，就必须使相对比的指标具有可比性。所谓可比性，是指两个对比指标所表明的经济内容，包括总体范围、计算方法、计量单位必须可比。只有这样，计算的结果才符合统计分析的研究要求。如果两个对比的指标没有可比性，对比结果不仅不能正确反映社会经济现象之间的数量对比关系，反而会得出错误的结论。

3.3.3 相对指标要与总量指标结合应用

相对指标常常是两个总量指标对比的结果，对比之后，便使总量指标抽象化了，因而也就掩盖了其绝对数量方面的差别，特别是研究动态变化时，更应该注意这个问题。

例如，甲、乙两个企业生产同种产品，2018年该产品的计划销售额和实际销售额有关资料见表3-6。

表3-6　**甲、乙两个企业销售情况比较表**

企　业	计划销售额（万元）	实际销售额（万元）	计划完成程度（%）
甲企业	100	96	96
乙企业	500	420	84
合　计	600	516	86

表3-6中，从相对数上可以看到甲企业较好，完成计划的96%，乙企业仅完成计划的84%。但结合其实际销售额来看，乙企业的销售总量较多，占市场份额绝对数也较大。因此，对社会经济现象进行分析，不仅要看相对指标，也要结合其总量指标。

此外，若两个对比的绝对数值较小，通常不适宜用计算相对指标来分析。例如，若检验两个品牌的产品，其中一个品牌产品合格，另一个品牌产品不合格，不能说产品合格率为50%。

3.3.4 各种相对指标应结合应用

每一种相对指标只能说明现象的某一个侧面，把不同相对指标结合起来有助于较全面地分析和认识问题。考察一个企业的经营状况，不仅要看其计划完成情况，而且要看各品种的结构情况以及与其他企业的效益比较等，只有这样才能对一个企业的经营状况做出全面准确的评价。

在研究企业的经营效果时，我们不仅要看总产值、产品产量、销售收入、利税总额等总量指标，还要结合企业的投入，观察产值利税率、资金利税率等相对指标，客观反映企业的经济效益。同时，我们还需要将这些指标与企业的计划任务相比较，检查企业计划任务的执行情况；利用动态相对指标，将当期指标数值与企业过去的同类指标数值进行纵向对比，可以总结发展变化的规律；通过计算各个与其他企业的比较相对指标，能够实现与其他同类企业的横向对比，发现自己的差距和不足，及时采取措施，迎头赶上。

此外，还应注意以下四个问题：其一，除结构相对指标外，其他几种相对指标不能简单相加；其二，除比较、比例、强度相对指标外，其他几种相对指标分子分母不能互换；其三，除强度相对指标有计量单位外，其他几种相对指标习惯上均以百分数表示；其四，计算强度相对指标时，一定要注意分子与分母两个指标间的联系，无联系的指标不能计算强度相对指标。

随堂测3

第 4 章

平均指标与标志变异指标

[学习目标]

通过本章的学习，要熟练掌握算术平均数和调和平均数的计算方法及各自的应用条件；明晰当数据有极端值时如何用众数和中位数来描述现象的一般水平；熟练掌握平均指标的计算与应用条件；区别哪些指标是平均数，哪些指标是强度相对数；运用平均指标和标志变异指标的辩证关系描述总体数量分布特征，并能作简要的分析说明。

4.1 平均指标分析

4.1.1 平均指标的意义

数据的总量描述和对比描述，只是反映了现象的总体规模、相对水平和总体单位在各组的分布情况，它并没有反映数据的分布规律和分布的一般水平。因此，若要对总体单位在各组的分布状况进行全面深刻的认识，还要对它的集中趋势进行度量，即计算平均指标。

1）平均指标的含义

平均指标也称均值或集中趋势指标，它是反映社会经济现象总体单位数量标志值一般水平的综合指标。总体单位数量标志值在各组中的分布状况之所以存在集中趋势，是因为总体各单位具有同质性，因而各单位的标志值在数量上的差异总有一定的范围，有可能找到一个能代表一般水平的量来反映总体的数量特征。因此，反映社会经济现象总体单位数量标志一般水平的综合指标就是平均指标。

由于总体各单位的数量标志客观上存在差异，所以需要找出一个将数量差异抽象化，代表各单位一般数量水平的指标。同时，由于总体各单位又具有同质性，因而各单位的标志在数量上的差异总是有一定范围的，所以可以找到一个能够代表一般水平的指标反映总体的数量特征。平均指标就是将总体各单位某一数量指标差异抽象化，反映现象在一定时间、地点条件下所达到的一般水平。

平均指标是总体分布的特征值之一。它反映了总体分布的集中趋势。平均指标具有两个特点：第一，它是对数量标志在总体单位之间数值差异的抽象化；第二，它是说明总体综合数量特征的一个代表值。

2）平均指标的作用

平均指标的作用如下：

（1）平均指标可以消除因总体范围不同而带来的总体数量差异，从而使不同的总体具有可比性。例如，由于播种面积不同，不同地区粮食总产量不便直接对比，若计算平均亩产量，则可比较判断不同地区粮食生产水平的高低。又如，用劳动生产率、单位产品成本等平均数进行对比，由于消除了企业规模大小的影响，就能反映不同规模企业的工作成绩和质量，以便学先进、找差距，提高企业经济效益。

（2）同一总体在不同时间上的平均指标可以反映现象总体的发展变化趋势。例如，研究职工工资水平变化，用工资总额往往说明不了问题，因为不同时期的职工人数不同，若用职工平均工资进行动态对比分析，则可正确反映职工工资水平的变动趋势和规律。又如，由于企业职工人数的变化、经营产品品种的更新、设备更新以及所面临的宏观环境和微观环境的变化，企业历年来的产品产量、销售收入、利税总额等指标都会发生很大的变化，有时直接用总量指标进行对比，可能会因为有一些不可比的条件使对比结果不具有说服力，但若计算出不同时期的人均利税额、人均劳动生产率等指标，就能反映企业的发展趋势和发展规律。

（3）利用平均指标可以分析现象之间的依存关系。例如，将耕地按施肥量等标志分组，在此基础上计算各组的农作物收获率，就可以反映出施肥量与收获率之间的依存关系。又如，商业企业规模的大小和商品流通费用率之间存在的依存关系，可以根据商品销售额的增减和平均商品流通费用率升降的依存关系反映。

（4）平均指标是统计推断的一个重要参数。例如，利用样本平均指标推算总体平均指标，利用平均指标推算总量指标等。

（5）平均指标可以作为制定生产定额的重要依据。制定生产定额是经济责任制的重要内容，在计算出平均指标的基础上再计算出生产定额，是科学制定生产定额的依据。制定生产定额有利于调动职工的积极性，提高劳动生产效率。

3）平均指标的种类

平均指标的种类包括：

（1）平均指标按其反映的时间状况不同，分为静态平均数和动态平均数。

静态平均数反映在同一时间范围内总体各单位某一数量标志的一般水平。动态平均数反映不同时期内相同空间的总体某一指标的一般水平，也称序时平均数。

（2）平均指标按计算方法不同，分为算术平均数、调和平均数、几何平均数、中位数和众数。

算术平均数、调和平均数、几何平均数是根据分布数列中各单位的标志值计算得到的，称数值平均数；众数和中位数是根据分布数列中某些标志值所处的位置来确定的，称位置平均数。各种平均指标的计算方法不同，指标的含义、应用条件有别，但它们都是总体各单位数量标志值的一般水平，都反映了现象某一数量标志值的平均水平。

4.1.2 算术平均数

算术平均数是平均指标中最重要的一种，一般不特别说明时，所提到的“平均指标”“平均数”“集中趋势指标”均是指算术平均数。其一般计算公式为：

算术平均数=总体标志总量÷总体单位总量

在上述公式中，分子和分母在经济内容上有着从属关系，即分子数值是各分母单位特征的总和，两者在总体范围上是一致的，这也是平均指标与强度相对指标的根本区别。强度相对指标虽然也是两个有联系的总量指标之比，但它并不存在分子标志值与分母单位的对应问题。以此为依据，人均粮食消费量是平均指标，人均粮食产量则是强度相对指标。

在统计实践工作中，有许多研究总体，总体的标志总量等于总体各单位某一数量标志值的总和。例如，各个职工工资的总和就形成工资总额，各个工人劳动生产量的总和就形成总产量，各单位面积收获量的总和就形成总收获量。而算术平均数的计算方法正好与现象之间的这种数量关系相适应，因此，算术平均数的基本公式应用十分广泛。

由于掌握资料不同，算术平均数可分为简单算术平均数和加权算术平均数两种。

1）简单算术平均数

简单算术平均数适用于未分组的分配数列，它是将总体各单位同类标志值直接汇总，然后与总体单位总数相除而求得的。其计算公式为：

$$\bar{x}=\frac{x_1+x_2+\cdots+x_n}{n}$$

或
$$=\frac{\sum x}{n} \tag{4-1}$$

式中：$\bar{x}$代表算术平均数；x代表各单位的标志值，也称变量值；n代表总体单位总数；$\sum$代表求和符号。

上式以标志值直接计算平均数，在一定程度上体现了总体各单位对平均数的影响作用处于均等的地位，换言之，在求平均数时赋予了各个标志值的权数为1。

例如，某企业一车间甲班有6名工人，其日产量（件/人）分别为119、126、140、160、174、181，则6名工人的平均日产量为：

$$\bar{x}=\frac{\sum x}{n}=\frac{119+126+140+160+174+181}{6}=150\text{（件）}$$

2）加权算术平均数

当资料中被平均的变量值（也称标志值）重复出现时，如某个变量值x重复出现f次，按照简单平均法，就要将变量值x乘以f。用这种方法计算的平均数，称为加权算术平均数。其计算公式为：

$$\bar{x}=\frac{x_1f_1+x_2f_2+\cdots+x_nf_n}{\sum f} \tag{4-2}$$

或
$$=\frac{\sum xf}{\sum f}=\sum x\cdot\frac{f}{\sum f}$$

式中：f代表分配到各组中的次数，在算术平均数中称为权数；$\frac{f}{\sum f}$代表各组次数占总次数的比重。

由公式可以看出，$\bar{x}$的大小不仅受到变量值x大小的影响，而且受到各组的次数f的影响。当然x和f对$\bar{x}$的影响不是同等的。x的大小对$\bar{x}$起关键性作用，决定$\bar{x}$的高低；f（或$\frac{f}{\sum f}$）的大小则起权衡轻重的作用，只能使$\bar{x}$的水平略高或略低一些。考虑权数f的影响作用而计算的平均数，称为加权算术平均数。

例如，某车间有50名职工，他们每人每天生产的某种零件数编制成的单项式变量数列见表4-1。

表4-1 **单项式变量数列平均数计算表**

日产量（件）x	工人数（人）f	各组人数所占比重（%）	日产量×工人数 xf
50	4	8	200
60	13	26	780
65	20	40	1 300
70	12	24	840
80	1	2	80
合　计	50	100	3 200

根据表4-1的资料，计算出的加权算术平均数为：

$$\bar{x}=\frac{\sum xf}{\sum f}=\frac{3\,200}{50}=64\text{（件）}$$

或 $$=\sum x\cdot\frac{f}{\sum f}=50\times\frac{4}{50}+60\times\frac{13}{50}+65\times\frac{20}{50}+70\times\frac{12}{50}+80\times\frac{1}{50}=64\text{（件）}$$

由表4-1中加权算术平均数的计算可知，平均数的大小，不仅取决于总体各单位变量值的大小，而且受各单位变量值重复出现次数多少的影响。若表4-1中第5组不是80件，而是130件，其他条件不变，则平均数就变成了65件。同样，若第5组80件出现次数不是1次，而是10次，其他条件不变，则平均数就变成了67件。因此，次数f（或$\frac{f}{\sum f}$）对平均数的大小具有权衡轻重的作用。

由表4-1可以看出，算术平均数的大小受两个因素的影响：一是各组变量值x的大小；二是各组次数f的多少（或$\frac{f}{\sum f}$的大小）。

当然，如果各组次数完全相同，则f对各组变量值产生同等的影响，它不再起权衡轻重的作用，这时，加权算术平均数就等于前述的简单算术平均数。所以，简单算术平均数是加权算术平均数的一个特例。

如果我们所掌握的资料不是单项变量数列资料，而是组距数列资料时，计算算术平均数的方法与上述方法基本相同，只是先要计算出各组的组中值（$\frac{\text{上限}+\text{下限}}{2}$），然后以各组组中值代替该组变量值x来计算。以组中值代替各组变量值计算算术平均数，是以假定各组内的变量值均匀分布为前提的，而实际分布也许并不均匀，那么，以组中值代替变量值x计算的结果与实际情况可能会有一点偏差，因此，平均数只是近似值。

例如，某班学生在统计学考试中，根据25名学生考试成绩编制成组距数列见表4-2。

表4-2　　组距数列平均数计算表

成绩（分）	人数（人） f	组中值 x	组中值×人数 xf
60以下	2	55	110
60～70	5	65	325
70～80	8	75	600
80～90	6	85	510
90以上	4	95	380
合　计	25	—	1 925

以各组组中值代替变量值x，求得的加权算术平均数为：

$$\bar{x}=\frac{\sum xf}{\sum f}=\frac{1\,925}{25}=77\text{（分）}$$

算术平均数是在社会和自然领域中应用十分广泛的一种平均数，许多统计分析指标，如离中趋势的测度、时间数列分析、平均指标指数等都要运用算术平均数进行更深入的分析。

3）算术平均数的数学性质

平均数是统计学中非常重要的内容，因为任何统计推算和统计分析几乎都离不开平均数。从统计思想上看，因为平均数反映了一组数据偶然性、随机性特征互相抵消后的稳定数值，所以反映了一组数据必然性的特点。平均数有很多数学性质，这里只列示其中两个重要性质。

（1）性质一，各个变量值与其算术平均数离差之和等于零，即：

$$\sum(x-\bar{x})=0$$

$$\sum(x-\bar{x})f=0$$

（2）性质二，各个变量值与其算术平均数离差平方和为最小值，即：

$$\sum(x-\bar{x})^2=\text{最小值}$$

$$\sum(x-\bar{x})^2f=\text{最小值}$$

4.1.3　调和平均数

调和平均数也称倒数平均数，它是各个变量值倒数的算术平均数的倒数。

由调和平均数的定义可以导出调和平均数的计算公式，具体步骤为：

第一步，计算各个变量值的倒数，即$\frac{1}{x}$。

第二步，计算上述各个变量值倒数的算术平均数，即$\frac{\sum\frac{1}{x}}{n}$。

第三步，计算算术平均数的倒数，即$\frac{n}{\sum\frac{1}{x}}$，这就是调和平均数的计算公式。

若我们用字母$\bar{X}_h$代表调和平均数，则调和平均数的计算公式为：

$$\bar{X}_h=\frac{n}{\sum\frac{1}{x}} \tag{4-3}$$

由于掌握的资料不同，调和平均数也分简单调和平均数和加权调和平均数两种，上述公式是简单调和平均数，若我们用m代表各组变量值总量，即各组变量值x与各组变量值次数f的乘积（m=x·f），则加权调和平均数的计算公式可以写成：

$$\bar{X}_h=\frac{\sum m}{\sum\frac{m}{x}} \tag{4-4}$$

以上阐述的调和平均数的定义和计算公式是调和平均数的原意，但在统计实践中，很少有倒数内容的经济现象。因此，实际上调和平均数只是在计算平均数的过程中，由于掌握的资料不能直接使用算术平均数公式，就借用调和平均数形式计算平均数。从这个意义上说，调和平均数形式上是调和平均，实质上仍是算术平均，这里的调和平均本质上是算术平均的变形而已。统计实践中经常使用的是加权调和平均数。

1）由平均数计算调和平均数

例如，某企业第一季度A产品等级及销售量资料见表4-3。

表4-3 **某企业第一季度A产品等级及销售量资料表**

商品等级	价格（元/千克） x	销售量（千克） f	销售额（元） m=x·f
一　等	1.30	5 000	6 500
二　等	1.20	10 000	12 000
三　等	1.10	5 000	5 500
合　计	—	20 000	24 000

这里，我们已知销售单价和销售量的资料，可以采用加权算术平均数的方法计算其平均价格，即：

$$\bar{x}=\frac{\sum xf}{\sum f}=\frac{24\,000}{20\,000}=1.20\text{（元）}$$

如果掌握的是采购单价和采购金额资料，则应使用加权调和平均数公式来计算其平均采购单价，具体见表4-4。

表4-4 **调和平均数计算表**

商品等级	价格（元/千克） x	销售额（元） m	销售量（千克） f=m/x
一　等	1.30	6 500	5 000
二　等	1.20	12 000	10 000
三　等	1.10	5 500	5 000
合　计	—	24 000	20 000

这里，我们已知采购单价和采购金额的资料，可以采用加权调和平均数的方法计算其平均价格，即：

$$\bar{X}_h=\frac{\sum m}{\sum \frac{m}{x}}=\frac{24\,000}{20\,000}=1.20\text{（元）}$$

由上述计算可以看出，按加权算术平均数方法和调和平均数方法计算的结果是一样的。在计算过程中，算术平均数法是以采购量（基本公式的分母）为权数，调和平均数法是以采购金额（基本公式的分子）为权数。当我们面对一种经济现象时，究竟采用哪种计算方法，要视所掌握的资料而定。通常已知基本公式的分母资料时，用加权算术平均数方法；已知基本公式的分子资料时，用调和平均数方法。

需要指出的是，如果数列中有一个标志值等于零，则不能计算调和平均数。此外，调和平均数作为一个数值平均数，它与算术平均数一样，易受所有标志值的影响，但较之算术平均数，调和平均数受极大值、极小值的影响要小一些。

2）由相对数计算调和平均数

我们知道相对数不宜简单求和，因此，不能把相对数直接相加求平均数。由于每一个相对数都是由两个有联系的绝对数对比而求得的，因此，一系列相对数虽不能简单加总，但由其所对比的一系列分子绝对数和分母绝对数是可以加总的。所以，当变量值是相对数，计算其平均数时，通常先写出符合相对指标含义的分子、分母指标，再由原分子、分母指标的合计数求得相对指标的平均数。

例如，某工业公司有四个工厂，其计划完成程度及计划产值资料见表4-5。

表4-5　**某公司各工厂计划完成程度及计划产值资料表**

工　厂	计划完成程度（%） x	计划产值（万元） f	实际产值（万元） xf
甲	90以下	500	425
乙	90～100	700	665
丙	100～110	2 200	2 310
丁	110以上	600	690
合　计	—	4 000	4 090

这里，我们掌握了计划完成程度和计划产值的资料，可以采用加权算术平均数的计算公式，即：

$$\text{平均计划完成程度}=\frac{\text{实际产值}}{\text{计划产值}}=\frac{\sum xf}{\sum f}=\frac{4\,090}{4\,000}=1.0225\text{或}102.25\%$$

4.1.4　几何平均数

几何平均数是n个变量值连乘积的n次方根。它主要应用于变量值是相对数，而且这些变量值连乘有意义。例如，连续生产的产品合格率、连续销售的本利率、连续储蓄的本利率和连续比较的（环比）发展速度等，都可以采用几何平均数求得其平均指标。因此，几何平均数主要应用于计算平均比率和平均速度。

几何平均数也有简单几何平均数和加权几何平均数之分。

1）简单几何平均数

简单几何平均数适合资料未分组的条件，其计算公式为：

$$\bar{x}_G=\sqrt[n]{x_1\cdot x_2\cdot\cdots\cdot x_n}=\sqrt[n]{\pi x} \tag{4-5}$$

式中：$\bar{x}_G$代表几何平均数；x代表变量值；n代表变量值项数；π代表连乘符号。

例如，某机械厂生产某种零件，经该厂毛坯车间、粗加工车间、细加工车间、装配车间流水连续作业，各车间产品合格率分别为86%、85%、90%、88%，要求计算平均合格率。

根据流水连续作业的特点，各车间产品合格率都是在前一车间生产合格的基础上计算的，所以产品合格率不等于各车间合格率的算术和，而等于各车间合格率的连乘积。所以，不能采用算术平均法，而应采用几何平均法计算其平均合格率，即：

$$\bar{x}_G=\sqrt[n]{\pi x}=\sqrt[4]{86\%\times85\%\times90\%\times88\%}=87.23\%$$

2）加权几何平均数

加权几何平均数适用于资料已分组的条件，其计算公式为：

$$\bar{x}_G=\sqrt[\Sigma f]{x_1^{f_1}\cdot x_2^{f_2}\cdot\cdots\cdot x_n^{f_n}}=\sqrt[\Sigma f]{\pi x^f} \tag{4-6}$$

式中：f代表各个变量值的次数，即权数；其余同前。

从上面的几何平均数计算公式中可以看出，由于变量值次数较多，计算几何平均数需要开多次方根，在实际工作中，开多次方根常常用计算器计算，也可利用取对数方法来简化计算。

例如，某地区2002—2018年的17年中，财政收入的环比发展速度（以上年为100计）分别为：95%有2年，98%有3年，99%有1年，101%有2年，105%有4年，106%有3年，108%有2年。试计算该地区2002—2018年间财政收入的年平均发展速度，则：

$$\begin{aligned}\bar{x}_G&=\sqrt[\Sigma f]{\pi x^f}\\&=\sqrt[17]{0.95^2\times0.98^3\times0.99^1\times1.01^2\times1.05^4\times1.06^3\times1.08^2}\\&=\sqrt[17]{1.4486^2}=102.2\%\end{aligned}$$

需要指出的是，当应用几何平均数分析经济现象时，必须注意经济现象本身的特点。只有当标志总量表现为各标志值（变量值）的连乘积时，才适合采用几何平均数方法计算。此外，如果数列中有一个标志值等于零或负值，就不能计算几何平均数。还需要说明的是，几何平均数受极端值的影响要比算术平均数和调和平均数要小，因此，几何平均数比较稳健。

4.1.5 中位数

对于非对称的次数分布，数值平均数不能准确地反映其观察的中心趋势，会偏离数据的中心。在这种情况下，用位置平均数来反映集中趋势较适宜。位置平均数包括中位数、众数、四分位数、十分位数、百分位数等，这里我们重点阐述中位数和众数。

中位数就是将数据观察值按大小顺序排列，处在中间位置的那个观察值。中位数避免了极端值的影响，在某些场合比其他平均值更具有代表性。例如，在社会成员收入水平悬殊的地区，用收入中位数数值比用算术平均数计算平均收入更能反映收入的一般水平。又如，计算一组小学生的平均身高，可以不逐一测量每一个人的身高再加总计算平均数，而可以按身高排队，那么处于中间位置的那个同学的身高就是该组同学的平均身高。此外，在工业产品质量检查等方面也常用中位数。

计算中位数的关键是确定中位数的位次，再找到或计算出这个位次的变量值。由于所掌握的资料不同，确定中位数的方法也有差别。

1）由未分组资料计算中位数

由未分组资料计算中位数可以直接按照中位数的定义来确定，即首先将总体各单位变量值按由小到大或由大到小的顺序排列起来，形成一个数列，处在这个数列中点位置的变量值就是中位数。中位数位次计算公式为：

$$中位数位次=\frac{n+1}{2}$$（n为总体单位数）

当总体单位数n为奇数时，则处在数列第（n+1）/2位次上的变量值就是中位数。当n为偶数时，则处在数列中间位置的两个变量值的算术平均数就是中位数。

例如，某小组有5名工人，日产量（件/日）分别为36、38、41、43、44。因为n=5，则中位数的位次为$\frac{n+1}{2}=\frac{5+1}{2}=3$。在上例中，处在第3位次上的变量值是41，那么41件是中位数。而假如该小组有6名工人，前5名日产量如上例，第6名日产量为46件，则中位数的位次为$\frac{n+1}{2}=\frac{6+1}{2}=3.5$，那么中位数就是处在第3位上的变量值和第4位上的变量值的算术平均数，即中位数为$\frac{41+43}{2}=42$（件）。

2）由分组资料计算中位数

根据已分组的变量数列资料计算中位数，应先计算各组累计次数，然后依据公式确定中位数的位次。累计可由最低组开始，也可由最高组开始。由于变量数列有单项式变量数列和组距式变量数列之分，因此，确定中位数的方法也不一样。

（1）根据单项式变量数列计算中位数。中位数的位次依然是$\frac{n+1}{2}$或$\frac{\sum f+1}{2}$。因为是分组数列，所以要先将各组次数累计。我们用某班学生年龄分组情况来说明，具体计算见表4-6。

表4-6 **某班学生年龄分组情况**

年龄（岁）	人数（人）	由低向高累计
19	2	2
20	10	12
21	36	48
22	13	61
23	2	63
合　计	63	—

那么，中位数的位次为$\frac{\sum f+1}{2}=\frac{63+1}{2}=32$，即第32名学生的年龄为中位数。从表4-6

中累计次数可知此名学生在第三组内，因此，该组年龄21岁就为中位数。

（2）根据组距式变量数列计算中位数。先根据累计次数按$\frac{\sum f}{2}$求得中位数所在组（原本分子应该是$\sum f+1$，但当$\sum f$很大时，式中1常忽略不计），然后假定中位数所在组的变量值是均匀分布在该组下限到该组上限的组距区间内，即可运用比例插值法推算出中位数的近似值。其计算公式为：

下限公式：$$m_e = L + \frac{\frac{\sum f}{2} - S_{m-1}}{f_m} \cdot d \qquad (4\text{-}7)$$

上限公式：$$m_e = U - \frac{\frac{\sum f}{2} - S_{m+1}}{f_m} \cdot d \qquad (4\text{-}8)$$

式中：m_e代表中位数；U、L分别代表中位数组的上、下限值；d代表中位数组的组距；f_m代表中位数组的次数；$\sum f$代表总体单位数；S_{m-1}代表中位数组以前各组累计次数；S_{m+1}代表中位数组以后各组累计次数。

中位数的上限公式和下限公式是等价的，用这两个公式计算的结果是相同的，在计算中一般只采用下限公式。

现以某企业一车间100名职工的日产量资料为例说明中位数的计算方法，具体见表4-7。

表4-7 某企业一车间职工日产量资料表

日产量（件）	人数（人）	累计次数	
		较小值	较大值
40～60	10	10	100
60～80	20	30	90
80～100	50	80	70
100～120	15	95	20
120以上	5	100	5
合　计	100	—	—

根据下限公式计算的中位数为：

$$m_e = L + \frac{\frac{\sum f}{2} - S_{m-1}}{f_m} \cdot d = 80 + \frac{\frac{100}{2} - 30}{50} \times 20 = 88\text{（件）}$$

根据上限公式计算的中位数为：

$$m_e = U - \frac{\frac{\sum f}{2} - S_{m+1}}{f_m} \cdot d = 100 - \frac{\frac{100}{2} - 20}{50} \times 20 = 88\text{（件）}$$

计算结果说明，工人日产量中位数为88件，无论用下限公式还是上限公式都可以得到相同的结果。

通过以上计算可以看出中位数有以下特点：其一，中位数是一个位置平均数，最大的优点是不受极端值的影响，具有稳健性。其二，中位数既可根据数量标志求得，也可根据品质标志求得。其三，各单位标志值与中位数的离差绝对值之和最小。利用中位数这一性质，可以解决一些实际问题。例如，要在一条长街上设一个粮油店，使该店到各用户的距离总和最短。其四，对某些不具有数学特点或不能用数字测定的现象，可用中位数求其一般水平。例如，印染企业对某种着色或规格按不同深浅排列或按不同大小排列，可以求出其中位数色泽或中位数规格。

4.1.6 众数

众数是总体中出现次数最多的标志值，它能直观地说明客观现象分配中的集中趋势。在实际工作中，有时要利用众数代替算术平均数来说明社会经济现象的一般水平。例如，集贸市场上某种商品一天的价格可能在早、午、晚或大宗、小量交易中有几次变化，其中成交量最大的那一个价格就是众数。又如，在大批量生产的女式皮鞋中，有多种尺码，其中23.5码是销量最多的尺码，那么23.5码就是众数，它代表女式皮鞋尺码的一般水平，适合大量生产，而其余尺码生产量可相应小一些，这样才能满足市场上大部分消费者的需要。

如果总体中出现次数最多的变量值不是一个，而是两个，就出现复众数。

众数的存在是有前提条件的，只有当总体的单位数较多，各标志值的次数分配又有明显集中趋势时才存在众数；如果总体单位数很少，尽管次数分配较集中，那么计算出来的众数意义也不大；如果总体单位数较多，但次数分配不集中，即各单位的标志值在总体中出现的比重较均匀，那么也不存在众数。

1）根据单项数列计算众数

由单项数列确定众数的方法很简单：观察次数，出现次数最多的那个变量值就是众数。

例如，某商店某月女式皮鞋销售情况见表4-8。

表4-8 **女式皮鞋销售资料表**

尺　码	销售量（双）	比重（%）
22	10	2.94
22.5	25	7.35
23	40	11.76
23.5	160	47.06
24	80	23.53
24.5	20	5.90
25	5	1.46
合　计	340	100.00

在全部销售量340双中，23.5码的皮鞋销售了160双，占总量的47.06%，因为其销售量最多，占销售比重最大，因此，所对应的23.5码就是众数。

2）根据组距数列计算众数

由组距数列确定众数，其方法也是观察次数，但究竟哪个具体值是众数，要分两步确定。首先，根据最多次数确定众数所在组；其次，用比例插值法推算众数的近似值。其计算公式为：

下限公式：$m_o=L+\frac{\Delta_1}{\Delta_1+\Delta_2}\cdot d$ （4-9）

上限公式：$m_o=U-\frac{\Delta_2}{\Delta_1+\Delta_2}\cdot d$ （4-10）

式中：m_o代表众数；U、L分别代表众数组的上、下限值；d代表众数组里的组距；Δ_1代表众数组次数与前一组次数之差；Δ_2代表众数组次数与后一组次数之差。

众数的上限公式和下限公式是等价的，用这两个公式计算的结果是相同的，在具体计算中一般只采用下限公式。

现以某企业某月工人日产量有关资料为例说明众数的计算，具体见表4-9。

表4-9 **工人日产量及人数资料表**

日产量（件）	人数（人）
40以下	4
40～60	16
60～80	60
80～100	12
100以上	8
合　计	100

根据表4-9的资料计算众数，首先，确定众数组，表中人数最多的是60，那么，60人所对应的组为60～80件，则该组就是众数组；其次，用比例插值法确定具体值。

根据下限公式计算的众数为：

$$m_o=L+\frac{\Delta_1}{\Delta_1+\Delta_2}\cdot d=60+\frac{44}{44+48}\times 20=69.57\text{（件）}\approx 70\text{（件）}$$

根据上限公式计算的众数为：

$$m_o=U-\frac{\Delta_2}{\Delta_1+\Delta_2}\cdot d=80-\frac{48}{44+48}\times 20=69.57\text{（件）}\approx 70\text{（件）}$$

计算结果说明，工人日产量众数为70件，无论用下限公式还是上限公式都可以得到相同的结果。

通过以上计算可以看出，众数是一个位置平均数，由于它只考虑总体分布中出现最频繁的变量值，不受极端值和开口组数值的影响，因此，其更具有代表性。还需要说明的是，众数是一个不容易确定的平均指标，当一个数列没有明显的集中趋势而是趋于均匀分布时，不存在众数。此外，当变量数列是不等距分组时，众数的位置也不好确定。

● 4.2 标志变异指标分析

4.2.1 标志变异指标的意义

1）标志变异指标的含义

要研究统计资料所具有的内在规律，集中趋势指标的计算是必不可少的过程。集中趋势指标反映的是数据的一般水平，主要测度值是平均数，它作为全部数据的代表值，在统计资料的量度中居于十分重要的位置。但要全面掌握这些数据的数量规律，就要在集中趋势测度的基础上，对数据间的差异程度进行测度，这样才能全方位、多角度地认识所研究的现象。平均数是将分布数列中各单位标志值的差异抽象化了，但这种差异是客观存在的。对这种差异的测定只能通过标志值的平均差异程度来度量，而平均差异程度取决于各单位标志值的差异程度。分布数列中各单位标志值之间的差异越大，即标志值的离散程度越大，那么各标志值与其算术平均数距离的总和也越大。所以，各单位标志值的平均差异程度决定于标志值之间的差异程度，而标志值之间的差异程度又可以通过各标志值与其算术平均数的距离大小来测定，这就是所谓的“离中程度”。所谓中，就是标志值的集中测度值，即平均值。所以，对数据资料中各单位标志值平均差异程度的测定，实质上就是对各标志值离中程度的测定，这种反映各单位标志值之间差异程度大小的指标，叫标志变异指标，也称离中趋势指标。

2）标志变异指标的作用

标志变异指标具有重要作用：

(1) 它可以衡量平均指标代表性的大小。标志变异指标大，说明总体各单位间的标志变异程度大，平均指标的代表性就小；反之，标志变异指标小，则平均指标的代表性就大。二者成反比。

例如，有两个班组，其职工的日产量（件/日）分别是：

第一组：22　24　25　26　28

第二组：15　20　25　30　35

经计算可知，两个班组的平均日产量均为25件。但结合各单位标志变异程度看，第一组职工日产量差别不大，而第二组的日产量相差较为悬殊。可见，当以平均指标作为总体某一数量标志代表值时，应结合标志变异程度指标判断其代表性大小。

(2) 它可以反映社会生产和其他经济活动的均衡性或协调性的强弱。标志变异指标大，说明总体各单位间的标志变异程度大，产品质量不稳定或不均衡；标志变异指标小，则说明产品质量稳定性好或生产的均衡性强。例如，甲、乙两个企业第一季度各月完成季度供货计划百分数，甲企业分别为32%、33%、35%；乙企业分别为20%、30%、40%。虽然从季度供货计划执行结果看，甲、乙两个企业都100%完成了季度计划，但供货计划执行的均衡性不同，甲企业按月均衡执行计划，而乙企业前松后紧，有可能影响生产经营活动有节奏地进行，因此，也需要采用标志变异指标来说明生产经营管理工作的均衡性或协调性。又如，对一批产品的质量指标，如电灯泡的耐用时间、轮船的行驶里程等，测定其标志变动度，如果标志变动度大，说明产品质量不稳定；如果标志变动度小，说明产品性能稳定可靠等。

通常，通过次数分配表，可以粗略地反映标志的变动情况。但是，要精确地反映标志的变动情况，就要计算标志变异程度指标。测定标志变异程度指标大小的方法主要有：全距、平均差、标准差、平均差系数、标准差系数。其中最常用的是标准差和标准差系数。

4.2.2　全距

全距又称极差，是指在总体各单位标志值中，最大标志值与最小标志值的差额。其计算公式为：

全距=最大标志值-最小标志值

全距大，表明标志值的变动幅度大，标志变动度大，所对应的平均数代表性小，或生产均衡性、稳定性差；反之，变动幅度小，标志变动度小，所对应的平均数代表性大，或生产均衡性、稳定性强。

如前例，两个班组的日产量（件/日）分别为：

第一组：22 24 25 26 28

第二组：15 20 25 30 35

从平均日产量的角度看：

$$\bar{x}_{甲}=\frac{\sum x}{n}=\frac{125}{5}=25\text{（件）}$$

$$\bar{x}_{乙}=\frac{\sum x}{n}=\frac{125}{5}=25\text{（件）}$$

即两个班组的劳动生产率是相同的，但其标志变异指标——全距却不同：

第一组全距=28-22=6（件）

第二组全距=35-15=20（件）

由以上计算结果可知，第一组的全距小，第二组的全距大。那么，第一组平均日产量25件代表性大，第二组平均日产量25件代表性小。

全距的计算简便，易于理解，在实际工作中常用于检查产品质量的稳定性，进行质量控制，把产品某一质量指标误差控制在一定范围内，一旦超过该范围，马上采取措施，以保证产品质量。但这个指标很粗略，它不能反映全部标志值的差异程度，因为它不是根据全部标志值计算的。有时，两个数列的分布情况很近似，其中一个数列出现了极大或极小的数值，就会使两个数列求得的全距相差很大。或者，两个数列的全距相同，但它们中间的标志值差异可能很大（设有第三组，工人日产量分别为15件、24件、25件、26件、35件，该组平均日产量也为25件，全距也为20件，那么第二组与第三组比，谁的平均数代表性大）。在这种情况下，全距就不能确切反映标志变异程度。因为全距只考虑极大值和极小值，没有考虑中间各项值的差别，这也是全距的局限。

4.2.3 平均差

平均差是各项标志值与其算术平均数离差绝对值的算术平均数。由于各标志值与算术平均数的离差之和等于零，即$\sum(x-\bar{x})=0$，各项离差的平均数也等于零。因此，在计算平均差时，需采用离差的绝对值，即$\sum|x-\bar{x}|$。平均差能够综合反映总体中各单位标志变动的影响。平均差越大，表明标志变动度越大，则平均数代表性越小；反之，平均差越小，表明标志变动度越小，说明平均数代表性越大。

由于掌握的资料不同，平均差可分为简单平均差与加权平均差。

1）简单平均差

在资料未经分组时，可用简单平均差来测定标志变动的程度。其计算公式为：

$$A\cdot D=\frac{\sum|x-\bar{x}|}{n} \tag{4-11}$$

式中：A · D代表平均差；n代表总体单位数；x代表标志值，即变量值；$\bar{x}$代表算术平均数。

2）加权平均差

对于经过分组的变量数列，应采用加权平均差来测定标志变动的程度。其计算公式为：

$$A \cdot D=\frac{\sum|x-\bar{x}|f}{\sum f} \tag{4-12}$$

式中：f代表各组次数；其余同前。

我们仍然通过实例来说明。

例如，某车间工人日产量和各组人数资料见表4-10。

表4-10　　某车间工人日产量和各组人数资料表

日产量（件）x	人数（人）f	xf	$\|x-\bar{x}\|$	$\|x-\bar{x}\|f$
54	10	540	17	170
60	14	840	11	154
66	22	1 452	5	110
74	28	2 072	3	84
80	12	960	9	108
86	10	860	15	150
94	4	376	23	92
合　计	100	7 100	—	868

根据表4-10的分组资料，可以计算出该车间的平均日产量和平均差。

（1）平均日产量为：

$$\bar{x}=\frac{\sum xf}{\sum f}=\frac{7\,100}{100}=71\text{（件）}$$

（2）平均差为：

$$A \cdot D=\frac{\sum|x-\bar{x}|f}{\sum f}=\frac{868}{100}=8.68\text{（件）}$$

通过以上计算可以看出，平均差是在对所有标志值与其算术平均数离差绝对值的基础上计算出来的。因此，它比全距能更全面地反映标志值离中的趋势。但是，由于平均差采用取绝对值的方法计算，不符合代数方法的原则，所以在统计研究中很少使用。

4.2.4　标准差

标准差是总体各单位的标志值与其算术平均数离差平方的平均数的平方根，故又称均方根差。它是测定标志变动度最主要的方法，标准差的意义与平均差基本相同。它也是各个标志值对其算术平均数的平均离差，但在数学处理上与平均差有所不同，它是采用平方的方法来消除离差的正负号，即先求出各个标志值与算术平均数的离差，再计算各项离差平方，然后计算这些离差平方的算术平均数，最后再把这个平均数开方。它也分为简单平均式与加权平均式两种形式。

1）简单平均式

根据未分组资料计算标准差时，运用如下公式：

$$\sigma=\sqrt{\frac{\sum(x-\bar{x})^2}{n}} \tag{4-13}$$

式中：σ代表标准差；其余同前。

标准差的一般计算步骤为：

（1）计算出算术平均数$\bar{x}$。

（2）计算出变量值与其算术平均数的离差（$x-\bar{x}$）。

（3）计算离差平方，并求和，即$\sum(x-\bar{x})^2$。

（4）计算算术平均数，并求方根，即$\sqrt{\frac{\sum(x-\bar{x})^2}{n}}$。

现仍以前例第二组职工日产量资料为例说明简单平均式标准差的计算，具体见表4-11。

表4-11 简单平均式标准差计算表

日产量（件）x	离差 $x-\bar{x}$（$\bar{x}$=25）	离差平方（$x-\bar{x}$）^{2}
15	-10	100
20	-5	25
25	0	0
30	5	25
35	10	100
合　计	—	250

由表4-11的资料计算其标准差为：

$$\sigma=\sqrt{\frac{\sum(x-\bar{x})^2}{n}}=\sqrt{\frac{250}{5}}=7.07\text{（件）}$$

2）加权平均式

加权平均式标准差适用于资料已分组的条件，而实际工作中我们面对的资料常常是分组资料。加权平均式标准差计算公式为：

$$\sigma=\sqrt{\frac{\sum(x-\bar{x})^2f}{\sum f}} \tag{4-14}$$

式中：f代表各组次数；其余同前。

我们现以某企业所属的两个分厂的情况为例，说明加权平均式标准差的应用。现已知一分厂职工平均日产量为48件，标准差为10件。二分厂职工人数及日产量有关资料见表4-12。

表4-12 某企业二分厂职工人数及日产量资料表

工人按日产量分组（件）	工人数（人）f	组中值 x	离差 $x-\bar{x}$ （$\bar{x}$=48）	离差平方 $(x-\bar{x})^2$	离差平方×权数 $(x-\bar{x})^2f$
20～30	10	25	-23	529	5 290
30～40	10	35	-13	169	1 690
40～50	30	45	-3	9	270
50～60	40	55	+7	49	1 960
60～70	10	65	+17	289	2 890
合 计	100	—	—	—	12 100

由表4-12资料可求得：

（1）$\bar{x}=\frac{\sum xf}{\sum f}=\frac{4\,800}{100}=48$（件）

（2）$\sigma=\sqrt{\frac{\sum(x-\bar{x})^2f}{\sum f}}=\sqrt{\frac{12\,100}{100}}=11$（件）

因为一、二分厂的平均日产量均为48件，一分厂的标准差为10件，二分厂的标准差为11件，所以，一分厂的平均日产量代表性好。

标准差是计算离中趋势指标最主要的方法，它较全距能更全面地反映总体所有变量值的差异；与平均差相比，它在数学运算过程中避免了离差之和等于零的问题，又符合代数方法的运算，所以被作为衡量标志变异程度的一个标准而广泛使用。但需要指出的是，用标准差衡量两个平均数代表性的大小，需要有一个前提，即两个平均数必须相等，而实际工作中，我们面对的两个平均数常常不等，这是标准差在实际运用中的局限。

4.2.5 标志变异系数

1）标志变异系数的含义

测定总体各单位标志值离中程度的主要目的在于考察各单位标志值差异程度的同时，判定该总体的集中趋势值的集中程度，即确定各单位标志值平均数的代表性大小。对于单个总体的离中程度的测定或平均数相同的不同总体离中程度的比较，用全距、平均差和标准差任何一种方法均可。但多数情况下，我们研究的是多个不同的总体现象，它们的集中程度不同，离中程度也不同，有时计量单位还不同，而要比较它们的平均数代表性的大小，在这种情况下是无法直接进行比较的。因此，就需要用相对变异指标即标志变异指标来比较。

标志变异系数也称离散系数，它是标志变异指标与平均指标之比，是说明变量值变异程度的相对指标。该指标数值大，则变量值变异程度大，其平均数代表性小；若该指标数值小，则变量值变异程度小，其平均数代表性大。

从理论上讲，各种标志变异指标均可与平均指标相比计算其相对数，但由于全距和平均差在使用和计算中存在着局限，因此在实际工作中，更多使用的是标准差系数。

2）标志变异系数的计算

标志变异系数包括平均差系数和标准差系数，但由于平均差在计算上有缺陷，通常意义上的标志变异系数主要是指标准差系数。标准差系数是标准差与其算术平均数之比，用来说明现象标志变异的相对程度。其计算公式为：

$$V=\frac{\sigma}{\bar{x}}\times 100\% \tag{4-15}$$

式中：V代表标准差系数；σ代表标准差；$\bar{x}$代表平均数。

标准差系数可以比较计量单位相同或相异或平均数不等的两个或多个变量数列的离中程度。标准差系数数值的大小与相应的平均数代表性的大小呈反比关系，即标准差系数大，其平均数代表性小；反之，标准差系数小，则其平均数代表性大。

例如，甲、乙两个农场平均粮食亩产量分别为300千克、400千克；标准差分别为7.5千克、9千克，甲农场的标准差小，看起来甲农场平均亩产量300千克的生产水平更具有代表性。但是如果计算标准差系数，就可以得出不同的结论：

甲农场：$V=\frac{\sigma}{\bar{x}}\times 100\%=\frac{7.5}{300}\times 100\%=2.5\%$

乙农场：$V=\frac{\sigma}{\bar{x}}\times 100\%=\frac{9}{400}\times 100\%=2.25\%$

从标准差系数的比较中可以明显地看出，乙农场亩产量的标准差系数比甲农场小，表明乙农场的亩产量不但高，而且各地块的产量比甲农场稳定，因而乙农场平均亩产量400千克更有代表性。

4.3 平均指标与标志变异指标的应用

4.3.1 平均指标测度方法评价

前面介绍了五种平均指标测度方法，即数据平均指标中的算术平均数、调和平均数和几何平均数，位置平均指标中的中位数和众数。这五种平均指标各有特点，各有不同的应用范围，在应用中究竟使用哪一种平均指标来反映现象的平均水平，要根据占有统计资料的性质、特点及研究目的来确定。

1）算术平均数、调和平均数、几何平均数之间的关系

算术平均数是数据平均水平的最主要测度值，处于核心与基础地位。由于算术平均数是根据全部变量值来计算的，所以算术平均数是最严密、最可靠的平均数，它的应用范围也最广。但算术平均数易受极端值的影响，当变量值中有极大值或极小值时，常常会削弱其代表性。此外，当变量数列中存在着开口组时，由于开口组的组中值是根据假定与邻组变化相同来计算的，从而会影响平均数的准确性。

调和平均数作为算术平均数的一种变形，通常是在不能直接用算术平均数计算平均指标时使用的。但调和平均数的语义不够明晰，掌握上没有算术平均数容易，它也容易受极端值的影响，而且只要有一个变量值为零，就无法计算调和平均数，因此，其应用范围较窄。

几何平均数适用在各比率的连乘积等于总比率的条件下计算平均数。几何平均数应用

性很强，但应用条件的局限性也最大，因为倘若数列中有一项为零，几何平均数的计算就没有意义了。

如果单纯从数量关系上考察算术平均数、调和平均数和几何平均数，我们会发现，若根据同一资料计算三种平均数，其计算结果会有以下关系：

调和平均数<几何平均数<算术平均数

只有在资料中所有的变量值都相等时，即当 $x_1=x_2=\cdots=x_n$ 时，所计算的三种平均数才有相等关系，即：

调和平均数=几何平均数=算术平均数

而在实际生活中，所有变量值都相等的情况是极罕见的。因此，一定要区分各种平均指标的应用条件，正确计算平均指标。

2）算术平均数、中位数、众数之间的关系

测度某一统计资料的集中趋势时，是使用算术平均数，还是使用中位数和众数，这就要弄清三个特征量之间的关系。

当统计资料的分布曲线是一对称的钟形分布时（如图4-1所示），其算术平均数、中位数和众数三者相等。

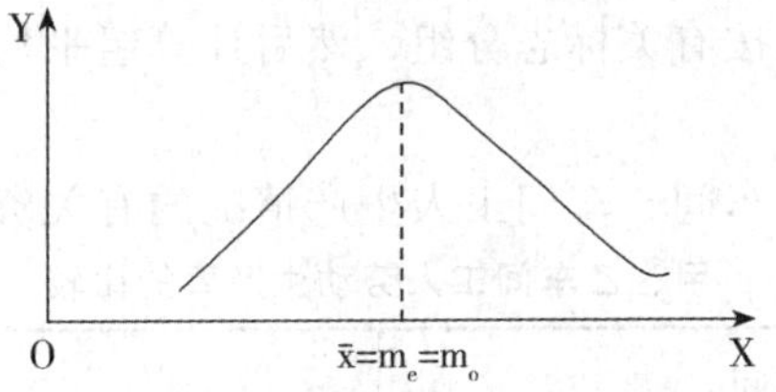

图4-1　统计资料钟形分布曲线图

当统计资料的分布曲线“非对称”时，平均数、中位数和众数之间就存在一定的差异。

当统计资料右偏分布时（如图4-2所示），则 $m_o<m_e<\bar{x}$。

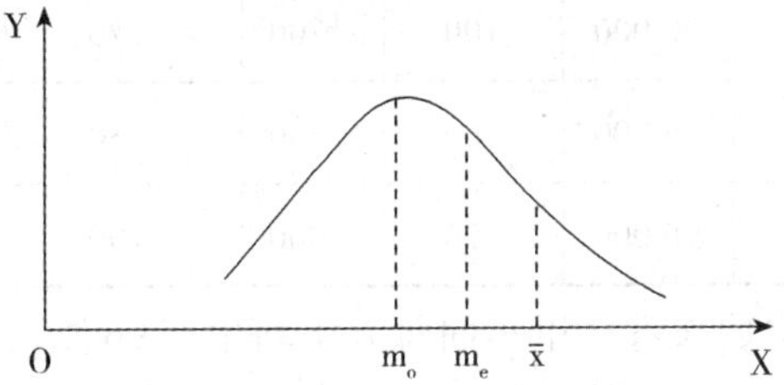

图4-2　统计资料右偏分布曲线图

当统计资料左偏分布时（如图4-3所示），则 $\bar{x}<m_e<m_o$。

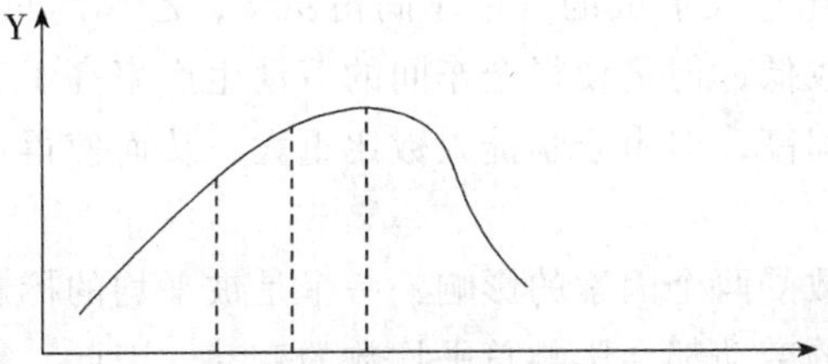

图4-3　统计资料左偏分布曲线图

4.3.2 应用平均指标与标志变异指标需注意的问题

平均指标反映了数据的分布规律和分布的一般水平。标志变异指标是对数据资料中各单位标志值差异程度的测定。平均指标和标志变异指标从两个不同的方面对数据的数量规律进行测度和反映。

在计算和应用平均指标、标志变异指标时，应注意以下四个问题：

1）计算平均指标的社会经济现象必须是同质的

社会经济现象的同质性是计算平均指标的前提条件和基本原则。所谓同质性，就是被研究现象总体的各个单位在被平均的标志上性质相同，特别是社会生产关系相同；否则，把不同性质的事物混在一起计算平均数，必将歪曲事实真相，得出错误结论，构成虚假的平均数，有可能使平均数掩盖现象的本质差别。例如，不能不分性别计算入学大学生的平均身高；不能把粮食作物和经济作物混同计算平均单位面积产量；不能把城镇职工的工资收入与农民的家庭收入混同计算所谓平均收入等。

2）用组平均数补充说明总平均数

根据同质总体计算的总平均数，可以综合反映现象总体的一般水平，但在另一方面，却把各单位的数量差异抽象化了，因而也容易掩盖事物的矛盾。为了深入研究现象总体的特征和规律性，需要将总体按有关标志分组，然后计算组平均数，并用组平均数来补充说明总平均数。

例如，设有甲、乙两个车间，车间工人生产情况的有关资料见表4-13。

表4-13　**甲、乙车间工人劳动生产率的比较**

人员类别	甲车间				乙车间			
	人数	各类人员占总人数比重（%）	总产量（件）	劳动生产率（件）	人数	各类人员占总人数比重（%）	总产量（件）	劳动生产率（件）
技　工	900	90	90 000	100	700	70	72 000	103
学　徒	100	10	6 000	60	300	30	19 000	63
合　计	1 000	100	96 000	96	1 000	100	91 000	91

从表4-13中的总平均数来看，甲车间每人平均生产96件，而乙车间每人平均生产91件，甲车间高于乙车间。但从组平均数来看，情况正好相反，乙车间无论技工还是学徒，劳动生产率都高于甲车间。这种总平均数和组平均数不一致的现象，完全是由于甲车间劳动生产率高的工人占的比重大造成的（甲车间占90%，乙车间只占70%），所以，虽然甲车间各组劳动生产率都较低，但仍使得全车间的劳动生产率高于乙车间。而乙车间，虽然各组劳动生产率较甲车间高，但由于学徒人数比重大，从而使得全车间的劳动生产率反而较甲车间低。

由此可见，总平均数受两个因素的影响：一个是被平均的标志值水平；另一个是总体结构。其中每一个因素的变动都会影响总平均数的变动。因此，需要用组平均数补充说明总平均数。

3）统计平均数应与变量数列和典型事例相结合

在平均分析中，由于统计平均数抽象了总体各单位标志值的差异，反映的是总体各单位变量值的一般水平。因此，对于低于平均数或优于平均数的各总体单位分布情况，如果只采用平均指标是无法使其得到反映的。如果结合变量数列或典型事例进行研究，就可以揭示总体各单位的具体分布情况，从而补充说明总平均数，具体见表4-14。

表4-14　某系统40个企业2018年产值计划完成情况

计划完成（%）x	企业数（个）	实际产值（万元）m	计划产值（万元）$\frac{m}{x}$
84	4	319.2	380
92	2	184.0	200
96	4	384.0	400
100	6	680.0	680
112	10	1 344.0	1 200
120	12	1 680.0	1 400
125	2	525.0	420
合　计	40	5 116.2	4 680

其平均计划完成程度为：

$$\bar{x}=\frac{\sum m}{\sum \frac{m}{x}}=\frac{5\,116.2}{4\,680}\times 100\%=109.32\%$$

从总平均数上看，全系统平均产值计划完成程度为109.32%，即平均超额完成计划9.32%。但结合变量数列可以看出，尚有10个企业属于未完成计划的单位，占企业总数的25%，是全系统落后的单位；优于平均水平的24个企业，占企业总数的60%。通过以上变量数列，就可以使平均分析更加具体化了。

4）平均指标与标志变异指标结合运用

平均指标与标志变异指标分别从不同角度反映总体现象的特征。平均指标反映了分配数列中变量的平均水平，而标志变异指标则说明了分配数列中变量的离散程度。在计算平均指标的基础上，结合利用标志变异指标，就可以综合反映总体综合特征，具体见表4-15。

由表4-15资料计算分析如下：

（1）一车间、二车间工人人均日产量：

$$\bar{x}_{(1)}=\frac{\sum xf}{\sum f}=\frac{7\,100}{100}=71\text{（件）}$$

$$\bar{x}_{(2)}=\frac{\sum xf}{\sum f}=\frac{7\,200}{100}=72\text{（件）}$$

表4-15　　平均指标与标志变异指标计算比较表

日产量（件）x		人数（人）f		xf		$(x-\bar{x})^2f$	
一车间	二车间	一车间	二车间	一车间	二车间	一车间	二车间
54	60	10	5	540	300	2 890	720
60	64	14	10	840	640	1 694	640
66	68	22	20	1 452	1 360	550	320
74	72	28	35	2 072	2 520	252	0
80	76	12	15	960	1 140	372	240
86	80	10	11	860	880	2 250	704
94	90	4	4	376	360	2 116	1 296
合　计		100	100	7 100	7 200	10 124	3 920

（2）标准差：

$$\sigma_{(1)}=\sqrt{\frac{\sum(x-\bar{x})^2f}{\sum f}}=\sqrt{\frac{10\ 124}{100}}=10.06\text{（件）}$$

$$\sigma_{(2)}=\sqrt{\frac{\sum(x-\bar{x})^2f}{\sum f}}=\sqrt{\frac{3\ 920}{100}}=6.26\text{（件）}$$

（3）标准差系数：

$$V_{(1)}=\frac{\sigma_{(1)}}{\bar{x}_{(1)}}\times100\%=\frac{10.06}{71}\times100\%=14.16\%$$

$$V_{(2)}=\frac{\sigma_{(2)}}{\bar{x}_{(2)}}\times100\%=\frac{6.26}{72}\times100\%=8.73\%$$

通过上述计算可知，二车间的劳动生产率水平高。但因为一车间和二车间平均数不等，所以不能直接以标准差的大小来衡量其平均数代表性的大小。要比较两个车间平均日产量代表性的大小，就要把两组日产量置于相同水平，即消除日产量水平不同对两组工人日产量差异的影响，也即看标准差系数。由上述计算可知，因为二车间日产量标准差系数为8.73%，小于一车间的标准差系数14.16%，所以二车间的平均日产量代表性大或代表性好。

随堂测4

第5章

时间数列

[学习目标]

通过本章的学习，要熟练掌握时期数列、时点数列、相对数时间数列和平均数时间数列，序时平均数的计算方法和应用条件；熟练掌握增长量、发展速度、增长速度、增长1%的绝对值、平均发展速度和平均增长速度的计算方法，并根据各指标计算结果进行统计分析；了解长期趋势的含义，掌握简单的直线趋势分析法，了解移动平均长期趋势方法和季节变动分析法的计算公式及其应用条件。

● 5.1 时间数列概述

5.1.1 时间数列的含义

时间数列也称动态数列，它是指将某一统计指标在不同时间上的数值，按时间先后顺序加以排列后形成的统计数列。例如，将我国2014—2018年的国内生产总值、工业增加值、工业增加值占国内生产总值比重、国内生产总值环比发展速度、工业增加值环比发展速度、年末国家外汇储备等指标按时间先后顺序进行排列可以形成多种时间数列，见表5-1。

表5-1 2014—2018年我国部分国民经济基本指标发展情况

指　标	单　位	2014年	2015年	2016年	2017年	2018年
国内生产总值	亿元	641 281	685 953	740 061	820 754	900 309
其中：工业增加值	亿元	307 814	342 977	383 352	425 971	469 961
工业增加值占国内生产总值比重	%	48.00	50.50	51.80	51.90	52.20
国内生产总值环比发展速度	%	107.30	106.90	106.70	106.80	106.60
国内生产总值环比增长速度	%	7.30	6.90	6.70	6.80	6.60
年末国家外汇储备	亿美元	38 430	33 304	30 105	31 399	30 727

资料来源：国家统计局《2018年国民经济和社会发展统计公报》，2019-02-28。

又如，2018年我国普通本专科招生791万人，在校生2 831万人，毕业生753.3万人。中等职业教育招生557万人，在校生1 555.2万人，毕业生487.3万人。普通高中招生792.7万人，在校生2 375.4万人，毕业生779.2万人。2014—2018年我国普通本专科、中等职业教育发展情况见表5-2。

表5-2　　2014—2018年我国普通本专科、中等职业教育发展情况

指　标	单　位	2014年	2015年	2016年	2017年	2018年
普通本专科招生人数	万人	721	738	749	761	791
比上年增速	%	—	2.36	1.49	2.67	3.94
中等职业教育招生人数	万人	620	601	593	582	557
比上年增速	%	—	−3.07	−1.32	−1.85	−4.30
普通高中招生人数	万人	797	797	803	800	793
比上年增速	%	—	0	0.75	−0.33	−0.87
普本专与普高比毛入学率（约数）	%	90.46	92.60	93.28	95.13	99.75

资料来源：根据国家统计局《2018年国民经济和社会发展统计公报》相关资料整理。

特别说明：普本专与普高比毛入学率是约当数，因为当期普本专招生人数应该与3年前普通高中入学人数比。

由上述时间数列可见，时间数列由两个基本要素构成：一个是现象所属的时间，见表5-1中的年份；另一个是反映客观现象的指标数值，见表5-1中6个指标各年的数值。

编制时间数列是计算动态分析指标的基础，是分析社会经济现象发展变化过程及规律的基础。编制时间数列的作用有四个：第一，可以反映社会经济现象在不同时间上的规模和水平；第二，可以反映社会经济现象随着时间推移发展变化的过程和趋势；第三，可以探索某些社会经济现象发展变化的规律性；第四，根据社会经济现象发展变化的规律，建立数学模型，预测未来，这是统计预测方法的一个重要内容。

5.1.2　时间数列的种类

时间数列可以从不同角度进行分类，通常按所列指标的表现形式分为绝对数时间数列、相对数时间数列和平均数时间数列三种。其中，绝对数时间数列是基本数列，相对数时间数列和平均数时间数列是派生数列。

1）绝对数时间数列

把总量指标在不同时间上的数值按时间先后顺序排列起来就形成了绝对数时间数列。它用以反映现象在一段时间内达到的规模、水平和工作总量。绝对数时间数列可划分为时期数列和时点数列两种。

（1）时期数列。在绝对数时间数列中，若所列总量指标都是反映社会经济现象在一段时间内发展过程的总量，则这种数列称为时期数列。如表5-1中我国各年国内生产总值就是时期数列。时期数列有如下几个特点：

其一，时期数列中各指标值是可以相加的。因为构成时期数列的每一个指标数值都是反映社会经济现象在一段时期内发展过程的总量，所以，各指标数值相加后可反映更长时间社会经济发展过程的总量。如一个季度的产值是由3个月的产值加总得到的，一年的产值是由12个月的产值加总得到的。

其二，时期数列中各指标值的大小与时间间隔长短直接相关。时期数列中，每一个指标数值所包含的时间长度，称为“时期”。时期可以是日、月、季、年，或者更长时间。具体研究时，时期长短可以根据研究的目的确定。如表5-1中时期就是年。一般来说，时期越长，指标数值越大；时期越短，指标数值越小。

其三，时期数列中各指标值通常需要连续统计，即时期数列中各个指标数值是由连续不断地登记取得的。由于时期数列中的指标数值都是反映现象在一段时间内发生过程的总量，因此，必须在这段时间内随着现象发展变化不断地对现象的数量进行登记，然后进行加总。

（2）时点数列。在绝对数各数列中，若所列总量指标是反映社会经济现象在某一时刻（或瞬间）上的总量，则这种数列称为时点数列。如表5-1中年末国家外汇储备就是时点数列。与时期数列相比，时点数列有如下几个特点：

其一，时点数列中各指标值通常不能纵向相加。时点数列中每个指标值都是反映某一时点上社会经济现象的数量状况，指标的部分数值又包含在以后统计的指标值中。如表5-1中各年年末外汇储备中很大一部分又包含在下一年年末外汇储备中。所以，时点数列中指标值相加后无法准确说明该数值到底是哪个时点上现象的数量，使得各指标值加总没有实际意义。

其二，时点数列中各指标值的大小与时间间隔长短没有直接关系。间隔是指相邻的两个时点指标值之间的时间距离。时点数列各指标的数值只反映现象在某一瞬间上的数量，因而数值的大小与时间间隔的长短没有直接关系。如年末的外汇储备、库存量就不一定比年内各月末的数值大。

其三，时点数列中的每个指标值，通常是间隔一段时间（如月末、年末等）登记一次，即时点数列中的各指标值一般是通过一次性登记取得的。时点数列各指标是现象在某一瞬间的数量，因此，只要在某一时点上进行统计即可满足研究的需要，不必连续进行登记。

2）相对数时间数列

把相对指标在不同时间上的数值按时间先后顺序排列就形成了相对数时间数列。它用以反映社会经济现象之间相互联系的发展过程。相对数时间数列可以是两个时期数、两个时点数或者一个时期数与一个时点数对比而成的。在相对数时间数列中，各个指标数值是不能相加的。例如，在表5-1中，工业增加值占国内生产总值比重指标就是结构相对数，各年的结构比值是不能直接相加的。在表5-2中，普本专与普高比毛入学率，各年的比值也是不能直接相加的。

3）平均数时间数列

把平均指标在不同时间上的数值按时间先后顺序排列就形成了平均数时间数列。它用以反映社会经济现象总体各单位某一数量标志值一般水平的发展变化趋势。例如，如果列示出我国历年来城镇居民人均可支配收入、某企业职工历年的平均工资，那么，这种平均数时间数列中各个指标数值也是不能简单相加的。

5.1.3　时间数列的编制原则

编制时间数列的目的是通过各时间上指标数值的对比，研究现象发展变化的过程和规律。因此，保证数列中各项指标具有充分的可比性，是编制时间数列的基本原则，具体来说应注意以下几点：

1）时期长短应该相等

在时期数列中，各个指标值的大小与时期长短有直接关系。一般时期越长，数值越大，反之就越小，所以时期数列各指标所属时期的长短应该相等；否则时期不同，长短不一，就很难做出判断和比较。但在特殊研究目的下，也可编制时期不等的时间数列。例如，将我国2014—2018年粮食产量资料（见表5-3）编制成时间数列，可以更清晰地反映我国粮食生产发展变化情况。

表5-3 我国2014—2018年粮食产量资料表 单位：万吨

年　份	2014年	2015年	2016年	2017年	2018年
粮食产量	63 965	66 060	66 044	66 161	65 789

资料来源：根据国家统计局《2018年国民经济和社会发展统计公报》相关资料整理。

对于时点数列来说，其指标数值的大小与时点间隔的长短无直接关系，所以各指标数值之间的间隔是否相等可根据实际情况和需要而定，但为了便于比较分析，各指标数值之间的间隔也最好相等。

2）指标的经济内容必须相同

一般来说，只有同质的现象才能进行动态对比。编制时间数列，要注意各个指标经济内容的一致性，不能对不同经济内容的指标进行比较。对于指标名称相同，而前后时期的经济内容不一致的指标数值也不能进行对比。经济内容发生了变化，也需要作调整。

3）指标值所属的总体范围应该一致

数列指标所说明的总体范围必须前后一致，即现象所属空间范围可比，以保证指标比较分析的意义。例如，要研究某一地区的经济发展情况，要注意该地区行政区划是否发生过变更；如发生过变更，则需要对变更前后的数据资料进行调整，在保证总体范围一致后才能直接比较分析。

4）各指标数值的计算方法可比

在指标名称相同、经济内容一致时，有时因计算方法不一致，各时间的指标数值也不具有可比性。如果某种统计指标的计算方法作了重大改变，而利用时间数列进行动态比较，要统一计算方法。

5）指标的计算方法和计量单位必须统一

在时间数列中各个指标的计算方法、计量单位应该一致，保持不变。例如，要研究企业劳动生产率，产量用实物量还是价值量，人数用从业人员数还是工人（含学徒工）人数，前后要统一。又如，研究工农业生产情况时，产值指标有不变价格和现行价格之分，使用时前后也要一致，指标数值的计量单位也要一致。

5.2 时间数列的水平分析

5.2.1 发展水平

发展水平是时间数列中的每个指标数值，具体反映社会经济现象在不同时期或时点所达到的总量。它可以表现为总量指标，如工资总额、年末人口数等；也可以表现为相对指标或平均指标，如人口出生率、男性人口数所占比重、职工平均工资等。

按发展水平在时间数列中的位置不同，它可分为最初水平、最末水平和中间发展水平。最初水平就是时间数列的第一项指标数值；最末水平就是时间数列的最后一项指标数值；除去最初水平和最末水平，时间数列的其余各项发展水平就是中间发展水平。如用符号a_0，a_1，a_2，…，a_{n-1}，a_n代表时间数列的各个时期发展水平，则a_0是最初水平，a_n是最末水平，其余是中间发展水平。

根据发展水平在动态分析中的作用不同，通常将所研究的那个时期的水平称为报告期水平或计算期水平，将用来作比较基础的时期水平称为基期水平。

5.2.2　平均发展水平

平均发展水平是将时间数列各期发展水平加以平均而得到的平均数，习惯上称这种平均数为序时平均数，或动态平均数，它可以综合说明现象在一段时期的一般水平。

序时平均数和静态平均数的共同之处，就是将现象的个别数量差异抽象化，概括地反映现象的一般水平。二者的区别表现为：序时平均数是根据时间数列计算的，所平均的是现象在不同时间上的数量差异，说明现象在一段时间内发展的一般水平；静态平均数是根据同质总体内各单位标志值计算的，所平均的是总体各单位在同一时间上的数量差异，反映现象在具体条件下的一般水平。

由于时间数列有不同的表现形式，因此序时平均数有不同的计算方法。

1）绝对数时间数列序时平均数的计算

绝对数时间数列分为时期数列和时点数列，二者性质不同，计算序时平均数的方法也不同。

（1）时期数列序时平均数的计算。时期数列中各项指标数值可以相加，所以时期数列的序时平均数可直接用各时期指标数值之和除以时期项数来计算。若以a_1，a_2，…，a_n分别代表n个时期的发展水平，以a代表序时平均数，则时期数列序时平均数为：

$$\bar{a}=\frac{a_1+a_2+\cdots+a_n}{n}=\frac{\sum a}{n} \tag{5-1}$$

例如，根据表5-1的资料，可以计算出我国2014—2018年平均国内生产总值为：

$$\begin{aligned}\bar{a}&=\frac{\sum a}{n}\\&=\frac{641\,281+685\,953+740\,061+820\,754+900\,309}{5}\\&=\frac{3\,788\,358}{5}\\&=757\,671.60(\text{亿元})\end{aligned}$$

（2）时点数列序时平均数的计算。时点数列有间隔相等和间隔不等两种。

一是间隔相等时点数列序时平均数的计算。根据间隔相等的时点数列计算序时平均数时，通常假定指标值在两个时点之间均匀变动，先求两时点指标值的平均数，再根据这些平均数进行简单算术平均求得序时平均数。其计算公式为：

$$\bar{a}=\frac{\frac{a_1+a_2}{2}+\frac{a_2+a_3}{2}+\cdots+\frac{a_{n-1}+a_n}{2}}{n-1}$$

$$=\frac{\frac{a_1}{2}+a_2+\cdots+a_{n-1}+\frac{a_n}{2}}{n-1} \tag{5-2}$$

例如，根据表5-1中我国2014—2018年期间各年末外汇储备额，可以计算出我国

2014—2018年期间平均年外汇储备额为：

$$\bar{a}=\frac{\frac{a_1}{2}+a_2+\cdots+a_{n-1}+\frac{a_n}{2}}{n-1}$$

$$=\frac{\frac{38\,430}{2}+33\,304+30\,105+31\,399+\frac{30\,727}{2}}{5-1}$$

$$=\frac{129\,386.5}{4}$$

$$=32\,346.63（亿美元）$$

二是间隔不等时点数列序时平均数的计算。根据间隔不等的时点数列计算序时平均数时，通常假定指标值在两个时点之间的变动是均匀的，先求两时点指标值的平均数，然后以间隔时间长度为权数进行加权平均求得序时平均数。其用公式表示为：

$$\bar{a}=\frac{\frac{a_1+a_2}{2}f_1+\frac{a_2+a_3}{2}f_2+\cdots+\frac{a_{n-1}+a_n}{2}f_{n-1}}{\sum f} \quad (5\text{-}3)$$

式中：f代表时点间隔长度；其余同前。

例如，某商场2018年商品库存额资料见表5-4，计算2018年该商场的平均商品库存额。

表5-4 **某商场2018年商品库存额资料表** 单位：万元

时　间	1月1日	3月1日	7月1日	8月1日	10月1日	12月31日
商品库存额	280	320	140	110	160	180

该商场2018年平均商品库存额为：

$$\bar{a}=\frac{\frac{280+320}{2}\times2+\frac{320+140}{2}\times4+\frac{140+110}{2}\times1+\frac{110+160}{2}\times2+\frac{160+180}{2}\times3}{12}$$

=202.08（万元）

2）相对数或平均数时间数列序时平均数的计算

相对数或平均数时间数列中各指标数值c，都是根据两个相联系的绝对数时间数列对应数值a和b相对比而求得的，即相对数或平均数时间数列序时平均数$\bar{c}$不能通过直接简单平均来计算，而是先要分别计算形成相对数或平均数的绝对数a和b形成的时间数列的序时平均数$\bar{a}$和$\bar{b}$，然后再对比，求出相对数或平均数时间数列的序时平均数$\bar{c}$。其用公式表示为：

$$\bar{c}=\frac{\bar{a}}{\bar{b}} \quad (5\text{-}4)$$

式中，$\bar{a}$和$\bar{b}$可按绝对数时间数列序时平均数的计算方法求得，但根据平均数的时间数列计算序时平均数例外。如果该时间数列的间隔期相等，可直接采用简单算术平均法计算；如果间隔期不等，则以间隔期为权数，采用加权平均法计算。

（1）由两个时期数列相对比所形成的时间数列计算序时平均数。

例如，某企业2018年第一季度各月份产品产量计划完成情况有关资料见表5-5。

表5-5 **某企业2018年第一季度各月份产品产量计划完成情况资料表**

时　间	1月份	2月份	3月份
(a) 实际完成数（件）	5 100	6 180	8 640
(b) 计划完成数（件）	5 000	6 000	8 000
(c) 计划完成（%）	102	103	108

该企业第一季度的平均计划完成程度为：

$$\bar{a}=\frac{\sum a}{n}=\frac{5\,100+6\,180+8\,640}{3}=6\,640（件）$$

$$\bar{b}=\frac{\sum b}{n}=\frac{5\,000+6\,000+8\,000}{3}\approx 6\,333（件）$$

$$\bar{c}=\frac{\bar{a}}{\bar{b}}\times 100\%=\frac{6\,640}{6\,333}\times 100\%=104.8\%$$

（2）由两个时点数列相对比所形成的时间数列计算序时平均数。

例如，某企业2018年9—12月份各月末生产工人数和全部职工人数有关资料见表5-6。

表5-6　**某企业工人人数资料表**

时　间	9月末	10月末	11月末	12月末
（a）生产工人数（人）	800	817	827	820
（b）全部职工人数（人）	1 000	1 020	1 030	1 020

该企业第四季度生产工人数占全部职工人数的平均比重为：

$$\bar{c}=\frac{\bar{a}}{\bar{b}}\times 100\%=\frac{\left(\frac{a_1}{2}+a_2+\cdots+a_{n-1}+\frac{a_n}{2}\right)\div(n-1)}{\left(\frac{b_1}{2}+b_2+\cdots+b_{n-1}+\frac{b_n}{2}\right)\div(n-1)}\times 100\%$$

$$=\frac{\left(\frac{800}{2}+817+827+\frac{820}{2}\right)\div(4-1)}{\left(\frac{1000}{2}+1020+1030+\frac{1020}{2}\right)\div(4-1)}\times 100\%=80.2\%$$

（3）由一个时期数列和一个时点数列相对比所形成的时间数列计算序时平均数。

例如，某商店2018年9—12月份各月的商品零售额、库存及流转次数有关资料见表5-7。

表5-7　**某商店商品零售额、库存及流转次数资料表**

时　间	9月末	10月末	11月末	12月末
（a）商品零售额（元）	—	200	300	420
（b）月末商品库存额（元）	90	110	130	170
（c）商品流转次数（次）	—	2	2.5	2.8

该商店第四季度月平均商品流转次数为：

$$\bar{c}=\frac{\bar{a}}{\bar{b}}=\frac{(200+300+420)\div 3}{\left(\frac{90}{2}+110+130+\frac{170}{2}\right)\div(4-1)}=2.49（次）$$

5.2.3　增长量

增长量是报告期水平与基期水平之差，反映某一现象在不同时期增减变化的绝对量。增长量可以是正数，代表现象的增加量；也可以是负数，代表现象的减少量。其计算公式为：

增长量=报告期水平-基期水平

由于采用的基期不同，增长量分为累计增长量和逐期增长量两种。累计增长量是报告期水平与某一固定基期水平（常用最初水平）之差，用来反映现象在某一较长时期增减变化的绝对量。逐期增长量是报告期水平与前一时期水平之差，用来反映现象在相邻时期增减变化的绝对量。用符号表示如下：

逐期增长量：a_1-a_0，a_2-a_1，…，$a_{n-1}-a_{n-2}$，a_n-a_{n-1}

累计增长量：a_1-a_0，a_2-a_0，…，$a_{n-1}-a_0$，a_n-a_0

可以看出，累计增长量与逐期增长量之间有一定的等式关系，即累计增长量等于各期的逐期增长量之和，用公式表示为：

$$a_n-a_0=(a_1-a_0)+(a_2-a_1)+\cdots+(a_n-a_{n-1}) \tag{5-5}$$

例如，某企业产值逐期增长量和累计增长量的计算见表5-8。

表5-8 某企业产值增长量计算表 单位：万元

年份		2013年	2014年	2015年	2016年	2017年	2018年
产值		120	130	150	142	160	180
增长量	逐期	—	10	20	-8	18	20
	累计	—	10	30	22	40	60

在实际工作中，常常计算年距增长量，它是报告期水平与上年同期水平之差，其计算公式为：

年距增长量=报告期水平-上年同期水平

计算年距增长量可消除季节变动的影响，表明报告期水平相对于上年同期水平增减变化的绝对数量。

5.2.4 平均增长量

平均增长量是时间数列各逐期增长量的平均数，用于描述现象在一段时间内每期平均增加或减少的数量。它可以根据逐期增长量求得，也可以根据累计增长量求得。其计算公式为：

平均增长量=逐期增长量之和/逐期增长量项数

=累计增长量/（时间数列项数-1）

其用符号表示为：

$$平均增长量=\frac{\sum(a_i-a_{i-1})}{n}=\frac{a_n-a_0}{n} \tag{5-6}$$

式中：n代表逐期增长量的项数，也即（时间数列项数-1）。

例如，上表5-8中该企业历年的产值平均增长量为：

$$平均增长量=\frac{10+20+(-8)+18+20}{5}=\frac{60}{5}=12（万元）$$

5.3 时间数列的速度分析

5.3.1 发展速度与增长速度

时间数列的速度分析指标主要有发展速度、增长速度、增长1%的绝对值、平均发展速度和平均增长速度。这几个指标之间具有密切的联系，其中发展速度是基本的速度分析指标。

1）发展速度

发展速度是两个不同时期发展水平对比所得到的动态相对指标，用来反映社会经济现象发展变化的相对程度。该指标说明了报告期水平已发展为（或增加到）基期水平的百分之几或若干倍，计算公式为：

发展速度=报告期水平÷基期水平

由于采用的基期不同，发展速度分为定基发展速度和环比发展速度两种。定基发展速度也称总发展速度，是报告期水平与某一固定基期水平（常用最初水平）之比，用来反映社会经济现象在某一较长时期内发展的总速度；环比发展速度是报告期水平与前一时期水平之比，用来反映社会经济现象在相邻时期发展的相对程度。用符号表示如下：

定基发展速度：$\frac{a_1}{a_0}, \frac{a_2}{a_0}, \cdots, \frac{a_n}{a_0}$

环比发展速度：$\frac{a_1}{a_0}, \frac{a_2}{a_1}, \cdots, \frac{a_n}{a_{n-1}}$

例如，根据表5-8的资料计算该企业各年的产值定基发展速度和环比发展速度，具体见表5-9。

表5-9　　某企业历年产值发展速度计算表

年　份		2013年	2014年	2015年	2016年	2017年	2018年
产值（万元）		120	130	150	142	160	180
发展速度（%）	环　比	—	108.33	115.38	95.00	112.68	112.50
	定　基	100.00	108.33	125.00	118.33	133.33	150.00
增长速度（%）	环　比	—	8.33	15.38	-5.00	12.68	12.50
	定　基	—	8.33	25.00	18.33	33.33	50.00

从表5-9中可以看出，定基发展速度和环比发展速度之间具有一定的等式关系，即定基发展速度等于相应各期环比发展速度的连乘积，用公式表示为：

$$\frac{a_n}{a_0}=\frac{a_1}{a_0}\times\frac{a_2}{a_1}\times\cdots\times\frac{a_n}{a_{n-1}} \tag{5-7}$$

在实际工作中，常常计算年距发展速度，它是报告期水平与上年同期水平之比，表明在消除季节变动影响的情况下，现象本期比上年同期相对发展的程度。其计算公式为：

年距发展速度=报告期发展水平÷上年同期发展水平

2）增长速度

增长速度是增长量与基期水平对比所得到的动态相对数，用来反映社会经济现象增长变化的相对程度。该指标说明了报告期水平比基期水平增加（或提高）了百分之几或若干倍，计算公式为：

$$增长速度=\frac{增长量}{基期水平}$$

$$=\frac{报告期水平-基期水平}{基期水平}=发展速度-1（或100\%）$$

由于采用的基期不同，增长速度可以分为定基增长速度和环比增长速度两种。定基增长速度也称总增长速度，是累计增长量与某一固定基期水平之比，反映社会经济现象在某一较长时期内增长的总速度；环比增长速度是逐期增长量与前一时期水平之比，反映社会经济现象在相邻时期增长的相对程度。用符号表示为：

定基增长速度：$\frac{a_1-a_0}{a_0}, \frac{a_2-a_0}{a_0}, \cdots, \frac{a_n-a_0}{a_0}$

或 $\frac{a_1}{a_0}-1, \frac{a_2}{a_0}-1, \cdots, \frac{a_n}{a_0}-1$

环比增长速度：$\frac{a_1-a_0}{a_0}, \frac{a_2-a_1}{a_1}, \cdots, \frac{a_n-a_{n-1}}{a_{n-1}}$

或 $\frac{a_1}{a_0}-1, \frac{a_2}{a_1}-1, \cdots, \frac{a_n}{a_{n-1}}-1$

例如，根据表5-8中某企业各年产值资料可以计算出2013—2018年的产值定基增长速度和环比增长速度，具体见表5-9。

发展速度是计算增长速度的基本指标。但从指标的实际意义看，增长速度的重要性远远超过发展速度。通常，发展速度大于1，则增长速度为正值，表示现象增长的程度；反之，则表示现象下降的程度。

值得注意的是，由于增长速度只反映增长部分的相对程度，所以，环比增长速度的连乘积不等于定基增长速度。如果要由环比增长速度求定基增长速度，必须将环比增长速度加1再连乘，然后将所得结果再减1。

在实际工作中，有时也计算年距增长速度，它是年距增长量与上年同期水平之比。其计算公式为：

$$年距增长速度=\frac{年距增长量}{上年同期发展水平}=年距发展速度-1（或100\%）$$

3）增长1%的绝对值

运用时间数列进行动态比较时，既要看速度，又要看水平。由于相对数具有抽象化的特点，用百分比表示的发展速度和增长速度把所对比的发展水平掩盖了，要把速度与水平结合起来，必须计算报告期水平比前一期每增减1%所包含的绝对值，它表明环比增长速度所包含的绝对数量，也是相对数与绝对数结合应用的一种形式。其计算公式为：

$$增长1\%的绝对值=\frac{逐期增长量}{环比增长速度\times 100}$$

$$=前期水平\div 100$$

例如，某企业产值每增长1%的绝对值计算结果见表5-10。

表5-10 **某企业产值增长1%的绝对值计算表**

年　份	2013年	2014年	2015年	2016年	2017年	2018年
产值（万元）	120	130	150	142	160	180
增长1%的绝对值	—	1.20	1.30	1.50	1.42	1.60

5.3.2 平均发展速度和平均增长速度

1）平均发展速度和平均增长速度的意义

平均发展速度是各期环比发展速度的序时平均数，用以说明现象在一段时间内平均发展变化的程度。平均增长速度是各期环比增长速度的序时平均数，用以反映现象在一段时间内平均增长变化的程度。平均增长速度不能根据各期环比增长速度直接计算，而要通过平均发展速度减1来求得。二者的关系为：

平均增长速度=平均发展速度-1（或100%）

平均速度指标在统计分析中广泛应用，它可用于编制和检查计划，对比不同时期、不同国家或地区经济发展变化，进行推算和预测等。

2）平均发展速度的计算

平均发展速度通常采用几何平均法和方程法计算。

（1）几何平均法。根据上述平均发展速度的定义，对若干个环比发展速度求序时平均数，就需要用几何平均的方法，设以x_i（i=1，2，…，n）表示各期环比发展速度，以$\bar{x}$表示平均发展速度，则平均发展速度为：

$$\bar{x}=\sqrt[n]{x_1 \cdot x_2 \cdot \cdots \cdot x_n}=\sqrt[n]{\pi x} \tag{5-8}$$

式中：$\bar{x}$代表平均发展速度；x代表各期环比发展速度；n代表环比发展速度的个数；π代表连乘符号。

由于环比发展速度连乘积等于总速度R，于是有：

$$\bar{x}=\sqrt[n]{R} \tag{5-9}$$

又由于总速度R等于末期水平（a_n）与最初水平（a_0）之比，于是则有：

$$\bar{x}=\sqrt[n]{\frac{a_n}{a_0}} \tag{5-10}$$

公式（5-9）与公式（5-10）中的n，需根据a_n与a_0的间隔期数确定，它与公式（5-8）的环比发展速度的个数相同。

对上述三个公式的应用，可以视掌握资料的情况而定。

例如，根据表5-8的资料可以计算出某企业历年产值平均发展速度为：

$$\bar{x}=\sqrt[n]{\pi x}=\sqrt[5]{1.0883\times 1.1538\times 0.95\times 1.1268\times 1.125}=\sqrt[5]{1.5}=108.45\%$$

或 $\bar{x}=\sqrt[n]{R}=\sqrt[5]{1.5}=108.45\%$

或 $\bar{x}=\sqrt[n]{\frac{a_n}{a_0}}=\sqrt[5]{\frac{180}{120}}=\sqrt[5]{1.5}=108.45\%$

在实际经济工作中，实际上只用一种方法计算就可以了，若以上资料都掌握，通过以上计算可以看出用总速度公式计算最简便。

可见，应用几何平均法计算平均发展速度的基本思想是：从最初水平a_0出发，每期按平均发展速度$\bar{x}$发展，经过n期后将达到最末水平a_n。该方法的特点是考察期末水平，中间水平无论如何变化对平均发展速度的计算结果都没有影响，因此，该方法也称为“水平法”。在实际应用中，如果关心的是现象在最后一期应达到的水平，采用几何平均法计算平均发展速度比较合适。

需要特别指出的是，平均增长速度是各期环比增长速度的序时平均数，用以反映现象在一段时间内平均增长变化的程度。平均增长速度不能直接根据各期环比发展速度计算，而要通过平均发展速度减1来求得。

例如，已知某地区2013—2018年国内生产总值历年增长速度分别为4.8%、9.0%、8.8%、8.1%、11.6%、16.1%，要计算这一地区2013—2018年国内生产总值平均增长速度就不能直接用各期增长速度计算，而应该先将各期增长速度加上100%，变成各期环比发展速度104.8%、109.0%、108.8%、108.1%、111.6%、116.1%，然后再按平均发展速度计算方法，计算平均发展速度为：

$$\bar{x}=\sqrt[n]{\pi x}=\sqrt[6]{1.048\times1.090\times1.088\times1.081\times1.116\times1.161}=\sqrt[6]{1.741}$$

$$=109.68\%$$

则平均增长速度为：

平均增长速度=平均发展速度-1（或100%）

=109.7%-100%=9.7%

（2）方程法。方程法也称累计法，其基本思想是：从最初水平a_0出发，按平均发展速度$\bar{x}$发展，计算的各期发展水平的总和，要等于相应各期实际发展水平的总和。其计算公式为：

$$a_0\bar{x}+a_0\bar{x}^2+a_0\bar{x}^3+\cdots+a_0\bar{x}^n=a_1+a_2+a_3+\cdots+a_n \tag{5-11}$$

则有：$a_0\ (\bar{x}+\bar{x}^2+\bar{x}^3+\cdots+\bar{x}^n)\ =\sum a$

于是有：$\bar{x}+\bar{x}^2+\bar{x}^3+\cdots+\bar{x}^n-\dfrac{\sum a}{a_0}=0$

解此高次方程所得的正根，就是平均发展速度。由于该方法计算平均发展速度的特点是考察各期水平的累计总和，因此该方法也称累计法。在实际应用中，如果侧重于研究现象在一段时间内各期发展水平的总和，如累计固定资产投资完成额、累计毕业生人数等，采用方程法计算平均发展速度比较合适。

方程法中求解高次方程是比较复杂的，在实际工作中往往利用事先编好的“平均增长速度查对表”来查对应用，这里我们就不作阐述了。

5.4 长期趋势分析

5.4.1 时间数列的构成要素与模型

现象的发展变化是许多因素共同影响的结果。在各种影响因素中，有些对现象的发展起着长期的、决定性作用，促使现象的发展呈现出某种趋势和规律性；有些则对现象的发展起着短期的、非决定性作用，导致现象的变化呈现出某种不规则的波动。在分析时间数列的变动规律时，不可能将每一个影响因素都分别测定出来，但可以对各种因素按性质不同加以概括和分类，划分为若干种时间数列的构成要素，然后对这几类构成要素进行分析，以测定它们各自对现象发展变化的影响。影响时间数列的要素大体上可分为四种：

（1）长期趋势。它是指现象在一段相当长的时期内所表现的沿着某一方向的持续发展变化的趋势。

（2）季节变动。原来意义上的季节变动是指受自然因素的影响，在一年内随季节的更替而发生的有规律的变动。现在对季节变动的概念进行了扩展，将一年内由于社会、经济、自然因素的影响，形成的以一定时期为周期的有规则的重复变动，都称为季节变动。

（3）循环变动。它是指以若干年为一定周期的有一定规律性的周期波动。循环变动与长期趋势不同，它不是单一方向的持续变动，而是有涨有落地交替波动。循环变动与季节变动也不同，季节变动有明显的按月或按季的固定周期规律，而循环变动的周期通常在一年以上，周期的长短、波动的大小也不一致。

（4）不规则变动。它是指现象由于突发事件或偶然因素引起的无规则性的变动。

形成时间数列变动的四种构成要素，按照它们的方式不同，可以分为多种模型，如乘法模型、加法模型、混合模型等，其中最常用的有乘法模型和加法模型。用符号表示如下：

乘法模型：$Y=T \cdot S \cdot C \cdot I$

加法模型：$Y=T+S+C+I$

式中：Y表示时间数列的指标数值；T表示长期趋势成分；S表示季节变动成分；C表示循环变动成分；I表示不规则变动成分。

乘法模型是假定四个要素对现象发展的影响是相互的，以长期趋势成分的绝对量为基础，其余成分均以比率表示；加法模型是假定四个要素的影响是独立的，每个成分均以绝对量表示。

时间数列分析的任务之一，就是对时间数列中的这几种构成要素进行测定和分析，从中划分出各种要素的具体作用，揭示其变动的规律和特征，为认识和预测现象的发展变化提供依据。

5.4.2 长期趋势及其意义

长期趋势是指现象在相当长的时间内，持续增长或持续下降的趋势。例如，我国经济发展和人民生活水平总的趋势是持续增长的，而人口死亡率就是持续下降的趋势。

测定和分析长期趋势的目的主要有三个：一是为了认识现象随时间发展变化的趋势和规律性；二是为了对现象未来的发展趋势做出预测；三是为了从时间数列中剔除长期趋势成分，以便于分解出其他类型的影响因素。

时间数列的长期趋势可分为线性趋势和非线性趋势。线性趋势的特点是时间数列每期的增减数量大致相同，趋势线的斜率基本保持不变；非线性趋势的特点是时间数列各期的变动随时间而异，趋势线的斜率有明显变动。有规律的非线性趋势，常呈现为某种形态的曲线变化，又称为曲线趋势。

测定长期趋势的方法有许多种，在这里只介绍最常用的三种方法：时距扩大法、移动平均法和最小平方法。

1）时距扩大法

时距扩大法是测定现象长期趋势的一种最简单方法。它是通过把原时间数列各个时期的数值加以合并，扩大研究时期，消除偶然因素影响，使扩大时距后的时间数列能明显地反映现象发展的长期趋势。

例如，根据表5-11的有关资料，说明时距扩大法修匀时间数列的方法。

从表5-11中可以看出，自1999年以来我国的粮食产量基本呈上升趋势，但各年之间有升降交替的现象。如果把研究的时距从1年扩大到5年，则可整理出表5-12所示的一个新时间数列。从修匀后的时间数列来看，某地区粮食总产量呈现明显的上升趋势。

表5-11　　某地区1999—2018年各年的粮食产量资料表　　单位：万吨

年份	产量	年份	产量	年份	产量	年份	产量
1999年	32 502.0	2004年	39 151.2	2009年	43 529.0	2014年	50 453.5
2000年	35 450.0	2005年	40 473.3	2010年	44 265.8	2015年	49 417.1
2001年	38 727.5	2006年	39 408.0	2011年	45 648.8	2016年	51 229.5
2002年	40 730.5	2007年	40 754.9	2012年	44 510.1	2017年	50 838.6
2003年	37 910.8	2008年	44 624.0	2013年	46 661.8	2018年	46 217.7

表5-12　　某地区四个五年计划时期的粮食总产量资料表　　单位：万吨

年份	总产量	平均产量
1999—2003年	185 320.8	37 064.2
2004—2008年	204 411.4	40 882.3
2009—2013年	224 615.5	44 923.1
2014—2018年	248 156.4	49 631.3

运用时距扩大法修匀时间数列，要求所扩大的时距要相等，以便于比较、观察现象的变动趋势。在确定时距时，时距大小要适中。如果时距过小，不能消除现象变动中的偶然因素；如果时距过大，修匀后的时间数列数值太少，则会掩盖现象发展的具体趋势。

2）移动平均法

移动平均法是时距扩大法的改良方法。它是在时距扩大的基础上，通过逐项移动，计算得出一个由序时平均数构成的新时间数列，并用新时间数列把现象发展趋势明显地表现出来。通过这种修匀的方法，也可以消除偶然因素对时间数列的影响，使现象发展的长期趋势明显地呈现出来。

设时间数列为a_1，a_2，…，a_n，移动时距为k。如k为奇数，则移动平均形成的新时间数列为$\bar{a}$，其计算公式为：

$$\bar{a}=\frac{a_1+a_2+\cdots+a_n}{k} \tag{5-12}$$

若k为偶数，则需进行两次移动平均。每一次移动平均的方法与奇数项移动的方法一样，只是得到的时间数列的各个数值与原数列中各数值都错了半格；第二次移动是对第一次移动的结果进行移正，移正后的各个数值与原时间数列的数值正好对齐。

例如，某企业2018年各月生产机器台数有关资料见表5-13。

从表5-13可以看出，经过移动平均后所得到的序时平均数时间数列的项数比原时间数列少，但现象长期趋势的表现较清晰。在使用移动平均法时应注意以下几个问题：

（1）移动时距的选择。移动时距越长，现象长期趋势的表现越明显，但数列保留的项数越少；反之亦然。在实际统计研究中，移动时距的选择应根据掌握资料的性质确定。如掌握的是日资料，采用7项移动；如是月资料，采用12项移动；如是季度资料，采用4项移动；如果现象有明显的周期波动，采用周期波的长度移动平均。一般来说，奇数项移动平均所形成的新数列，头尾各减少$\frac{n-1}{2}$项；偶数项移动平均所形成的新数列，头尾各减少$\frac{n}{2}$项。

表5-13　　某企业2018年各月生产机器台数资料表　　单位：万台

月份	产量	3项移动平均值	4项移动平均值	
			一次移动	中心化处理
1	41	—	—	—
2	42	45.0	—	—
3	52	45.7	44.5	45.0
4	43	46.7	45.5	46.6
5	45	46.3	47.8	47.9
6	51	49.7	48.0	47.6
7	53	48.0	47.3	48.0
8	40	48.0	48.8	48.5
9	51	46.7	48.3	48.6
10	49	52.0	49.0	50.8
11	56	53.0	52.5	—
12	54	—	—	—

（2）移动平均法不能直接用于预测。因为移动平均后得到的新时间数列前后项数已不再完整，所以不能直接用于预测。如要进行预测，需对移动后的时间数列进行加工处理。

（3）移动平均法是通过移动平均来平滑时间数列，但由于平均数易受异常数值的影响，为避免这种情况，可以用各中位数来代表平均数，这就是移动中位数法。

3）最小平方法

最小平方法又称最小二乘法，这是测定现象长期趋势常用的方法。其基本思路是：利用数学方法，配合一条较理想的趋势线。这条趋势线必须满足两个条件：一是实际观测值与趋势值的离差平方和为最小值；二是实际观测值与趋势值的离差之和等于零。其用公式表示为：

$\sum(y - y_c)^2 =$ 最小值

$\sum(y - y_c) = 0$

在最小平方法配合趋势线之前，首先要对趋势线的形状进行判断。其方法是：把原时间数列中的各个数值绘制到直角坐标系中，观察散点图的形状，如呈现直线变动，配合直线；如呈现曲线变动，则配合曲线。有时也可以用近似方法判断：若观察值的一次差（逐期增长量）大体相同，可配合直线；若二次差大体相同，可配合曲线；若各观察值对数的一次差大体相同，可配合指数曲线；若各观察值一次差的环比值大体相同，可配合修正指数曲线等。如果对同一时间数列有几种趋势线可供选择，以估计标准误差最小者为宜，如图5-1所示。

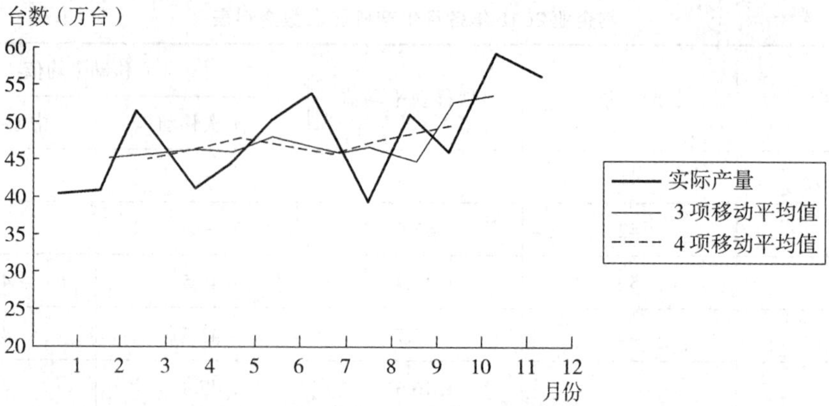

图5-1 某企业2018年各月生产机器台数移动平均法趋势图

直线趋势线的一般形式为：

$$y_c=a+bt \tag{5-13}$$

式中：y_c代表趋势值；a、b代表待定参数，a代表直线的截距，即当t=0时y_c的数值，b代表直线的斜率，即t每变动一个单位，y_c的平均增加量或减少量；t代表时间。

根据最小平方法的要求，可得到两个标准方程式，解标准方程式，可求得待定参数a、b，计算公式为：

$$b=\frac{n\sum ty-\sum t\sum y}{n\sum t^2-(\sum t)^2}$$

$$a=\bar{y}-b\bar{t} \tag{5-14}$$

例如，根据某地区2014—2019年洗衣机产量资料（见表5-14），配合直线趋势方程，预测2021年洗衣机产量。

表5-14 **某地区2014—2019年洗衣机产量资料表** 单位：千台

年　份	2014年	2015年	2016年	2017年	2018年	2019年
产　量	68	71	75	79	84	88

根据表5-14的资料，用最小平方法配合直线趋势方程预测的计算过程如下：

第一步，将计算所用数据列入计算表（见表5-15）。

表5-15 **最小平方法计算表**

年　份	产量（千台）	标准方程式法			
		t	t^2	ty	y_c
2014年	68	1	1	68	67.29
2015年	71	2	4	142	71.37
2016年	75	3	9	225	75.46
2017年	79	4	16	316	79.54
2018年	84	5	25	420	83.63
2019年	88	6	36	528	87.71
合　计	465	21	91	1 699	465.00

第二步，根据表5-15中的计算数据，计算可得：

$$b=\frac{6\times 1699-21\times 465}{6\times 91-21^2}=\frac{429}{105}=4.09$$

$$a=\frac{465}{6}-4.09\times\frac{21}{6}=63.20$$

则直线趋势方程为：

$y_c=63.20+4.09t$

第三步，进行预测。由于2021年时t=8，则预测2021年洗衣机产量为：

$y_c=63.20+4.09\times 8=95.92$（千台）

将各年的t值代入所求方程，可以得到各年洗衣机产量的趋势值（见表5-15），从而可以验证实际观测值和趋势值的离差之和等于零。

上例中，从t的取值可以看出，直线趋势方程的原点取在时间数列的前一年，即2013年。如果把原点移到数列的正中间，求解a、b的标准方程式，令$\sum t=0$，则a、b的计算公式也可简化为：

$$a=\frac{\sum y}{n},\ b=\frac{\sum ty}{\sum t^2} \tag{5-15}$$

值得注意的是，在利用上述简化计算方法时，如果时间数列是奇数项，t的取值为…，−3，−2，−1，0，1，2，3，…；如是偶数项，t的取值为…，−5，−3，−1，1，3，5，…。

例如，仍用表5-14的资料，简化计算方法如下：

第一步，将计算所用数据列入计算表（见表5-16）。

表5-16　**最小平方法计算表**

年　份	产量（千台）	简化计算法			
		t	t^2	ty	y_c
2014年	68	−5	25	−340	67.29
2015年	71	−3	9	−213	71.37
2016年	75	−1	1	−75	75.46
2017年	79	1	1	79	79.54
2018年	84	3	9	252	83.63
2019年	88	5	25	440	87.71
合　计	465	0	70	143	465.00

第二步，根据表5-16中的计算数据，直接求解a、b，可得：

$a=465\div 6=77.5$

$b=143\div 70=2.0429$

则直线趋势方程为：

$y_c=77.5+2.0429t$

第三步，进行预测。由于2021年时t=9，则预测2021年洗衣机产量为：

$y_c=77.5+2.0429\times 9=95.88$（千台）

5.5 季节变动分析

5.5.1 季节变动的测定目的与原理

季节变动是指某些社会经济现象由于受自然因素或社会因素的影响，在一年内随着季节的更替而引起的有规律性的变动。季节变动是一种常见的现象。例如，毛皮服装、棉衣、羽绒服一类商品，冬季是销售旺季，到夏季则销售量减少，随着气候转寒又回到了销售旺季；啤酒的销售量是夏高冬低；百货公司的销售额是节假日时居多，平日较少等。

季节变动中的“季节”一词是广义的，不仅指一年中的四季，而且指任何一种有规律的、按一定周期重复出现的变化。季节变动通常与生产条件、节假日、风俗习惯等因素有关，往往会给人们的社会经济生活带来某种影响，如影响生产、销售、库存和消费等。

在这种变动中，如气候（这是外部原因）、节假日、政府有关制度上的原因等是系统原因。这种系统原因的大部分若从长期来考虑，尽管在季节和日期方面有若干移动的可能性，但无论如何，年年都存在着某种程度的规则性。用时间数列观察季节变动，就是测定这类系统原因实质性的指标。

测定季节变动的目的在于认识现象变动的规律，分析过去，预测未来。测定季节变动的目的是：第一，能够了解一年之间各时点变数（如啤酒的销售量）的变化和变数的大小。这样，销售啤酒的公司就可以根据对S的了解，制订出一年内各时点上行之有效的库存计划。第二，若从原数列除去S，就可以了解在没有这种季节变动的情况下变数的大小。例如，从9月份啤酒的销售量中除去8月份S的因素，与某一年加以比较，发现销售量特别低时，可以分析其原因T、C、I当中的任何一个。由于该年夏季气温偏低，所以可知销售量比某一年少的原因，是低温的不规则变动（I）所引起的。

季节变动是一种各年变化强度大体相同且每年重复出现的变动，因此，可以通过季节指数（或称季节比率）来反映现象在一个年度内各月或季的数量特征。如果分析的是月份数据，就有12个月份指数；如果为季度数据，则有4个季节指数。其中各个指数是以全年（月或季）资料的平均数为基础计算的，因而12个月（或4个季度）指数的平均数应等于100%，各月（或季）的指数之和应等于1 200%（或400%）。季节指数反映了某一月份或季度的数值占全年平均数值的大小。如果现象的发展没有季节变动，则各期的季节指数应等于100%；如果某一月份或季度有明显的季节变化，则各期的季节指数应大于或小于100%，根据各季节指数与其平均数（100%）的偏差程度来测定季节变动的程度。这就是季节变动分析的基本原理。

测定季节变动的方法有很多，按是否考虑长期趋势的影响分两种：一是不考虑长期趋势的影响，根据原始时间数列直接去测定季节变动；二是根据剔除长期趋势后的数据测定季节变动。在经济和管理分析中所使用的时间数列，通常是消除了季节变动的。这种时间数列，就称为“季节调整后”的时间数列。

5.5.2 按月（季）平均法

按月（季）平均法是直接根据原始时间数列数据通过简单平均来计算季节指数的一种方法。该方法的基本思想是：计算出各年同月（季）的平均数，以消除随机影响，作为该月（季）的代表值；然后计算出各年总的月（季）平均数，作为全年的代表值；再将同月（季）的平均数与总的月（季）平均数进行对比，即为季节指数。按月（季）平均法计算季节指数的具体步骤如下：

（1）根据各年的月（或季）数据计算出同月（季）平均数。

（2）计算出全部数据总的月（季）平均数。

（3）将各年的同月（季）平均数与总的月（季）平均数对比，得到季节指数（S），用公式表示为：

季节指数（S）=同月（季）平均数/总的月（季）平均数×100%

例如，某地区2015—2018年各季度某种饮料的销售量资料见表5-17，根据所给资料用按季平均法计算该种饮料销售量的季节指数。

表5-17　**某地区2015—2018年各季度某种饮料的销售量**　单位：万箱

季度 年份	第一季度	第二季度	第三季度	第四季度	合　计	平　均
2015年	40	48	64	32	184	46
2016年	36	60	72	32	200	50
2017年	40	56	68	36	200	50
2018年	44	60	76	36	216	54
合　计	160	224	280	136	800	200
同季平均数	40	56	70	34	200	50
季节指数（%）	80	112	140	68	400	100

由各同季平均数与总的季平均数50相比，分别得到各季度的季节指数。由各季度的季节指数可见，第三季度的销售量比全年平均水平高出40%，是全年的销售高峰；第四季度是销售低谷，季节指数只有68%；第一季度和第二季度销售量有所回升，季节指数分别达到80%和112%。

各季度的季节指数总和应等于400%，如果是各月的季节指数，则其总和应等于1 200%。由于计算过程中小数进位的影响，各季（月）的季节指数总和也可能不等于400%（或1 200%），这时应加以调整。

运用按月（季）平均法计算季节指数的基本假设是，原时间数列没有明显的长期趋势和循环变动，因而通过若干年同期数值的平均，不仅可以消除不规则变动，而且当平均周期与循环周期一致时，循环变动也可以在平均过程中得以消除。所以，只有当数列的长期趋势和循环变动不明显时，才比较适合运用该方法。

5.5.3　长期趋势剔除法

当时间数列存在明显的长期趋势时，运用按月（季）平均法进行季节变动分析将不准确。当存在剧烈的上升趋势时，年末季节指数明显高于年初季节指数；当存在下降趋势时，年末季节指数明显低于年初季节指数。因此，如果时间数列包含明显的上升（下降）趋势，为了更准确地计算季节指数，就应当首先设法从数列中剔除长期趋势，然后再用平均的方法消除不规则变动，从而较准确地分解出季节变动的成分。数列的长期趋势可用移动平均法或趋势方程拟合法测定。

采用长期趋势剔除法分析季节变动时，假定时间数列各构成要素的关系结构为Y=T·S·C·I，测定长期趋势可以得到T·C，将原数列Y除以T·C，得到季节变动和不规则变动相对数S·I，最后消除不规则变动I的影响，得到季节变动S。以移动平均长期趋势剔除法为例，确定季节变动的方法、步骤如下：

（1）根据各年的月（季）数据，计算12个月（4个季度）移动平均趋势值T_t，如表5-18中的127、130、131.50等。

（2）将各月（季）实际值除以相应的趋势值，即$Y_t/T_t = S_tI_t$，如表5-18中的151÷130×100%=116.15%。

（3）将S_tI_t重新按月（季）排列，求得同月（季）平均数，即得季节指数S，如表5-19中的128.02%、131.05%等。

（4）把各月（季）的季节指数加总，其总和应等于1 200%（或400%），否则需要进行调整。

例如，某地区2015—2018年各季度白酒产量资料见表5-18，用移动平均长期趋势剔除法计算季节指数。

表5-18 **某地区2015—2018年各季度白酒产量资料表**

年份	季度	产量（千吨）Y_t	4个季度移动平均		$Y_t/T_t=S_tI_t$（%）
			移动平均值	趋势值T_t	
2015年	第一季度	154		—	—
	第二季度	166	125.00	—	—
	第三季度	29	129.00	127.00	22.83
	第四季度	151	131.00	130.00	116.15
2016年	第一季度	170	132.00	131.50	129.28
	第二季度	174	134.25	133.125	130.70
	第三季度	33	136.00	135.125	24.42
	第四季度	160	139.75	137.875	116.05
2017年	第一季度	177	141.00	140.375	126.09
	第二季度	189	143.25	142.125	132.98
	第三季度	38	146.00	144.625	26.27
	第四季度	169	146.75	146.375	115.46
2018年	第一季度	188	148.75	147.75	127.24
	第二季度	192	151.25	150.00	128.00
	第三季度	46	—	—	—
	第四季度	179	—	—	—

用移动平均法求出长期趋势，剔除长期趋势值得到 $Y_t/T_t=S_tI_t$，将各季的 S_tI_t 值列入表 5-19 中。

表 5-19　**趋势剔除法季节指数计算表**

年份＼季度	第一季度	第二季度	第三季度	第四季度	合　计
2015 年	—	—	22.83	116.15	—
2016 年	129.28	130.70	24.42	116.05	—
2017 年	126.09	132.98	26.27	115.46	—
2018 年	127.24	128.00	—	—	—
合　计	382.61	391.68	73.52	347.66	1 195.47
同季平均数	127.54	130.56	24.51	115.89	398.50
季节指数（%）	128.02	131.05	24.60	116.33	400.00

将 S_tI_t 值同季平均后再进行调整。各季的同季平均数总和为 398.50，调整系数为 400÷398.50=1.003764，将调整系数乘以各季的同季平均数，最终得到各季度的季节指数。

随堂测 5

第6章

统计指数

[学习目标]

通过本章的学习，要能从指数所说明的范围和指数化指标的性质两方面对指数进行明确分类；明确同度量因素的作用及确定同度量因素的原则；熟练掌握综合指数、平均数指数的编制方法；掌握平均指标指数及其指数体系的编制方法和因素分析法；能灵活运用指数体系进行因素推算，并能建立指数体系，进行因素分析，写出简短分析结论。

6.1 统计指数概述

6.1.1 统计指数的含义

指数是具有广泛应用价值的经济指标，衡量经济的发展要用到国内生产总值指数，反映人民生活质量变化要使用生活质量指数，反映物价变化要使用物价指数，反映证券市场股票价格水平变化要用到股价指数等。例如，为了解一年来物价的总体变化，没有必要去了解每一项商品和服务的价格变化，而只要看一看公布的物价指数即可；要衡量气象对人类或动物的情绪、行为和生理的影响，可以看一看生物气象指数；要研究星体温度和颜色，可以看一看颜色指数；要研究温度和湿度对人体舒适度的影响，可以看一看温度和湿度指数；要衡量股票价格，可以看一看道·琼斯指数、日经指数、恒生指数、纳斯达克指数、伦敦金融指数、上证综合指数、上证指数、深证综合指数、深证成分指数等。总之，指数与人们的经济生活息息相关。

指数是一种最古老、最重要并且在对社会经济现象的总体数量研究中应用十分广泛的统计方法。指数是人们在统计物价水平的变动中产生和发展起来的，其渊源可以追溯到1650年英国人沃恒（R.Vaughan）所创编的物价指数。仅有360多年历史的指数，却在世界范围内得到了广泛的应用和研究。目前，世界各国都在编制各种各样的指数，仅对指数理论和方法进行研究并公开出版、发表的专著、论文就有数万种。统计指数的理论和方法是社会经济统计中最重要的内容之一。

指数的含义有广义和狭义两种。广义的指数是指一切说明社会经济现象数量变动或差异程度的相对数，如动态相对数、比较相对数、计划完成相对数等都可称为指数。狭义的指数是一种特殊的相对数，它是用来反映不能直接相加和对比的复杂的社会经济现象综合变动的动态相对数。例如，零售物价指数，是说明全部零售商品价格总变动的相对数；股份指数，是说明全部上市公司股票（或具有代表性的股票）价格的动态相对数；工业产品产量指数，是说明一定范围内全部产品实物量总变动的相对数等。统计指数主要是指狭义的指数。

6.1.2 统计指数的特点

统计指数是相对数，而且是一种特殊的相对数，它具有四个特点：

1）统计指数是一个比较的数字

统计指数是所研究总体的数量特征在某种条件下的“比较”，比较的结果是以比率的形式表现出来的，通常用百分数表示。

2）统计指数是一个综合的数字

统计指数具有“综合”的性质，综合是指指数比较的是总体各单位受各种因素影响的总的数量表现，而不是总体中某一个体的数量表现。由于掌握的资料不同，统计指数的计算方法一般也可以分为综合法和平均法两大类。

3）统计指数是一个平均的数字

由于狭义的指数是对多种不同事物同一现象的数量进行综合。它体现的真实内容是每个事物具体动态变化的抽象，反映的是个别动态变化的平均状况。例如，零售物价指数102%，是食品价格指数101.6%、服装价格指数105%、家用电器价格指数99%等几百个这样个别指数的平均值。

4）统计指数是一个代表的数字

统计指数是通过比较来反映总体在不同场合下综合的、平均的数量变化，但是要将总体中的每一个个体的数量特征都包括在对比的指标值中，有时却是困难的，甚至是不可能的。例如，计算零售商品物价指数，理论上应考虑所有零售商品的价格水平，但零售商品有成千上万，实际上不可能将其全部包括在内进行对比计算，必须从其中选出若干种商品作为“代表”来计算。从这个意义上说，统计指数又是一个代表的数字。

6.1.3 统计指数的作用

统计指数在社会经济中具有广泛的用途，其主要作用可以概括为三个方面：

1）统计指数可以综合反映社会经济现象数量方面总的变动方向和变动程度

由于统计指数是综合多种事物个别变动的代表值，这个代表值就可以综合反映事物的变动方向和变动程度。例如，零售物价指数为105%，就表明零售商品价格在总体上其变动方向是上升的，上升程度为5%。又如，某企业报告期产品销售收入综合指数为98.6%，就表明该企业报告期各种产品的销售情况在总体上其变动方向是下降的，其下降的程度为1.4%。

2）统计指数可以测定在现象总变动中各构成因素的影响方向和影响程度

社会经济现象之间是相互联系和相互制约的，一些现象的发展变化是其他一些现象（因素）变化影响的结果。统计指数根据总体内各影响因素之间的数量联系，利用经济方程和指数体系，可以分析各因素对总体变动的影响。例如，销售额的变动是销售量和销售价格变动共同作用的结果。统计指数可用来分析这两者变动的影响方向、程度，两者变动带来的绝对效果。

3）统计指数可以分析总体数量特征的长期变动趋势

统计指数在本质上反映了现象总体动态的变动程度，如果观察连续的环比指数数列，可以进一步测定复杂现象在长时间内的走向和态势。这种方法特别适合于对比分析有联系而性质又不同的动态数列之间的变动关系，因为用统计指数的变动进行比较，可以解决不同性质数列之间不能对比的问题。

6.1.4 统计指数的种类

根据统计研究任务的不同，其研究对象有所区别，统计指数从不同的角度有不同的分类。

1）个体指数和总指数

按照说明事物范围的不同，统计指数可以分为个体指数和总指数。

个体指数是反映某一个别事物变动的相对数。例如，某企业2019年第二季度A产品的产量为5 550件，而第一季度为5 000件，则第二季度A产品的产量个体指数为111%（5 550÷5 000×100%），它表明A产品产量的报告期比基期增长了11%。

总指数是反映全部事物或多种事物总变动程度的相对数，即狭义的指数。例如，某企业2019年第二季度与第一季度相比，三种主要产品的产量综合指数为106.8%，其是指有的产品产量增长幅度高一些，有的产品产量增长幅度低一些，甚至可能还会下降。总之，它表明三种不同产品的产量指数平均上升了6.8%，总指数为106.8%。

2）数量指标指数和质量指标指数

在计算综合指数的过程中，根据反映指标性质的不同，统计指数可以分为数量指标指数和质量指标指数。

数量指标指数也称数量指数，它是说明总体或个体在规模、水平方面变动的相对数。例如，产量指数、销售量指数、工人人数指数等都是数量指标指数。通常将数量指标用q表示，报告期数量指标用q_1表示，基期数量指标用q_0表示。数量指标指数则通常在指数符号下加下标q来表示。通常个体数量指标指数用k_q表示，数量指标综合指数即数量指标总指数用$\overline{K}_q$表示。

质量指标指数也称质量指数，它是说明总体或个体内涵数量变动情况的相对数。例如，价格指数、单位成本指数、劳动生产率指数、平均工资指数等都是质量指标指数。通常将质量指标用p表示，报告期质量指标用p_1表示，基期质量指标用p_0表示。质量指标指数则通常在指数符号下加下标p表示。通常个体质量指标指数用k_p表示，质量指标综合指数即质量指标总指数用$\overline{K}_p$表示。

数量指标指数和质量指标指数除了所反映的指标性质不同外，在构建指数体系和变形为平均指数时，所选择同度量因素的时期也不同，各有自己独特的指数计算方法。

3）综合指数与平均指数

根据总指数的计算方法，统计指数可以分为综合指数和平均指数。

综合指数是指利用复杂总体两个时期可比的现象总量进行对比而得到的相对数，它是总指数计算的基本形式。总指数计算分析的其他方法，都是以综合指数的编制原理为依据的。

平均指数是指利用个体指数或类指数，通过加权算术平均或加权调和平均的方法计算求得的相对数。平均指数可以反映复杂总体的综合变动程度和变动方向，它是总指数计算的另一种形式。平均指数在一定条件下是综合指数的变形，但也有其相对的独立意义。

4）平均指数和平均指标指数

在第4章平均指标和标志变异指标的分析中，我们曾经说数据的集中趋势也即平均指标、平均数、均值。那么，平均指数和平均指标指数有什么异同呢？

平均指数是对个体指数进行加权平均后求得的总指数，它实际上仍是两个总量指标对比的结果。平均指数虽然用了加权算术平均数指数和加权调和平均数指数的形式，但其计算的结果在本质上仍然是反映数量指标和质量指标的动态变动程度。它构建的指数体系和因素分析都是针对总量指标的。

平均指标指数则是用平均指标进行对比后所形成的指数，它构建的指数体系和因素分析都是针对平均指标的。它分析平均指标中由变量值和数量结构（不等同于数量）变动引起的影响，是对平均指标作进一步深入分析的手段，它由可变指数、结构影响指数和固定结构指数组成。

平均指标指数和平均指数的相同点是两者都用了加权平均的方法；平均指标指数和综合指数的相同点是两者都用了同度量因素。因此，平均指标指数在计算方法上综合了综合指数和平均指数两者的特点，从而能更详细、更深入地说明指数方法的计算和分析。

5）定基指数与环比指数

根据编制指数数列所采用的基期不同，统计指数可以分为定基指数和环比指数。

指数动态数列是指连续编制的，在时间上前后衔接的指数数列。凡是在一个指数数列中的各期指数都是以某一固定时期作为基期的，称为定基指数。凡是在一个指数数列中的各期指数都是以前一期作为基期的，称为环比指数。

当然，统计指数从不同的角度有不同的分类，若将上述各种统计指数进一步细分，还可以用图6-1表示。

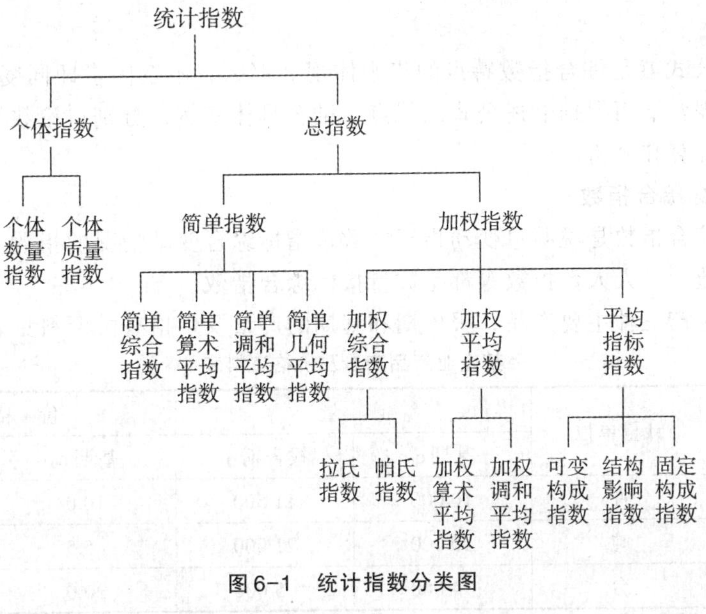

图6-1　统计指数分类图

6.2 综合指数

6.2.1 综合指数的意义和特点

总指数的计算形式有两种，即综合指数和平均指数。综合指数是总指数的基本形式，因为综合指数能最完善地显示出所研究现象的经济内容，它既能从相对数量方面反映，也能从绝对数量方面反映。综合指数有如下三个特点：

第一，把总指标分解成两个或两个以上的因素指标，其中一些指标定义为数量指标因素，另一些指标定义为质量指标因素，以便于分别研究其中每一个因素指标的变动程度。例如，把商品销售额（pq）分解为销售价格（p）和销售量（q），其中销售价格（p）为质量指标，销售量（q）为数量指标，销售额（pq）为乘积结果的总指标。

第二，反映其中一个因素指标的变动程度，不能直接将两个不同时期的指标求和对比，都需要先转换成总指标后才能对比。例如，反映销售量因素（q）的变动，不能直接把报告期销售量（q_1）直接求和成$\sum q_1$，也不能把基期销售量（q_0）直接求和成$\sum q_0$，因为各种商品的计量单位不同，使用价值不同，不能简单直接相加，而应先计算总量指标，即先计算出报告期的销售额$\sum q_1 p$，再计算出基期的销售额$\sum q_0 p$，然后才能对比。

第三，在反映其中一个因素的对比程度时，其余各个因素均保持不变，只变动所需要反映的因素指标，即分子为报告期，分母为基期。在两因素指数中，数量指标因素变动了，质量指标因素就固定不变；质量指标因素变动了，数量指标因素就固定不变。如果仍用p表示销售价格等质量指标，用q表示销售量等数量指标，用$\overline{K}$表示综合指数，就有如下综合指数形式：

$$\overline{K}=\frac{\sum q_1 p}{\sum q_0 p} \tag{6-1}$$

$$\overline{K}=\frac{\sum p_1 q}{\sum p_0 q}$$

上述两个公式就是综合指数特点的集中体现。那么，不变因素即同度量因素p或q固定在哪个时期呢？下面根据上述公式的特点，结合具体实例，分别讨论数量指标指数和质量指标指数的计算和分析。

6.2.2 数量指标综合指数

数量指标综合指数是说明总变动指标中数量指标综合变动情况的指数。例如，销售量指数、产量指数、工人人数指数等都是数量指标综合指数。

设某企业生产三种主要产品，报告期和基期的产量及价格有关资料见表6-1。

表6-1 某企业产品产量及价格资料表

产品名称	计量单位	产量		价格（元）	
		基期q_0	报告期q_1	基期p_0	报告期p_1
甲	件	10 000	11 500	10.0	10.0
乙	吨	20 000	21 000	5.5	5.0
丙	台	4 000	5 000	20.0	25.0

根据表6-1的资料，计算三种产品的个体产量指数如下：

$$K_{甲}=\frac{q_1}{q_0}=\frac{11\,500}{10\,000}=1.15 或 115\%$$

$$K_{乙}=\frac{q_1}{q_0}=\frac{21\,000}{20\,000}=1.05 或 105\%$$

$$K_{丙}=\frac{q_1}{q_0}=\frac{5\,000}{4\,000}=1.25 或 125\%$$

计算结果表明，甲产品产量增加了15%，乙产品产量增加了5%，丙产品产量增加了25%。这些个体指数只反映了每一种产品产量变动的结果，却反映不了该企业三种产品产量的总变动程度。但是，在经济管理工作中，必须研究三种产品产量的总变动程度，这就需要计算产量综合指数。

在计算三种产品产量总变动时，由于它们的使用价值不同，计量单位不同，不能直接相加综合计算。怎么才能把它们相加起来反映产品产量综合变动呢？这就必须根据社会经济现象的内在联系，找出正确的同度量因素。什么是同度量因素呢？凡是把不能直接相加的总体单位标志值，通过某个因素过渡到另一种可以相加的总体单位标志值，这个因素就是同度量因素。

在研究产品产量综合变动时，怎样确定同度量因素呢？我们知道产量、价格与产值的关系是：产量×价格=产值。该式表明在研究产量变动时，其同度量因素是价格。通过价格这个因素，就可以将原来不能同度量的产量分别乘以该产品的价格，得到各种产品的产值，各种产品的产值是可以相加的。价格这一因素在这里起同度量作用。同时还可以看出，同度量因素在这里还起着加权的作用，因为三种产品出厂价格的高低对总产值的影响程度是不同的，所以同度量因素具有权衡轻重的作用。

同度量因素价格在两个时期的水平是不相同的，为了只反映产量变动，排除价格因素变动的影响，必须把价格固定起来，使价格只起同度量作用，这是因为产品产量综合指数是两个时期总产值的对比，而总产值是由产品产量和价格两个因素组成的，要通过报告期总产值和基期总产值的对比，来反映产品产量这个因素的变动，就必须把另一个因素（价格）固定起来，即用同一时期的价格作同度量因素。只有这样，才能使总产值的变动单纯反映产量变动，而不受产品出厂价格变动的影响。

把价格这个因素固定在哪个时期，有两种方法：一是用基期价格作同度量因素，二是用报告期价格作同度量因素。在实际工作中，一般认为，编制产品产量指数，应将作为同度量因素的价格固定在基期。因为就编制产品产量指数的目的而言，应该只反映产品产量的变化，不应该同时反映价格因素的变动。而价格在基期到报告期之间是会发生变化的，若假定价格不变，就应该采用基期的价格，才符合经济现象的客观实际。

现根据表6-1的资料说明产品产量综合指数的计算方法，具体见表6-2。

$$产品产量综合指数=\frac{\sum(报告期产量\times基期价格)}{\sum(基期产量\times基期价格)}$$

用符号表示则为：

$$\overline{K}_q=\frac{\sum q_1p_0}{\sum q_0p_0} \tag{6-2}$$

式中：$\overline{K}_q$代表产品产量综合指数；$\sum q_1p_0$代表按基期价格计算的报告期假定产值；

$\sum q_0p_0$代表基期实际产值。

表6-2 **数量指标综合指数计算表**

产品名称	计量单位	产量		基期价格（元）	产品总产值（元）	
		基期 q_0	报告期 q_1	p_0	基期实际产值 q_0p_0	按基期价格计算的报告期假定产值 q_1p_0
甲	件	10 000	11 500	10.0	100 000	115 000
乙	吨	20 000	21 000	5.5	110 000	115 500
丙	台	4 000	5 000	20.0	80 000	100 000
合 计	—	—	—	—	290 000	330 500

那么，上例中产品产量综合指数为：

$$\overline{K}_q=\frac{\sum q_1p_0}{\sum q_0p_0}$$

$$=\frac{330\ 500}{290\ 000}=1.1397\text{或}113.97\%$$

$$\sum q_1p_0-\sum q_0p_0=330\ 500-290\ 000=40\ 500\text{（元）}$$

计算结果表明，该企业三种产品产值报告期比基期增长了13.97%，由于产量的变化，产值增加了40 500元。

上述编制产品产量指数的方法，也适用于其他数量指标指数。可以概括地说，一般情况下，编制数量指标综合指数时，应该以基期的质量指标作为同度量因素。以基期质量指标作为同度量因素编制的指数，也称拉斯贝尔（Laspeyres）指数。

此外，为了研究较长时期的生产量变动情况，还可以采用不变价格作同度量因素。其用公式表示为：

$$\overline{K}_q=\frac{\sum q_1p_n}{\sum q_0p_n} \tag{6-3}$$

现以某企业工业产品产量和价格资料为例，说明用1990年不变价格作同度量因素计算2019年产量综合指数，具体见表6-3。

表6-3 **某企业工业产品产量及不变价格资料表**

产品名称	计量单位	产品产量		1990年不变价格（元）	产品总产值（元）	
		2018年 q_0	2019年 q_1	p_n	q_0p_n	q_1p_n
甲	件	12 000	15 000	15	180 000	225 000
乙	台	8 000	7 200	32	256 000	230 400
丙	台	10 000	11 500	24	240 000	276 000
合 计	—	—	—	—	676 000	731 400

$$\overline{K}_q=\frac{\sum q_1p_n}{\sum q_0p_n}=\frac{731\ 400}{676\ 000}=1.0820=108.20\%$$

$\sum q_1p_n-\sum q_0p_n=731\ 400-676\ 000=55\ 400$（元）

计算结果表明，按1990年不变价格计算，该企业2019年的产量比2018年增长8.20%，产量的增长使产值增加了55 400元。

用不变价格计算工业总产值，便于进行产量的动态对比和分析以及计算国民经济各部门之间的比例关系。用不变价格作同度量因素在实际工作中得到了广泛的应用。

6.2.3 质量指标综合指数

反映质量指标综合变动的指数称为质量指标综合指数。现以价格指数为例，说明质量指标综合指数的编制方法。仍以表6-1的资料为例，计算三种产品的个体价格指数如下：

$K_{甲}=\frac{p_1}{p_0}=\frac{10}{10}=1$ 或 100%

$K_{乙}=\frac{p_1}{p_0}=\frac{5.0}{5.5}=0.91$ 或 91%

$K_{丙}=\frac{p_1}{p_0}=\frac{25}{20}=1.25$ 或 125%

计算结果表明，三种产品价格报告期和基期相比，甲产品没有变动，乙产品降低了9%，丙产品上涨了25%。现在要问三种产品价格变动程度如何，这就需要计算产品价格综合指数。

三种产品具有不同的使用价值，因此其价格和产量一样也不能直接相加，这就要找出一个同度量因素。如果把各种产品的价格分别乘以其产量，得出三种产品的产值，这样就可以加总和对比了。在这里，产品产量是价格的同度量因素。

同度量因素产量在两个时期的水平是不相同的，为了单纯反映物价变动，排除产量变动的影响，就要把产量这一因素固定起来，也即必须使用同一时期的产量作为同度量因素。是用基期的产量还是用报告期的产量作同度量因素呢？在实际工作中，一般采用报告期的产量作同度量因素。因为计算物价指数的目的，不仅要反映物价总变动的趋势及程度，还要研究当前市场产品价格变动对国家税收及城乡人民经济生活的影响。以报告期产品产量作同度量因素，能正确反映全部产品价格的实际总变动，使物价指数有现实的经济意义。

现仍用表6-1的资料说明产品价格综合指数的计算方法，具体见表6-4。

表6-4　**质量指标综合指数计算表**

产品名称	计量单位	价格（元）		报告期产量 q_1	产品总产值（元）	
		基期 p_0	报告期 p_1		按基期价格计算的报告期假定产值 p_0q_1	报告期产值 p_1q_1
甲	件	10.0	10.0	11 500	115 000	115 000
乙	吨	5.5	5.0	21 000	115 500	105 000
丙	台	20.0	25.0	5 000	100 000	125 000
合　计	—	—	—	—	330 500	345 000

根据表6-4的资料可以求得产品价格综合指数为：

$$\overline{K}_p=\frac{\sum p_1q_1}{\sum p_0q_1}$$

$$=\frac{345\ 000}{330\ 500}=1.0439\text{或}104.39\%$$

$$\sum p_1q_1-\sum p_0q_1=345\ 000-330\ 500=14\ 500\text{（元）}$$

计算结果表明，该企业三种产品价格报告期比基期提高了4.39%，价格的提高使报告期总产值增加了14 500元。

上述编制产品价格指数的方法，也适用于其他质量指标指数。可以概括地说，一般情况下，编制质量指标综合指数时，应该以报告期的数量指标作为同度量因素。以报告期数量指标作同度量因素编制的指数，也称为帕舍（Paasche）指数。

6.3 平均指数

6.3.1 平均指数的基本形式

综合指数是计算总指数的基本形式，但在实际工作中，有时由于受所掌握资料的限制，不能直接使用综合指数公式计算总指数，需将综合指数变形，采用平均指数的形式来编制某些总指数。

平均指数是以个体指数为基础，通过对个体指数计算加权平均数来编制的总指数。平均指数有两种形式：一是加权算术平均数指数，二是加权调和平均数指数。

1）加权算术平均数指数

在编制产品产量指数时，只有掌握各种产品的产量和价格资料，才能使用数量指标指数公式$\overline{K}_q=\frac{\sum q_1p_0}{\sum q_0p_0}$进行计算。但在实际工作中，有时难以取得齐备的资料，而只占有各种产品个体产量指数和基期的总产值资料，在这种情况下，可将综合指数公式改变为加权算术平均数形式编制产品产量总指数。

由于报告期产量q_1未知，已知个体产量指数K_q，因为$K_q=\frac{q_1}{q_0}$，则$q_1=K_q\cdot q_0$。

将其代入$\overline{K}_q=\frac{\sum q_1p_0}{\sum q_0p_0}$公式中，可得：

$$\overline{K}_q=\frac{\sum K_qq_0p_0}{\sum q_0p_0} \tag{6-4}$$

改变后的这种指数就是加权算术平均数形式的产品产量指数，它实际上就是以基期产值q_0p_0为权数的个体产量指数K_q的加权算术平均数，是综合指数的变形。

现以表6-5的资料为例，说明加权算术平均数指数的计算方法。

三种产品产量总指数为：

$$\overline{K}_q=\frac{\sum K_qq_0p_0}{\sum q_0p_0}$$

$$=\frac{330\ 500}{290\ 000}=1.1397\text{或}113.97\%$$

表 6-5　　产品产量加权算术平均数指数计算表

产品名称	计量单位	产量			基期实际产值（元）	按基期价格计算的报告期假定产值（元）
		基期 q_0	报告期 q_1	个体指数 q_1/q_0	q_0p_0	$K_qq_0p_0$
甲	件	10 000	11 500	1.15	100 000	115 000
乙	吨	20 000	21 000	1.05	110 000	115 500
丙	台	4 000	5 000	1.25	80 000	100 000
合　计	—	—		—	290 000	330 500

$\sum K_qq_0p_0-\sum q_0p_0=330\ 500-29\ 000=40\ 500$（元）

计算结果说明，三种产品产量报告期比基期平均增长了13.97%，产量的增加使产值增加了40 500元。可见，如果条件一致，用算术平均数指数公式计算的结果和用综合指数公式计算的结果是相同的。其经济意义与综合指数也完全相同，只是利用的资料和计算过程不同。

由此可知，编制数量指标指数时，有时由于计算资料的限制，可将其综合指数公式改变成加权算术平均数的计算形式，这就是用综合指数的分母作权数，计算数量指标个体指数的加权算术平均数指数。

2）加权调和平均数指数

在编制物价指数时，如果直接按照综合指数公式进行计算，就需要掌握各种产品的产量和价格资料。但是，有时受到计算资料的限制，需将综合指数公式改变为加权调和平均数形式编制产品价格总指数。

由于基期价格 p_0 未知，已知个体价格指数 $K_p=\frac{p_1}{p_0}$，则 $p_0=\frac{1}{K_p}\cdot p_1$。

将其代入 $\overline{K}_p=\frac{\sum p_1q_1}{\sum p_0q_1}$ 公式中，可得：

$$\overline{K}_p=\frac{\sum p_1q_1}{\sum p_0q_1}=\frac{\sum p_1q_1}{\sum \frac{1}{K_p}p_1q_1} \tag{6-5}$$

上述公式就是根据综合指数变形权数编制的加权调和平均数形式的产品价格总指数。

现以表6-6的资料为例，说明加权调和平均数指数的计算方法。

三种产品价格总指数为：

$$\overline{K}_q=\frac{\sum p_1q_1}{\sum \frac{1}{K_p}p_1q_1}$$

$$=\frac{345\ 000}{330\ 500}=1.0439 \text{或} 104.39\%$$

$\sum p_1q_1-\sum \frac{1}{K_p}p_1q_1=345\ 000-330\ 500=14\ 500$（元）

表6-6　　产品价格加权调和平均数指数计算表

产品名称	计量单位	价格（元）			报告期产品产值（元）	按基期价格计算的报告期假定产值（元）
		基期 p_0	报告期 p_1	个体指数 p_1/p_0	p_1q_1	$\frac{1}{K_p}p_1q_1$
甲	件	10.0	10.0	1.00	115 000	115 000
乙	吨	5.5	5.0	0.91	105 000	115 500
丙	台	20.0	25.0	1.25	125 000	100 000
合　计	—	—	—	—	345 000	330 500

计算结果表明，三种产品价格综合上涨了4.39%，价格上涨使总产值增加了14 500元。

上述利用加权调和平均数计算的结果，同前面综合指数公式计算的结果是完全一致的，只是由于掌握的具体资料不同，计算过程不同。

编制质量指标指数时，有时受掌握资料欠缺的限制，可将其综合指数公式改变为调和平均数形式，这就是用综合指数的分子作权数，计算质量指标个体指数的调和平均指数。

6.3.2　平均指数的应用

上述加权算术平均数指数和加权调和平均数指数是综合指数的变形形式，除此之外，平均数指数还有一种独立形式。但在编制质量指标指数时，是采用以报告期总量指标加权计算的调和平均数指数还是采用以基期总量指标加权计算的算术平均数指数，是值得考虑的。前者调和平均数指数，在依据当前实际数量构成状态编制指数方面，比较有优势，但取得当年资料难度较大；后者算术平均数指数，在应用资料条件上较有利，如果两期数量指标没有明显变化，也能得出正确结论。所以，平均数指数形式及其权数的应用，可以根据研究现象的实际情况以及资料条件加以具体决定。

现以居民消费指数为例，介绍我国物价指数的编制。国家统计局要求各重点市、县编制居民消费指数，并指定采用加权算术平均数公式：

$$\overline{K}_q=\frac{\sum K_p q_0 p_0}{\sum q_0 p_0} \tag{6-6}$$

或 $\overline{K}_q=\frac{\sum K_p W}{\sum W}$

我国现行的商品零售价格指数的编制程序如下：

1）选择代表规格品

全社会零售商品多达上百万种，要编制包括全部商品在内的零售价格指数显然是不可能的。因此在编制价格指数时，只能选择部分具有代表性的商品。首先应对商品进行科学分类，在此基础上分别选择能代表各类别的代表规格品。选择的各类代表规格品通常是那些成交量比重较大、市场供应稳定、能代表该类商品集团价格变动趋势的商品。我国目前编制的零售商品价格指数中，把消费品分为食品类、衣着类、日用品类、文化娱乐用品类、书报杂志类、药及医疗用品类、建筑装潢类、燃料类等八大类。大类下分小类，小类下又分若干细类，每细类中可选择若干种有代表性的商品。

2）选择典型地区

全国商品零售价格总指数是反映全社会零售商品价格的总体变动水平的，但我国幅员辽阔，要包括所有的地区也是不可能的，一般只选择部分具有代表性的地区编制价格指数。典型地区的选择既要考虑其代表性，也要注重类型上的多样性及地区分布上的合理性及稳定性。

3）确定商品价格

对所选代表性商品所使用的是该商品在一定时期内的综合平均价。根据各代表商品基期和报告期的平均价，计算每种商品的个体价格指数，以此作为计算类指数的基础。

4）确定权数

我国目前的零售价格总指数采用加权算术平均形式计算，其权数是把上年商品零售额资料根据当年调查资料予以调整确定。其权数即某种商品零售额占所属细类商品零售额的比重，或者某小类商品零售额占所属中类商品零售额的比重。分层计算权数，先确定各大类权数，然后分别确定中类、小类、细类、各代表商品权数。权数均以百分比表示，各层权数之和等于100。为便于计算，权数一律取整数。

5）计算指数

具体计算过程是先计算各代表规格品个体价格指数，然后分层逐级计算细类、小类、中类、大类和全部商品总指数。

现以部分资料说明价格总指数的编制和计算，具体见表6-7。

根据表6-7的资料，计算过程如下：

（1）计算各代表规格品的价格指数。

猪肉价格指数$=\frac{p_1}{p_0}=\frac{11.93}{9.48}\times100\%=125.84\%$

牛肉价格指数$=\frac{p_1}{p_0}=\frac{12.76}{11.04}\times100\%=115.60\%$

羊肉价格指数$=\frac{p_1}{p_0}=\frac{11.20}{9.48}\times100\%=118.14\%$

鸡蛋价格指数$=\frac{p_1}{p_0}=\frac{10.76}{8.52}\times100\%=126.30\%$

（2）计算副食品类的价格指数。

$$\overline{K}_p=\frac{\sum K_pW}{\sum W}$$

$$=\frac{125.8\%\times85+115.6\%\times3+118.1\%\times2+126.3\%\times10}{100}$$

$$=125.4\%$$

（3）用同样的方法计算出其他各中类、大类的商品价格指数。

（4）根据各大类商品价格指数及相应的权数计算出全部商品的价格总指数。

$$\overline{K}_p=\frac{\sum K_pW}{\sum W}$$

$$=\frac{117.5\%\times51+115.2\%\times20+109.5\%\times11+110.4\%\times5+198.6\%\times2+116.4\%\times6+114.5\%\times2+105.6\%\times3}{100}$$

$$=115.1\%$$

表6-7　　零售商品价格总指数计算表

商品类别及名称	计量单位	平均单价（元）		个体指数（%）K_p	权数 W	$K_p \cdot W$
		p_0	p_1			
总指数				115.1	100	11 514.4
一、食品烟酒类				117.5	51	5 992.5
1.粮食				105.3	35	3 685.5
2.副食品				125.4	45	5 643.0
猪肉	千克	9.48	11.93	125.8	85	10 696.7
牛肉	千克	11.04	12.76	115.6	3	346.8
羊肉	千克	9.48	11.20	118.1	2	236.2
鸡蛋	千克	8.52	10.76	126.3	10	1 263.0
3.烟酒茶				126.0	11	1 386.0
4.其他				114.8	9	1 033.2
二、衣着类				115.2	20	2 304.0
三、居住类				109.5	11	1 204.5
四、生活用品及服务类				110.4	5	552.0
五、交通和电信类				198.6	2	217.2
六、教育文化和娱乐类				116.4	6	698.4
七、医疗保健类				114.5	2	229.0
八、其他用品和服务类				105.6	3	316.8

6.3.3　平均指数与综合指数的比较

对平均指数与综合指数进行比较，可以看出二者既有联系又有区别，主要表现在四个方面。

其一，两者都是总指数的计算方法。由于平均指数依据的是综合指数的编制原理，因此，通常是作为综合指数的变形来使用的。

其二，两者对资料的适应性不同。综合指数要求使用全面的原始资料，而平均指数计算既可使用全面的原始资料，也可以使用代表性资料。因此，平均指数比综合指数更灵活，更有现实意义。例如，要编制物价指数，由于商品品种和类别有成千上万，因此，实际上难以用全面的资料来编制价格指数，反映价格的综合变动情况。这样，综合指数的运用就受到了限制，而应用平均指数进行编制，由于能用适当的权数和平均的方法，因此，就可以基本准确地反映商品价格的动态了。

其三，两者使用的权数不同。平均指数所使用的权数，是与个体指数所代表的范围相适应的现成的总产值材料，由于计算平均指数时不需要两个时期不同属性的指标相乘，因此，应用更方便。此外，由于平均指数的大小与所平均的变量所占的比重有关，因此，可根据客观条件选择或确定权数，而综合指数则不能以主观假定权数来计算。

其四，平均指数有更大的局限性。平均指数的作用是根据非全面资料来计算总指数的，这种方法计算简便、灵活，但同时也蕴含了很大的局限性，即非全面调查中的平均指数，只能反映所研究现象的变动方向和变动程度，而不能直接计算出所研究现象变动的实际效果。

● 6.4　统计指数体系及因素分析

6.4.1　统计指数体系的含义与作用

前面讨论的数量指标指数和质量指标指数的计算，只是从一个特定数量现象（指标）方面反映其变动方向和变动程度，它仅实现了统计指数的一个作用。如果要实现统计指数的另一个作用，即进行因素分析，就需要借助统计指数体系。

统计指数体系是由若干个相互联系的指数在数量上构成对等关系的三个或三个以上的指数所组成的整体。它是进行指数因素分析的最基本形式。统计指数体系也反映了客观事物本身内在的联系。因为社会经济现象是错综复杂的，它的变动行为往往受许多因素的影响。例如，商品销售额的增减受商品销售量和销售单价两个因素的影响；产品总成本的变动受产品产量和单位产品成本两个因素的影响；产品产量的多少受生产工人人数和劳动生产率两个因素的影响等。而这些影响因素之间是相互制约、相互联系的，通常可以将其客观的内在经济联系用一定的经济关系式反映出来。

销售总额（指数）=销售量（指数）×价格（指数）

总成本（指数）=产量（指数）×单位成本（指数）

总产量（指数）=生产工人人数（指数）×劳动生产率（指数）

工资总额（指数）=职工人数（指数）×平均工资（指数）

总指标指数=数量指标指数×质量指标指数

统计指数体系在经济分析中具有重要的作用，主要体现在两个方面：

第一，通过统计指数体系可以进行因素分析，说明在社会经济现象总变动中各构成因素变动的影响方向和影响程度。例如，若销售额总指数为116.2%，销售量综合指数为118%，价格综合指数为98.98%，销售量和价格这两个因素共同影响和左右了销售额的变化。

第二，根据统计指数体系中各指数之间的经济联系，可以进行估计推算。例如，某企业为了增产15%，允许总成本比上年增加11%，试问该期单位成本水平应比上期降低多少？对这类问题可以利用统计指数体系进行估计推算。

因为总成本指数=产量指数×单位成本指数，所以单位成本指数=总成本指数÷产量指数，则：

单位成本指数=111%÷115%=96.52%

以上计算说明，若想增产15%，总成本又要控制在增长11%以内，则本期的单位成本应比上期降低3.48%。

6.4.2 综合指数体系因素分析

编制统计指数体系，应以编制综合指数的一般原理为依据，即编制数量指标指数时，应将作为同度量因素的质量指标固定在基期；编制质量指标指数时，应将作为同度量因素的数量指标固定在报告期。其他各组指数体系的编制，也必须遵循这个基本原则。

对于两个因素指数建立的统计指数体系来说，其中必有一个是数量指标指数，一个是质量指标指数。现仍以表6-1的资料为例，说明总量指标指数体系的编制方法和如何进行因素分析，具体见表6-8。

表6-8 总量指标变动因素分析表

产品名称	计量单位	产量		价格（元）		产品产值（元）		
		基期 q_0	报告期 q_1	基期 p_0	报告期 p_1	基期 q_0p_0	报告期 q_1p_1	按基期价格计算的报告期假定产值 q_1p_0
甲	件	10 000	11 500	10.0	10.0	100 000	115 000	115 000
乙	吨	20 000	21 000	5.5	5.0	110 000	105 000	115 500
丙	台	4 000	5 000	20.0	25.0	80 000	125 000	100 000
合 计	—	—	—	—	—	290 000	345 000	330 500

首先，计算该企业工业总产值总指数为：

$$\bar{K}=\frac{\sum q_1p_1}{\sum q_0p_0}$$

$$=\frac{345\,000}{290\,000}\times100\%=118.97\%$$

$$\sum q_1p_1-\sum q_0p_0=345\,000-290\,000=55\,000\text{（元）}$$

上述计算结果说明，企业报告期总产值比基期增长了18.97%，增加的绝对额是55 000元。由于工业总产值的变动是受产品产量和价格两个因素变动综合影响的结果，因此，需分别计算产品产量和价格的变动及其对工业总产值的影响，即编制三种产品产量和价格综合指数。

产品产量综合指数为：

$$\bar{K}_q=\frac{\sum q_1p_0}{\sum q_0p_0}=\frac{330\,500}{290\,000}\times100\%=113.97\%$$

$$\sum q_1p_0-\sum q_0p_0=330\,500-290\,000=40\,500\text{（元）}$$

上述计算结果说明，企业三种产品产量报告期比基期增长了13.97%，产量增长使工业总产值增加了40 500元。

产品价格综合指数为：

$$\bar{K}_p=\frac{\sum p_1q_1}{\sum p_0q_1}=\frac{345\,000}{330\,500}\times100\%=104.39\%$$

$$\sum p_1q_1-\sum p_0q_1=345\,000-330\,500=14\,500\text{（元）}$$

上述计算结果说明，企业三种产品价格报告期比基期上涨了4.39%，价格上涨使工业总产值增加了 14 500 元。

上述计算的各指数所形成的统计指数体系是：

118.97%=113.97%×104.39%

55 000=40 500+14 500

从所列示的统计指数体系关系式中可以看出，企业工业总产值报告期比基期增长了 18.97%，增加的绝对额为 55 000 元。这是由于报告期产品产量增长了 13.97%，使总产值增加了 40 500 元；产品价格上涨了 4.39%，使总产值增加了 14 500 元，这两个因素共同作用的结果。

可见，利用综合指数体系，可以测定各因素的变动对社会经济总变动的影响方向和影响程度。

上面介绍了两个因素的统计指数体系的编制与分析方法。这种方法可以推广运用于三个以上的多因素的分析。多因素的统计指数体系编制与两个因素的统计指数体系的编制方法基本相同。当分析其中一个因素的影响时，要将其他因素都固定起来，同时仍按照综合指数的编制原则，即编制数量指标指数时，应将作为同度量因素的质量指标固定在基期；编制质量指标指数时，应将作为同度量因素的数量指标固定在报告期。

例如，在进行原材料费用额度分析时，其影响因素分别是产品产量、单位原材料消耗量和单位原材料价格。在这三个因素中，产品产量是数量指标，应排在第一位，由于单位原材料消耗量和单位原材料价格均为质量指标，应排在后面，由于产量乘以单耗等于总消耗量，所以单耗排在第二位，单位原材料价格排在第三位。设 q 表示产品产量，m 表示单位原材料消耗量，p 表示单位原材料价格，则 qmp 即为原材料费用总额。分析多因素影响的统计指数体系关系如下：

$$\frac{\sum q_1m_1p_1}{\sum q_0m_0p_0}=\frac{\sum q_1m_0p_0}{\sum q_0m_0p_0}\cdot\frac{\sum q_1m_1p_0}{\sum q_1m_0p_0}\cdot\frac{\sum q_1m_1p_1}{\sum q_1m_1p_0} \tag{6-7}$$

在具体编制多因素的统计指数体系时，一定要合理排列现象多因素的先后顺序，各因素之间的排列顺序要符合经济现象各因素之间的相互联系的客观情况；各因素的替代必须依据各因素的客观经济关系，由数量到质量，按顺序逐次连锁进行；在分析数量指标因素及质量指标因素时，要按指数法规定的同度量因素原则进行。

6.4.3　平均指标指数因素分析

1）平均指标指数的意义

在统计分组条件下，平均指标数值大小受两个因素的影响：一是变量值（x）大小的影响；二是各组结构比重（$f/\sum f$）大小的影响。这两个因素共同对平均数（$\bar{x}$）的大小起作用，用符号表示则为：

$$\bar{x}=\frac{\sum xf}{\sum f}=\sum x\cdot\frac{f}{\sum f} \tag{6-8}$$

平均数（$\bar{x}$）=变量值（x）×结构比重（$\frac{f}{\sum f}$）

由于平均数也是两个因素乘积变动的结果，根据凡有乘积联系的数量现象均可由指数体系进行分析的原理，可构建平均指标指数体系对平均数的变动程度和影响差额进行相对数和绝对量两种分析。

由以上论述可见，平均指标指数是由两个不同时期同一总体的加权算术平均数进行动态对比而计算的指数。平均指标指数是对平均指标进行动态分析的依据。需要指出的是，在对总指标进行动态分析时，平均指标指数与平均指数的内容和对象是不同的。

2）平均指标指数体系

平均指标指数通常可以分为平均指标可变指数、平均指标结构影响指数和平均指标固定组成指数。

在统计理论中，把综合反映总体各组平均指标和总体结构两个因素影响的总体平均指标指数，称为可变指数。它是将报告期的总平均指标与同一总体基期总平均指标进行对比所得到的结果。

如用$\bar{x}_0$代表总平均数，$\bar{x}_1$代表各组平均数，f代表各组单位数，则平均指标可变指数可用公式表示如下：

$$\bar{K}_{可变}=\frac{\bar{x}_1}{\bar{x}_0}=\frac{\sum x_1 f_1}{\sum f_1}\div\frac{\sum x_0 f_0}{\sum f_0} \tag{6-9}$$

结构影响指数是把两个时期的各组平均指标固定起来，单纯反映结构变动对总平均指标变动的影响程度。至于指数中固定因素应固定在什么时期，可根据综合指数的编制原则来研究。这里的各组平均指标相当于质量指标，总体结构相当于数量指标。所以，结构影响指数应将各组平均指标固定在基期，用公式表示如下：

$$\bar{K}_{结构}=\frac{\sum x_0 f_1}{\sum f_1}\div\frac{\sum x_0 f_0}{\sum f_0} \tag{6-10}$$

固定组成指数是把两个时期的总体结构固定起来，单纯表明各组平均指标的变动对总体平均指标变动的影响程度。这里的总体结构相当于数量指标，所以应固定在报告期，用公式表示如下：

$$\bar{K}_{固定}=\frac{\sum x_1 f_1}{\sum f_1}\div\frac{\sum x_0 f_1}{\sum f_1} \tag{6-11}$$

上述可变指数等于结构影响指数与固定组成指数的乘积，三种指数彼此相互联系，形成如下指数体系：

可变指数=结构影响指数×固定组成指数

报告期平均数、基期平均数和按报告期数量指标计算的假设平均数可用下列公式表示：

$$\bar{x}_1=\frac{\sum x_1 f_1}{\sum f_1} \tag{6-12}$$

$$\bar{x}_0=\frac{\sum x_0 f_0}{\sum f_0} \tag{6-13}$$

$$\bar{x}_n=\frac{\sum x_0 f_1}{\sum f_1} \tag{6-14}$$

可变指数、结构影响指数、固定组成指数的体系也可以表示为：

$$\frac{\bar{x}_1}{\bar{x}_0}=\frac{\bar{x}_n}{\bar{x}_0}\cdot\frac{\bar{x}_1}{\bar{x}_n} \tag{6-15}$$

我们通过一个实例，说明上述各指数之间的关系及计算方法。例如，某企业生产两种同类产品，有关产量和单位产品成本资料见表6-9。

表6-9 **某企业两种产品产量和成本资料表**

产品规格	产量（台）				单位产品成本（元）		总成本（元）		
	基期		报告期		x_0	x_1	x_0f_0	x_1f_1	x_0f_1
	f_0	$f_0/\sum f_0$	f_1	$f_1/\sum f_1$					
B-Ⅰ	80	80	100	50	100	89	8 000	8 900	10 000
B-Ⅱ	20	20	100	50	110	110	2 200	11 000	11 000
合 计	100	100	200	100	—	—	10 200	19 900	21 000

根据表6-9的资料，可得：

$$\bar{x}_1=\frac{\sum x_1f_1}{\sum f_1}=\frac{19\,900}{200}=99.5\text{（元）}$$

$$\bar{x}_0=\frac{\sum x_0f_0}{\sum f_0}=\frac{10\,200}{100}=102\text{（元）}$$

$$\bar{x}_n=\frac{\sum x_0f_1}{\sum f_1}=\frac{21\,000}{200}=105\text{（元）}$$

$$\bar{K}_{可变}=\frac{\bar{x}_1}{\bar{x}_0}=\frac{\sum x_1f_1}{\sum f_1}\div\frac{\sum x_0f_0}{\sum f_0}$$

$$=\frac{19\,900}{200}\div\frac{10\,200}{100}$$

$$=\frac{99.5}{102}=0.9755\text{或}97.55\%$$

其绝对值为：$\bar{x}_1-\bar{x}_0=99.5-102=-2.5$（元）

计算结果表明，报告期企业平均成本比基期下降了2.45%，平均单位成本下降了2.5元。这是各种产品单位成本变动和不同规格产品比重变动两个因素的影响。下面分析一下这两个因素的影响：

$$\bar{K}_{结构}=\frac{\sum x_0f_1}{\sum f_1}\div\frac{\sum x_0f_0}{\sum f_0}=\frac{\bar{x}_n}{\bar{x}_0}$$

$$=\frac{21\,000}{200}\div\frac{10\,200}{100}$$

$$=\frac{105}{102}=1.0294\text{或}102.94\%$$

其绝对值为：$\bar{x}_n-\bar{x}_0=105-102=3$（元）

计算结果表明，假定企业各种产品的单位成本不发生变动，单纯由于各种产品产量在总产量中所占比重的变动，该企业的平均单位成本报告期比基期上升了2.94%，增长额为3元。

$$\bar{K}_{固定}=\frac{\sum x_1f_1}{\sum f_1}\div\frac{\sum x_0f_1}{\sum f_1}=\frac{\bar{x}_1}{\bar{x}_n}$$

$$=\frac{19\,900}{200}\div\frac{21\,000}{200}$$

$$=\frac{99.5}{105}=0.9476\text{或}94.76\%$$

其绝对值为：$\bar{x}_1-\bar{x}_n=99.5-105=5.5$（元）

计算结果表明，假定企业产品产量构成不变，单纯由于各种产品单位成本的变动，企业的平均单位成本报告期比基期下降了5.24%，下降金额为5.5元。

前面的计算结果，可用指数体系表示如下：

$$\frac{\bar{x}_1}{\bar{x}_0}=\frac{\bar{x}_n}{\bar{x}_0}\cdot\frac{\bar{x}_1}{\bar{x}_n}$$

97.55%=102.94%×94.76%

绝对额的关系是：

$$\bar{x}_1-\bar{x}_0=(\bar{x}_n-\bar{x}_0)+(\bar{x}_1-\bar{x}_n)$$

-2.5元=3元-5.5元

平均单位成本变动对总成本影响的绝对指标分析为：

$$\left(\frac{\sum x_1f_1}{\sum f_1}-\frac{\sum x_0f_0}{\sum f_0}\right)\sum f_1=\left(\frac{\sum x_0f_1}{\sum f_1}-\frac{\sum x_0f_0}{\sum f_0}\right)\sum f_1+\left(\frac{\sum x_1f_1}{\sum f_1}-\frac{\sum x_0f_1}{\sum f_1}\right)\sum f_1$$

-500元=600元-1 100元

综合分析可见，由于报告期该企业平均成本比基期下降了2.45%，平均单位成本降低了2.5元，所以企业在报告期生产产品成本节约了500元。这是由两个因素综合影响的结果。其中，由于企业各种产品产量结构的变动，企业平均单位产品成本报告期比基期上升了2.94%，平均单位成本提高了3元，企业在报告期生产产品成本超支了600元；另外由于企业降低成本，企业平均单位成本报告期比基期下降了5.24%，其下降金额为5.5元，从而使企业在报告期生产产品成本节约了1 100元。

6.4.4 综合指数体系与平均指标指数体系的关系

综合指数体系是对总量指标进行因素分析的表达形式，而平均指标指数体系是对平均指标进行因素分析的表达形式，从分析的目的来看，它们是两种不同性质的形式。但从运用资料和分析的结构来看，二者又有一定的联系。

对比综合指数体系和平均指标指数体系可以看出，在计算综合指数体系时，各个指数的分子、分母同时除以一个数量指标，就可以得到平均指标指数体系中的有关数据。例如，若把$\bar{K}_{xf}=\frac{\sum x_1f_1}{\sum x_0f_0}$的分子和分母分别除以$\sum f_1$和$\sum f_0$，就可以得到$\bar{K}_{可变}=\frac{\sum x_1f_1}{\sum f_1}/\frac{\sum x_0f_0}{\sum f_0}$；若把$\bar{K}_x=\frac{\sum x_1f_1}{\sum x_0f_1}$的分子和分母分别除以$f_1$，就可以得到$\bar{K}_{固定}=\frac{\sum x_1f_1}{\sum f_1}/\frac{\sum x_0f_1}{\sum f_1}$；若把$\bar{K}_f=\frac{\sum x_0f_1}{\sum x_0f_0}$的分子和分母分别除以$\sum f_1$和$\sum f_0$，就可以得到$\bar{K}_{结构}=\frac{\sum x_0f_1}{\sum f_1}/\frac{\sum x_0f_0}{\sum f_0}$。

由此可见，平均指标指数是在原来综合指数的基础上演变而来的，所除以的f，就是综合指数分子和分母中的相应时期。综合指数中分子是x_1f_1就除以f_1，分母是x_0f_0就除以f_0，分子是x_0f_1就除以f_1。这种关系既体现了两种指数体系之间计算上的联系，又体现了两种指数体系之间的区别。

需要指出的是，由于两种指数体系分析的目的和资料要求不同，因此在同一资料下，一定要分清用哪一种指数体系，否则容易造成计算上的错位。当我们面对资料要确定究竟应采用哪套指数体系时，通常要依据两个原则：首先，要看资料中的数量指标是否能求和。因为计算平均指标指数时必须要用数量指标之和作分母，才能求出平均数，再加以对比。如果数量指标不能求和，就没有分母，就无法计算平均数。所以，在数量指标不能求和的条件下，只能选用综合指数体系。其次，在数量指标能求和的情况下，需要看分析的目的和要求。如果要求对总量指标，如总产值、总成本、销售总额、工资总额等进行因素分析，则应选用综合指数体系；如果要求对平均指标，如劳动生产率、单位成本、平均价格、平均工资等进行因素分析，则应选用平均指标指数体系。

平均指标指数体系是对平均指标进行因素分析的表达形式，在利用平均指标指数体系进行分析时，还要注意三个问题。

其一，应注意平均指标指数体系中三个指数虽然都是两个平均指标对比，但只有可变指数和固定组成指数是反映平均指标的变动程度。其中，可变指数反映总平均指标的变动，而且它反映了各组平均指标与总体单位结构两个因素的综合变动。固定组成指数是用来分析总平均指标指数的，它反映了各组平均指标变动及其对总平均指标的影响程度。

其二，结构影响指数是说明在各组平均指标不变的条件下，各组总体单位结构变动对总平均指标的影响程度，反映的是总体单位结构的变化，而不是总体单位总量的变化，二者不能混淆。

其三，在应用平均指标指数体系进行因素分析时，应根据平均指标指数体系及其多种构成指数的不同特点，在具体分析时有所侧重。例如，若对某公司的总平均劳动生产率的变动进行分析，如果目的是全面反映该公司劳动生产率的提高情况，就应编制劳动生产率可变指数；若目的只是反映公司内部因素所促成的劳动生产率的提高情况，就应消除结构变动的影响，编制劳动生产率固定组成指数；若只关心职工队伍在加强岗位技术培训后对企业劳动生产率的影响，则应先按职工技术等级分组，再计算劳动生产率结构变动影响指数。

随堂测6

第 7 章

抽样推断

[学习目标]

通过本章的学习，要理解抽样推断的意义，掌握抽取样本的方法；明晰抽样调查常用的几个基本概念，即重复抽样、不重复抽样、全及总体、样本总体、全及指标、样本指标；掌握抽样误差的计算方法，掌握必要抽样数目的计算方法和影响因素；了解分层抽样、等距抽样、整群抽样等几种主要抽样组织方式。

7.1 抽样推断概述

7.1.1 抽样推断的含义及特点

抽样推断也称抽样估计，是统计研究的一种重要方法。它是一种非全面调查，按照随机原则，从调查对象中抽取部分单位组成样本进行观察，获得样本数据，然后运用数理统计的原理，根据抽样调查所取得的样本指标来推断总体指标的一种研究方法。

抽样推断归纳起来主要有以下几个特点：

（1）它是利用部分单位的样本指标数值去推算总体指标数值的方法。统计研究的目的是要认识现象总体的数量特征，但并不是所有的社会经济现象都可以用全面调查来达到这种认识。有许多情况我们只能对总体的部分单位组织调查，而在认识上又必须对总体的数量特征做出估计和判断，这种矛盾在现实中是大量存在的。例如，要了解一所院校全体1 500名学生的学习成绩，我们可以只调查部分学生。假设是200名学生，通过对这200名学生进行调查，得到其学习成绩，然后再利用数理统计的方法来推断这1 500名学生的学习成绩。又如，对于城市居民家庭收支问题，我们也难以进行挨家挨户的调查。如果在方法上不解决这个问题，统计的认识活动就要受到限制，统计科学也难以得到发展。而抽样推断解决了这个矛盾，它科学地论证了样本指标和相应的总体指标之间存在着内在的联系，而且两者之间的误差也是有规律可循的，这就提供了由部分推算总体的方法，因而大大提高了统计分析的认识能力和预见性。

（2）遵守随机原则抽取样本单位。所谓随机原则，是指从调查对象中抽取部分单位，抽取哪个单位，不受调查研究者主观意志的影响，每个单位都有同等的机会被抽中，样本单位完全是在偶然的、随机的条件下被抽中的。这样抽取的样本对总体有更大的代表性。

在随机的原则下，样本指标的分布可以加以描述，从而抽样误差的范围可以估计，而计算抽样误差又是抽样推断的基础。所以，随机原则是抽样调查必须遵循的原则，如果违背这个原则，抽样调查将失去科学性，抽样推断结果的可信程度也将无法保证。

（3）抽样推断运用的是概率估计的方法。利用样本指标来估计总体指标，运用的是不确定的概率估计方法。因为样本数值与总体指标数值之间并不存在严格对应的自变量与因变量之间的关系，所以，它不能利用一定的函数关系来推算总体指标。抽样推断是用样本指标去推断总体指标所在的范围，并提出相应的可靠程度。这是概率所要解决的问题。

（4）可以计算并控制抽样误差。根据样本指标去推断总体指标，不可能做到百分之百准确，必然会产生误差。但是这个误差在调查之前是可以计算的，并且可以采取措施加以控制，使推断的结果达到一定的精确程度。

7.1.2　抽样推断的作用

由于抽样推断有许多优越性，如省时、省力、省钱，还可以增加调查的项目，取得比较详细的资料，因此，抽样推断在社会经济统计中发挥着多方面的作用，概括起来有以下几个方面：

（1）对不能或不必要进行全面调查的现象，可以采用抽样调查。一种情况是具有破坏性的产品质量检验。如轮胎行驶里程检验、灯泡使用寿命检验、炮弹杀伤力检验、电视机抗震能力检验等，这些检验都要以破坏产品为前提，我们不能为了检验而将产品全部破坏掉，只能采用抽样调查的方法来推算所有产品的质量。另一种情况是由于总体范围过大，单位分布很广，理论上可以进行全面调查，但实际做不到，这时候也只能采用抽样调查。还有一种情况是虽然实际上也能做到全面调查，但没有全面调查的必要，如家计调查等。

（2）抽样调查的结果可以对全面调查的结果进行修正。由于全面调查涉及面宽，工作量大，参加调查的人员多，调查结果难免会出现差错，而抽样调查参加的人员少，而且基本上都是专业人员，同时涉及的单位又少，因而发生登记性误差的可能性就小。所以在全面调查之后，进行相应的抽样调查，根据抽查结果对全面调查的资料加以修正，从而提高全面调查的质量。

（3）抽样推断可以应用于要求资料时效性较强的现象。抽样调查由于调查单位少，取得调查结果的时间短，方式灵活，能满足及时了解情况的要求。例如，在农产品抽样调查时，可以在秋收到来之前很短的时间内估计出农产品的总量，作为及时收购、运输、安排生产和进出口的依据。又如，工业产品的控制就是利用抽样调查，观察生产工艺过程是否正常，是否存在某些系统性的偏差，及时提供有关信息，分析可能的原因，以便采取措施，防止损失。其他如产品验收检验、产品市场需用量调查等，都是对及时性要求很强的调查，需要采用抽样调查方法来保证其及时性。

（4）运用抽样推断可以对总体的某种假设进行检验，判断这种假设的真伪，以决定行动的取舍。例如，工厂设计某种工艺或新配方，推广后是否有显著的效果，可以做出某种假设，并确定接受或拒绝的标准，然后应用抽样推断的方法进行检验，并在行动上做出抉择，这是抽样推断在决策上的应用。

7.1.3　抽样推断的基本概念

1）全及总体和样本总体

全及总体就是调查对象，简称总体。它是由许多性质相同的调查单位组成的。在本章中，总体单位数用N表示。

样本总体就是按照随机的原则，从全及总体中随机抽取一部分单位组成的小总体，简称样本。它也是由许多性质相同的单位组成的，是总体当中的一部分单位。本章用n来表示样本单位数，n也称样本容量，组成样本的每个单位称为样本单位。

例如，某城市有20万户居民，我们要采用抽样调查的方法研究该市家庭住户的收支情况，则该城市全部住户构成全及总体，N=20万户，如果从全部住户中按5‰随机抽取1 000户进行调查，则被抽中的1 000户就构成样本总体，n=1 000户。

样本按照样本单位数的多少可分为大样本和小样本。一般认为，n≥30为大样本，n<30为小样本。统计中抽取的样本多数应为大样本。

2）全及指标和样本指标

全及指标又称总体指标或总体参数，它是根据全及总体各个单位的标志值计算出来的统计指标。在一个总体中，全及指标是唯一的，在抽样推断中，我们要推断的就是全及指标。在本章中，我们要涉及的全及指标主要有全及平均数、全及成数、全及标准差或方差。

（1）全及平均数。它是总体各单位标志值的平均数，本章用$\overline{X}$来表示。

$$\overline{X}=\frac{\sum XF}{\sum F} \tag{7-1}$$

（2）全及成数。如果一个总体的所有单位在某一标志上的表现只有两种情况，这样的标志称为是非标志。在是非标志下，我们把其中具有某一特征的单位数或不具有某一特征的单位数占全部单位数的比重称为全及成数。如果设具有某一特征的单位数为N_1，不具有某一特征的单位数为N_0，全部总体的单位数为N，具有某一特征的单位数N_1占全部单位数N的比重为P，不具有某一特征的单位数N_0占全部单位数N的比重为Q，则全及成数为：

$$P=\frac{N_1}{N} \qquad Q=\frac{N_0}{N}$$

（3）全及标准差或方差。标准差是指根据总体所有单位计算出来的标志值的差异程度，用σ表示。其计算公式为：

$$\sigma=\sqrt{\frac{\sum(X-\overline{X})^2F}{\sum F}} \tag{7-2}$$

总体标准差的平方称为总体方差，记作σ^2。

根据是非标志计算出来的总体标准差及方差分别为$\sqrt{P(1-P)}$和P（1-P）。

样本指标是指根据样本单位计算出来的指标，对应于总体指标，本章主要涉及三个指标，即样本平均数、样本成数、样本标准差或方差。

（1）样本平均数。它是根据样本单位计算出来的平均数，用$\bar{x}$表示。

$$\bar{x}=\frac{\sum xf}{\sum f} \tag{7-3}$$

（2）样本成数。它是根据样本单位计算的成数，是指样本中具有某种特征的单位数或不具有某种特征的单位数占全部样本单位数的比重。如果以n表示全部的样本单位数，以n_1表示具有某种特征的样本单位数，以n_0表示不具有某种特征的样本单位数，以p和q表示成数，则样本成数为：

$p=\frac{n_1}{n}$ $q=\frac{n_0}{n}$

(3) 样本标准差或方差。样本标准差是根据样本单位的标志值计算出来的反映样本单位的差异程度的指标，用s表示。

$$s=\sqrt{\frac{\sum(x-\bar{x})^2 f}{\sum f}} \tag{7-4}$$

样本标准差的平方即为样本方差，记作s^2。

根据是非标志计算出来的样本成数的标准差为$\sqrt{p(1-p)}$，方差为p（1-p）。

3）重复抽样和不重复抽样

(1) 重复抽样也称重置抽样，是指从总体N个单位中随机抽取一个容量为n的样本，每次从总体中抽取一个单位，把结果登记下来，然后又把这个被抽中的单位放回到总体中参加下一次抽取，每个单位有n次被抽中的机会。

(2) 不重复抽样也称不重置抽样，是指从总体N个单位中随机抽取一个容量为n的样本，每次从总体中抽取一个单位，把结果登记下来，这个单位不放回总体中，也不参加下一次抽取，每个单位只有一次被抽中的机会。

4）样本个数

样本个数又称样本可能数目，是指按照随机的原则从总体N中抽取n个单位组成样本的所有可能的组合数。一个总体可能抽取多少样本，和样本容量以及抽样方法等因素都有关系，是一个比较复杂的问题。一个总体有多少可能抽取的样本，就有多少可能的样本指标，从而形成样本指标的分布，样本指标的分布是抽样推断的基础。

例如，N=4，n=2，如果按不重复抽样的方式抽取，则可能样本数为6个，假设这4个总体单位为A、B、C、D，则这6个样本就是AB、AC、AD、BC、BD、CD；如果按重复抽样抽取样本，则样本个数为10个，即AB、AC、AD、BC、BD、CD、AA、BB、CC、DD。

需要注意的是，样本单位数和样本个数是不一致的，样本单位数是每一个样本里所包含的单位数目，而样本数目是所有可能组成的样本数。

7.1.4 抽样方案的设计

一项完整的抽样调查，从开始到结束是一项庞大的工作。这就要求在调查之前，周密细致地做好抽样调查前的设计工作，使抽样调查工作有条不紊地按预定的时间、精度、费用进行。

1）抽样方案设计的基本原则

如何科学地组织抽样调查，保证随机抽样条件的实现，并合理有效地取得各项实际数据，取得最佳的抽样效果，是抽样估计中一个非常重要的问题。在进行抽样时，必须把握以下四个基本原则。

(1) 保证样本抽取的随机原则。随机原则是抽样调查的基础，要保证总体中的每个单位都有同等的机会被抽中，没有这个基础，估计也就没有任何实际意义了。

(2) 样本容量和样本结构的选择要合理。选择多少个样本单位才是合适的，需要在实际调查前进行确定。例如，在工业企业产品质量调查中，要调查多少件产品才能反映所有产品的质量问题。在民意测验中，要调查多少人才能反映全国十几亿人口的意见，调查单位选择多了，会增加经济负担，造成浪费；选择少了，又不能有效地反映问题，直接影响到抽样估计结果的准确性、可靠性。样本容量的大小，取决于抽样结果的用途，在设计时，注意现象的特点、抽样误差与其的关系，做出适当的选择。样本结构不同，抽样估计的结果也不相同。因此，在抽取样本时，力求使样本的结构与总体结构保持一致。

（3）选择最恰当的抽样组织方式，取得最好的抽样效果。不同的抽样组织方式会产生不同的抽样误差，因而也会出现不同的抽样效果。在抽样设计时，必须充分利用已掌握的辅助信息，对总体单位进行预处理，并采取适当的抽样组织方式进行抽样。

（4）保证实现最大的抽样效果原则。在一定的误差要求下，选择调查费用最少的设计方案。调查费用是指收集数据费、数据处理费、制表费、工作机关管理费、出版费等费用。任何一项抽样调查都是在一定的费用限制条件下进行的。抽样设计应力求费用最少的原则。

2）抽样方案设计的内容和程序

抽样设计的任务，就是要依据调查目的，在给定的人力、物力、经费、时间的要求下，设计一个能够由样本正确推断总体的良好抽样调查方案。抽样方案设计的基本内容有：

（1）明确规定调查的目的和要求。

（2）确定目标总体和调查单位。

（3）制定合适的抽样框。

（4）确定调查的组织形式和抽取样本的方法。

（5）确定必要样本容量。

（6）对主要指标规定要达到推断的精确程度。

（7）确定总体指标的估计方法。

（8）制订具体的抽样实施方案。

以上列举了抽样方案设计的八项基本内容，方案设计者根据这些基本内容设计出完整的抽样调查方案，并打印成文件形式，以便按其执行。

抽样推断的程序，可以按以上抽样方案的内容顺序来确定。

3）抽样设计中的几个问题

（1）抽样精度问题。在抽样设计中，首先应明确调查结果需要达到什么样的精确程度。抽样调查的结果不可能也不必要达到百分之百精确。实际上，只要调查结果的精确程度能满足需要就行了，不必花费过多的代价，去追求不必要的精度。例如，我国城市家计调查一般要求置信度为95%时，误差不超过2%～3%就可以了。市场抽样调查结果的精度往往是根据用户的要求和决策的需要来确定的。

（2）抽样框问题。抽样框是指可以备选作为样本的全部抽样单位（总体单位）的顺序或编排目录。例如，要从10 000名职工中抽出200名组成一个样本，则10 000名职工的名册就是抽样框。一个良好的抽样框必须具备三个主要特征：

①抽样框必须能毫不混淆地识别每一个单位。一个良好的抽样框首先要有一份高质量的标识名单，否则就会造成混乱，破坏原定的总体单位被抽中的概率，在估计中出现偏差。

②抽样框必须是完整的，即每一个可能被调查的单位都必须包括在抽样框中，所有的

总体单位都不能被遗漏。

③抽样框必须毫无重叠。也就是说，每个总体单位不能在抽样框中出现两次或两次以上，或者使用两个以上的标识；否则，同样会在估计中出现偏差。

常见的抽样框有：大学学生花名册、城市黄页电话列表、工商企业名录、街道派出所居民户籍册、意向购房人信息册等。有些抽样框，虽然使用起来简单易行，但也不适合作为抽样框。例如，在调查某种品牌香皂的市场前景时，采用电话号码簿作为抽样框就是不恰当的，因为一些住户没有电话，使抽样框不完整，而另一些住户可能有两部电话，又使抽样框重复。一般来说，在实践中要完全避免不完整性和重复性是非常困难的，重要的是判断这种不完整性和重复性带来的影响，并把抽样框的缺陷限制在最小的范围之内。

(3) 样本容量的确定问题。确定样本容量也是抽样调查方案设计中的一个重要问题。为了避免抽取的单位数过大或过小，必须恰当地确定样本容量。我们将在本章对样本容量的确定作详细的讨论。

(4) 抽样组织形式的选择问题。不同的抽样组织形式，会有不同的抽样误差，因而就有不同的效果。一种科学的抽样组织形式往往能以较少的样本单位数，取得更好的抽样效果。在抽样设计时，必须充分利用已经掌握的辅助信息对总体单位加以预处理，并采取合适的组织形式取样。

一般情况下，选择抽样的组织形式时，应考虑以下三个方面：

①调查精度的要求。根据用户对调查误差的不同要求和实际条件，选择适当的抽样组织形式。

②调查对象的特点。对调查对象了解得越周全，就越能采用准确性较高的调查方式。

③调查条件的状况。这些条件包括调查的人力、物力、经费和时间等。例如，当调查的人力、物力、财力受到限制时，为了减少调查人员的差旅费，可以采用整群抽样的方式代替其他样本点比较分散的调查方式。

● 7.2　抽样误差

7.2.1　抽样误差

抽样误差是抽样理论中的一个重要概念。因为抽样推断的实质就是利用样本指标去推断总体指标。由于按随机原则抽取的样本结构和总体结构不可能完全一致，这就不可避免地产生误差。如何计算和控制抽样误差是抽样理论的中心问题。

抽样误差是指样本指标与总体指标之间数量上的差异。在本章中，主要指样本平均数与总体平均数、样本成数与总体成数之间的差异。

必须指出，在统计中，误差的来源可以有多种，如登记性误差和代表性误差。登记性误差是指在调查过程中，由于观察、测量、登记、计算上的差错所引起的误差。它是所有统计调查中都可能发生的。而代表性误差是在用样本推断总体时，由于样本结构和总体结构不一致，导致的总体指标和样本指标之间的差异。代表性误差有两种：一种是系统性偏差，是由于在抽取样本的过程中，没有按照随机原则，而是按照人们的主观愿望去抽取好的或坏的单位作为样本，这样就会使样本指标过高或过低，导致推断结果失真。另一种是抽样误差，它是指在抽取样本时，按照随机原则抽取了样本单位，但由于样本结构和总体结构不一致而产生的总体指标和样本指标之间的差异。系统性偏差和登记性误差都是主观原因造成的，是可以通过一定的方式防止和避免的；而抽样误差是客观存在的，是不可避免的，但我们可以通过某种方式计算并控制误差的大小。

抽样误差不是固定不变的量，它会随着样本不同而变化，样本是随机的，所以抽样误差也是个随机变量。

7.2.2 抽样平均误差

抽样误差是样本指标与总体指标的绝对离差，由于总体指标是未知的，各个具体样本指标与总体指标的抽样误差实际上是无法计算的，但从理论上，我们可以计算抽样平均误差。所谓抽样平均误差，是指所有可能的样本指标与总体指标的平均离差，也可以称为样本指标的标准差。

若以 $\mu_{\bar{x}}$ 代表抽样平均数的抽样平均误差，以 μ_p 代表抽样成数的抽样平均误差，以 M 代表全部可能的样本数目，则有：

$$\mu_{\bar{x}}=\sqrt{\frac{\sum(\bar{x}-\bar{X})^2}{M}} \qquad \mu_p=\sqrt{\frac{\sum(p-P)^2}{M}} \tag{7-5}$$

我们可以把抽样平均误差理解为许多抽样误差的平均数，由于总体的单位数目很多，样本的可能数目也很多，而且在全面调查之前，总体指标又是未知的。故按上述公式计算抽样平均误差实际上是不可能的。这两个公式只是理论上的公式而已。

数理统计已经证明，抽样平均误差与总体标准差及抽样单位数目之间有着密切的联系，因而可以根据它们之间的关系来计算抽样平均误差。由于抽样推断通常是推断总体平均数和总体成数，因此，在推断过程中就会产生推断平均数和推断成数的抽样平均误差。

1）推断总体平均数的抽样平均误差

在简单随机抽样的条件下，按照不同的抽样方法抽取样本时，计算抽样平均误差的方法也不同。

（1）重复抽样下的抽样平均误差：

$$\mu_{\bar{x}}=\sqrt{\frac{\sigma^2}{n}}=\frac{\sigma}{\sqrt{n}} \tag{7-6}$$

（2）不重复抽样下的抽样平均误差：

$$\mu_{\bar{x}}=\sqrt{\frac{\sigma^2}{n}\left(\frac{N-n}{N-1}\right)} \tag{7-7}$$

2）推断总体成数的抽样平均误差

在简单随机抽样的条件下，按照不同的抽样方法抽取样本时，计算抽样平均误差的方法也不同。

（1）重复抽样下的抽样平均误差：

$$\mu_p=\sqrt{\frac{p(1-p)}{n}} \tag{7-8}$$

（2）不重复抽样下的抽样平均误差：

$$\mu_p=\sqrt{\frac{p(1-p)}{n}\left(\frac{N-n}{N-1}\right)} \tag{7-9}$$

不重复抽样与重复抽样的抽样平均误差公式相比，多了一个修正系数（N-n）/（N-1），由于在抽样调查中，总体单位数一般都很大，所以N-1可以近似地看成是N，因此，不重复抽样的公式可以写成：

$$\mu_{\bar{x}}=\sqrt{\frac{\sigma^2}{n}\left(1-\frac{n}{N}\right)} \qquad \mu_p=\sqrt{\frac{p(1-p)}{n}\left(1-\frac{n}{N}\right)} \tag{7-10}$$

在上述公式中，总体方差是未知的，在实际工作中，主要有三种方法来解决这个问题：一是利用样本的方差来代替总体的方差，这是最常用的方法；二是利用该总体的历史方差来代替，当存在若干个历史方差时，我们选择方差大的来代替，其目的是保证推断结果的可靠性；三是以小规模的试点调查资料来代替，即在正式调查开始之前，组织一次小规模的调查，获取计算抽样误差所使用的数据资料。

下面举例说明在简单随机抽样的方式下，抽样平均误差的计算方法。

例如，某企业对某日生产的2 000件电子元件随机抽取5%进行耐用时数检验，检验结果及样本有关指标的计算见表7-1。

表7-1　**某企业对电子元件的随机抽样检验结果**

耐用时数（小时）	样本单位数（支）f	组中值（小时）x	xf	$(x-\bar{x})^2f$
3 000以下	2	2 500	5 000	6 480 000
3 000～4 000	30	3 500	105 000	21 168 000
4 000～5 000	50	4 500	225 000	1 280 000
5 000以上	18	5 500	99 000	24 220 800
合　计	100	—	434 000	53 148 800

根据表7-1的资料，计算样本平均数：

$$\bar{x}=\frac{\sum xf}{\sum f}=\frac{434\ 000}{100}=4\ 340\text{（小时）}$$

因为该资料没有总体方差，所以我们用样本方差来代替，样本方差为：

$$s^2=\frac{\sum(x-\bar{x})^2f}{\sum f}=\frac{53\ 148\ 800}{100}=531\ 488\text{（小时）}$$

在重复抽样条件下的抽样平均误差为：

$$\mu_{\bar{x}}=\sqrt{\frac{\sigma^2}{n}}=\sqrt{\frac{s^2}{n}}=\sqrt{\frac{531\ 488}{100}}=72.90\text{（小时）}$$

在不重复抽样条件下的抽样平均误差为：

$$\mu_{\bar{x}}=\sqrt{\frac{\sigma^2}{n}\left(1-\frac{n}{N}\right)}=\sqrt{\frac{s^2}{n}\left(1-\frac{n}{N}\right)}$$

$$=\sqrt{\frac{531\ 488}{100}\left(1-\frac{100}{2\ 000}\right)}=71.06\text{（小时）}$$

如果假定在耐用时数3 000小时以下的产品为不合格品，我们再来计算合格率的抽样平均误差。

根据上述资料，我们可以计算出样本的合格率为：

$$p=\frac{\text{合格品数量}}{\text{全部产品数量}}\times 100\%=\frac{n_1}{n}\times 100\%=\frac{98}{100}\times 100\%=98\%$$

此例中，同样也没有总体成数的方差，我们也需要以样本成数的方差来代替总体成数的方差。样本成数的方差为：

$$p(1-p)=98\%\times 2\%=1.96\%$$

在重复抽样的条件下，成数的抽样平均误差为：

$$\mu_p=\sqrt{\frac{p(1-p)}{n}}=\sqrt{\frac{1.96\%}{100}}=1.4\%$$

在不重复抽样的条件下，成数的抽样平均误差为：

$$\mu_p=\sqrt{\frac{p(1-p)}{n}\left(1-\frac{n}{N}\right)}=\sqrt{\frac{1.96\%}{100}\left(1-\frac{100}{2\,000}\right)}=1.36\%$$

从以上的计算中我们可以看出，重复抽样的抽样平均误差要比不重复抽样的抽样平均误差大些。

影响抽样平均误差大小的因素主要有以下三个：

（1）样本容量的大小。样本容量越大，抽样平均误差越小，当样本容量大到等于总体单位数时，即n=N时，则样本平均数就会等于总体平均数，样本成数也就等于总体成数，此时就不存在抽样误差了；反之，样本容量越小，抽样平均误差越大。抽样平均误差与样本容量的平方根成反比。

（2）全及总体各单位标志变异程度。全及总体标志变异程度越大，抽样平均误差也越大；反之，全及总体标志变异程度越小，抽样平均误差也越小，二者成正比。

（3）抽样的组织形式和方法。不重复抽样和重复抽样的抽样平均误差不一致，不重复抽样的抽样平均误差比重复抽样的抽样平均误差要小一些。同时，不同的抽样组织形式的抽样平均误差也不一致。

7.2.3 抽样极限误差

1）抽样极限误差的含义

抽样平均误差是衡量样本指标与总体指标之间所有可能误差的平均数，并不是样本指标与总体指标的实际误差。由于未知的总体指标是一个确定的量，而样本指标会随着抽取样本的不同而不同，它是一个随机的量，是一个围绕总体指标上下波动的量。这样，样本指标与总体指标就有一个误差范围的问题。抽样误差范围就是变动的样本指标与确定的总体指标之间离差的可能范围，它是根据概率论，以一定的可靠程度保证抽样误差不超过一个允许的误差范围，这个允许的误差范围就叫作抽样极限误差。

抽样极限误差用Δ表示，$\Delta_{\bar{x}}$和Δ_p分别表示样本平均数和样本成数的抽样极限误差，根据抽样极限误差的含义，样本平均数和样本成数的抽样极限误差可以表示为：

$$\Delta_{\bar{x}}=|\bar{x}-\bar{X}| \tag{7-11}$$

$$\Delta_p=|p-P| \tag{7-12}$$

上面等式经过变换，可以得到下列不等式：

$$\bar{X}-\Delta_{\bar{x}}\leqslant\bar{x}\leqslant\bar{X}+\Delta_{\bar{x}}$$

$$P-\Delta_p\leqslant p\leqslant P+\Delta_p$$

以上不等式表示，在一定的概率保证下，样本平均数$\bar{x}$是以总体平均数$\bar{X}$为中心，在［$\bar{X}-\Delta_{\bar{x}}$，$\bar{X}+\Delta_{\bar{x}}$］范围内变动；样本成数p是以总体成数P为中心，在［$p-\Delta_p$，$p+\Delta_p$］范围内变动。

上面的公式可以变换为：

$$\bar{x}-\Delta_{\bar{x}}\leqslant\bar{X}\leqslant\bar{x}+\Delta_{\bar{x}}$$

$$p-\Delta_p\leqslant P\leqslant p+\Delta_p$$

上式表明，由于总体指标是未知数，而样本指标是可以计算的，因此，抽样误差范围的实际意义是被估计的总体指标$\overline{X}$或P落在由样本指标所确定的范围内，即落在$\bar{x}-\Delta_{\bar{x}}\leq\overline{X}\leq\bar{x}+\Delta_{\bar{x}}$或$p-\Delta_p\leq P\leq p+\Delta_p$的范围内。

2）抽样极限误差的计算

抽样极限误差在实际计算中，是以抽样平均误差的倍数来表示的，这个倍数一般用t来表示，我们称之为概率度，其具体的计算公式为：

$$\Delta_{\bar{x}} = t\mu_{\bar{x}} \tag{7-13}$$

$$\Delta_p = t\mu_p \tag{7-14}$$

从抽样极限误差的公式我们可以看出，抽样极限误差Δ、抽样平均误差μ、概率度t三者之间存在着如下关系：

（1）在μ保持不变的情况下，增大t值，把握程度相应就会增加，误差范围Δ也就随之扩大，这时估计的精确程度也就会下降。反之，要提高估计的精确程度，就得缩小t值，此时把握程度也就会相应降低。

（2）在t保持不变的情况下，抽样平均误差μ缩小，误差范围Δ就小，估计的精确度就高；反之，抽样平均误差μ增大，误差范围Δ就大，估计的精确度就低。

（3）当t=1时，抽样极限误差等于抽样平均误差。

概率度t与概率（估计的把握程度、置信程度、可靠程度）有一定的函数关系，概率是概率度的函数，通常用F（t）表示。在实际工作中，为了便于计算，t值的大小可以通过概率表直接进行查找获得。

下面我们给出几个常用的概率度t与概率保证程度F（t）之间的对应值，具体见表7-2。

表7-2　**正态分布概率表（部分）**

概率度t	概率保证程度F（t）
1	0.6827
1.64	0.9000
1.96	0.9500
2	0.9545
3	0.9973

● 7.3　总体指标的推断

7.3.1　抽样估计的优良估计标准

抽样调查的目的是用样本指标对总体指标进行推断，由于存在抽样误差，这种推断不可能是很精确的，它实质上是一种对全及指标有科学依据的估计，所以这种方法称为抽样估计。

抽样估计是用样本指标作为总体指标的估计量。为什么用样本指标作为总体指标的估计量，而不是用其他的指标呢？这主要是因为用样本指标作为总体指标的估计量，满足了以下三个作为优良估计量的标准，即无偏性、一致性、有效性。

1）无偏性

以样本指标估计总体指标，要求样本指标的平均数等于被估计的总体指标。虽然每一次抽样所得到的样本指标和总体指标可能都有偏差，但在多次反复抽样时，所有可能的样本指标的平均数会等于总体指标，即用样本指标估计总体指标，总体来说是没有偏差的。

2）一致性

以样本指标估计总体指标，要求当样本的单位数足够大时，样本指标也要充分靠近总体指标。也就是说，随着样本单位数的无限增加，样本指标和未知的总体指标之差的绝对值会小于任意小的数，它的可能性接近于必然性。

3）有效性

以样本指标估计总体指标，要求作为优良估计量的方差应该比其他估计量的方差小。因其方差小，最具有代表性，所以估计的也最为有效。

7.3.2 点估计

全及指标是表明总体数量特征的参数，所以抽样估计也称为参数估计。它主要有两种形式：一种是点估计，另一种是区间估计。

点估计也称定值估计，即以实际抽样调查资料得到的样本指标值作为总体指标的估计值。例如，抽取5 000名大学生对其进行月消费支出调查，调查结果表明，该5 000名大学生的月平均支出为1 428元，则我们就可以推断出，全体大学生的月消费支出为1 428元。

总体指标点估计方法的优点是简便、易行，所以常为实际工作者采用。但它也有不足之处，即这种估计没有表明抽样估计的误差，更没有指出误差在一定范围内的概率保证程度有多大。要解决这个问题，就必须采用总体指标的区间估计。

7.3.3 区间估计

1）区间估计的概念

区间估计是在一定的概率把握程度下，根据样本指标和抽样极限误差去估计总体指标所在的可能范围的方法。这个范围通常用一个最低限和最高限构成的区间来表示，并以一定的概率把握程度保证总体指标的估计值在这两个数值构成的区间之内。在总体指标的区间估计公式中有两个要素：一个是置信区间；另一个是置信程度。置信区间即为总体指标数值的可能范围；置信程度即为总体指标数值落在置信区间内的可信程度。

区间估计要掌握以下三个要点：

（1）根据样本指标和抽样平均误差，可以确定总体指标的可能范围，即置信区间。例如，从2 000名职工中抽取100名职工计算的平均工资是2 856元，抽样极限误差为25元，我们就可以说在一定的概率保证程度下，全体职工的平均工资在2 831元（2 856−25）与2 881元（2 856+25）之间，即2 000名职工的平均工资在［2 831，2 881］的区间内。这种估计方法有一个最低限和一个最高限，最低限和最高限构成一个区间，所以叫作区间估计。

（2）区间估计所表示的只是一个可能的范围，而不是绝对的、可靠的范围。换句话说，判断总体指标在这个区间范围内只有一定的把握程度，而不是百分之百的把握程度。为什么说总体指标在这个区间范围内只有一定的把握程度而不是百分之百的把握程度呢？这是因为：其一，抽样调查是按随机原则抽选样本的，所有可能的样本配合都可能被抽到。其二，每个样本误差和抽样平均误差相比，有的小于它，有的则大于它。因此，包括在抽样平均误差范围之内的，只有一部分样本，而不是所有的样本。那么，究竟总体指标落在区间范围内的把握程度有多大呢？概率论和数理统计的研究结果表明：在一个抽样平均误差范围内的，即总体指标在［$\bar{x}-\mu$，$\bar{x}+\mu$］区间的可能性为68.27%。确定这个把握程度的依据是概率论中的正态分布理论，我们可以通过正态分布概率表来查找其把握程度。

（3）扩大抽样误差的范围，可以提高推断的把握程度；缩小抽样误差的范围，会降低推断的把握程度。例如，样本中100名职工的平均工资为2 856元，当抽样极限误差为25元时，那么推断全体职工平均工资的区间为［2 831，2 881］；如果抽样极限误差为50元，那么推断全体职工平均工资的区间就为［2 806，2 906］。抽样推断范围的加大，会增加总体指标在这个范围内的可能性。

2）区间估计的公式

总体平均指标的区间估计公式为：

$$\bar{x}-\Delta_{\bar{x}}\leqslant\bar{X}\leqslant\bar{x}+\Delta_{\bar{x}} \tag{7-15}$$

总体成数的区间估计公式为：

$$p-\Delta_p\leqslant P\leqslant p+\Delta_p \tag{7-16}$$

例如，从某灯泡厂生产的25W的电灯泡中随机重复抽取7只进行寿命检查，结果如下（单位：小时）：

1 487，1 394，1 507，1 528，1 409，1 587，1 500

若已知灯泡寿命的方差为50，试在概率保证程度为95%的条件下，估计该厂灯泡的平均使用寿命区间。

首先，计算样本平均数，即7只灯泡的平均使用寿命。

$$\bar{x}=\frac{\sum x}{n}=\frac{1487+1394+1507+1528+1409+1587+1500}{7}=1\,487\text{（小时）}$$

因为该例中已知总体标准差，所以在这里不必计算，如果没有给出总体标准差，则需要计算样本标准差来代替总体标准差。

其次，计算抽样平均误差。

$$\mu_{\bar{x}}=\sqrt{\frac{\sigma^2}{n}}=\sqrt{\frac{50}{7}}=2.6726\text{（小时）}$$

再次，根据给定的置信概率F（t）=95%，我们可以知道概率度t为1.96，这样可以计算抽样极限误差。

$$\Delta_{\bar{x}}=t\mu_{\bar{x}}=1.96\times2.6726=5.2383\text{（小时）}$$

最后，计算全部灯泡的平均使用寿命的区间下限和上限。

下限：$\bar{x}-\Delta_{\bar{x}}=1\,487-5.2383\approx1\,482$（小时）

上限：$\bar{x}+\Delta_{\bar{x}}=1\,487+5.2383\approx1\,492$（小时）

所以，该厂生产的灯泡的平均使用寿命在1 482～1 492小时之间，其可靠程度为95%。

下面我们再来看一个总体成数推断的例子。例如，某手机生产厂家新设计一款智能手机，为了预测销路，在有300万人口的某地区，按重复抽样方法调查了400人，结果有350人对该款手机十分感兴趣，试在90%的概率保证程度下，估计该地区全部人口中对该款手机十分感兴趣的比例区间。

首先，计算样本指标，即在400人中对该款手机十分感兴趣的人数比例。

$$p=\frac{n_1}{n}=\frac{350}{400}=87.5\%$$

其次，计算样本的方差，并以此来代替总体方差。

$p(1-p)=87.5\%\times12.5\%=10.94\%$

再次，计算抽样平均误差。

$$\mu_p=\sqrt{\frac{p(1-p)}{n}}=\sqrt{\frac{10.94\%}{400}}=1.65\%$$

根据给定的概率把握程度90%的要求，我们可以知道概率度t为1.64，从而计算出抽样极限误差为：

$\Delta_p=t\mu_p=1.64\times1.65\%=2.71\%$

最后，确定总体比率（对该款手机十分感兴趣的人数比率）的区间上限和下限。

下限：$p-\Delta_p=87.5\%-2.71\%=84.79\%$

上限：$p+\Delta_p=87.5\%+2.71\%=90.21\%$

计算结果表明，该地区所有人口对该款手机十分感兴趣的比例区间为［84.79%，90.21%］，其把握程度为90%。

7.3.4 总体总量指标的推断

在对总体平均数和总体成数进行估计的基础上，我们可以进一步推算总体的有关总量指标。推算总体总量指标，有两种不同的方法，分别适用于两种不同的情况。

1）直接推算法

直接推算法是利用总体平均数或总体成数的估计值乘以总体单位总量而得出总体某一总量数值的方法。利用总体平均数的估计值乘以总体单位总量，得到的是总体的某一标志总量；而利用总体成数的估计值乘以总体单位总量，得到的是总体中具有某一特征的单位总量。例如，利用推算出来的总体的平均亩产量去乘以总的播种面积，得到的是估计的粮食总产量；而利用推算出来的总体某产品的合格率去乘以总产品数量，得到的是全部合格品的估计量。总体指标的推算，同样也有点估计和区间估计两种形式。

（1）点估计。利用点估计推算总体总量指标时，我们可以直接用总体单位数N乘以推算出来的总体平均数或总体成数。因为点估计是用样本指标直接代替总体指标，所以，我们可以直接用N乘以样本指标：

$N\overline{X}=N\bar{x}$（推算总体的某一标志总量）

$NP=Np$（推算总体中具有某一特征的单位总量）

例如，利用点估计推算出来的某市家庭平均收入为8 000元，拥有网络电视机的家庭户数占98%，若该市共有家庭20万户，则可以推算该市家庭总收入为：

$N\overline{X}=20\times8\,000=160\,000$（万元）

该市家庭中拥有网络电视机的户数为：

$NP=20\times98\%=19.6$（万户）

（2）区间估计。利用区间估计去推断总体总量指标时，同样也是要确定某一总量指标所在的区间。它是用总体单位总量分别乘以推算出来的总体平均数或成数所在区间的上限和下限，从而得到总体某一总量指标所在区间的上下限。

例如，利用区间估计推算出来的某市20万户家庭的平均收入在7 500～8 500元之间，拥有网络电视机的户数比例在97%～99%之间，则可推算：

该市家庭总收入的下限为：

$N(\bar{x}-\Delta_{\bar{x}})=20\times7\,500=150\,000$（万元）

该市家庭总收入的上限为：

$N(\bar{x}+\Delta_{\bar{x}})=20\times 8\ 500=170\ 000$（万元）

即该市家庭总收入在150 000 ~ 170 000万元之间。

该市家庭中拥有网络电视机户数比重的下限为：

$N(p-\Delta_p)=20\times 97\%=19.4$（万户）

该市家庭中拥有网络电视机户数比重的上限为：

$N(p+\Delta_p)=20\times 99\%=19.8$（万户）

即该市家庭中拥有网络电视机的户数在19.4 ~ 19.8万户之间。

2）修正系数法

在全面调查中，尤其是在普查中，由于工作量大，涉及的人员较多，中间环节也较多，因此不可避免地会产生登记性误差。为了检查全面调查的质量，提高其准确性，必要时应采用抽样推断的方法来补充和修正全面调查的资料。

在用抽样推断的资料修正全面调查的资料时，一般采用修正系数法。它是对全面调查的总体进行抽样，将抽样结果与相应范围的全面调查资料对比，求出修正系数，再用它修正总体的全面调查资料。

修正系数=抽样调查的结果÷全面调查的结果×100%

修正后的总量指标=修正前的总量指标×修正系数

例如，在人口普查中，某市人口登记数为1 285 768人，对该市16个居民点整群抽样进行复查，复查结果为：16个居民点的原登记人口数为103 729人，复查结果为103 742人，则可以计算修正系数为：

修正系数=抽样登记人数÷普查登记人数=103 742÷103 729=1.000125

该市修正后的人口数应为：

1 285 768×1.000125=1 285 929（人）

7.4 必要样本单位数目的确定

7.4.1 必要样本单位数目的含义

确定必要的样本单位数目也是抽样调查中的一个重要问题，样本单位数目过大，会增加调查费用，花费更多的人力、物力和时间，从而发挥不出抽样调查省时、省力的优越性；而样本容量过小，会造成抽样误差加大，使推断准确性降低，失去推断的价值。为了避免样本容量过大或过小，必须恰当地确定样本单位数目。

必要样本单位数目是指在保证抽样推断能达到预期的可靠程度和精确程度的条件下，所必须抽取的最低的样本单位数目。也就是说，只要能满足抽样推断的可靠程度和精确程度的要求就可以了，即用最少的费用和人力、物力、时间来满足抽样推断的要求，以提高调查的效益。

7.4.2 必要样本单位数目的计算

必要样本单位数目是在抽样误差范围和相应的概率保证程度既定的条件下，由抽样极限误差、概率度和抽样平均误差三者之间的关系推算出来的，即通过公式$\Delta=t\mu$之间的关系推算出来的。不同的抽样方法有不同的抽样误差的计算公式，因此，样本单位数目的确定，也有不同的方法。这里我们以简单随机抽样方式为例，介绍样本单位数目的确定方法。

1）推断总体平均数时所需最低样本单位数目的计算公式

（1）重复抽样时所需的样本单位数目的计算公式：

$$n=\frac{t^2\sigma^2}{\Delta_{\bar{x}}^{\ 2}} \tag{7-17}$$

（2）不重复抽样时所需的样本单位数目的计算公式：

$$n=\frac{Nt^2\sigma^2}{N\Delta_{\bar{x}}^{\ 2}+t^2\sigma^2} \tag{7-18}$$

2）推断总体成数时所需最低样本单位数目的计算公式

（1）重复抽样时所需的样本单位数目的计算公式：

$$n=\frac{t^2P(1-P)}{\Delta_p^{\ 2}} \tag{7-19}$$

（2）不重复抽样时所需的样本单位数目的计算公式：

$$n=\frac{Nt^2P(1-P)}{N\Delta_p^{\ 2}+t^2P(1-P)} \tag{7-20}$$

计算必要样本单位数目需要注意以下几个问题：

①上面公式计算的样本单位数目是最低的，也就是必要的样本容量。

②用上面公式计算样本单位数目时，一般总体方差σ^2和P（1-P）是未知的，在实际工作中往往利用有关资料来代替，其主要有以下几种方法：

A.如果进行本次抽样调查之前，曾经进行过同类问题的全面调查，可用全面调查的有关数据来代替。若有几个全面调查的方差资料，为了保证抽样推断的可靠性，就选择样本方差大的来代替。

B.组织试验抽样。在进行正式抽样调查之前，组织两次或两次以上的试验性抽样，然后用试验样本的方差来代替。应该注意的是，从几个试验样本方差中选用较大的来代替。

C.成数方差在完全缺少资料的情况下，可以用成数方差的最大值0.25来代替。

③如果在一次抽样调查中，同时对总体平均数和总体成数进行推断，可以计算出两个样本单位数目。一般情况下，二者是不相等的。为了同时满足两种推断的要求，一般在两个样本单位数目中，选择较大的作为必要样本单位数目。

④上面公式计算的样本单位数目不一定是整数，如果是小数，一般不采用四舍五入的办法化成整数，而是用比这个小数大的邻近整数来代替。例如，利用公式计算出来的样本单位数目n为299.4支，我们在抽取样本单位数目时，应抽取300支，而不是抽取299支。

又如，对10 000支某型号电子管进行质量检验，根据以往测定，该电子管耐用时数的标准差为51.91小时，在概率保证程度为99.73%时，要求电子管的耐用时数的误差范围不超过9小时，应抽查多少支电子管？

根据资料已知：N=10 000，σ=51.91，$\Delta_{\bar{x}}$=9，F（t）=99.73%，t=3。

在重复抽样下，样本单位数目为：

$$n=\frac{t^2\sigma^2}{\Delta_{\bar{x}}^{\ 2}}=\frac{3^2\times51.91^2}{9^2}=299.4\text{（支）}$$

在不重复抽样下，样本单位数目为：

$$n=\frac{Nt^2\sigma^2}{N\Delta_{\bar{x}}^2+t^2\sigma^2}=\frac{10\,000\times3^2\times51.91^2}{10\,000\times9^2+3^2\times51.91^2}=290.7\text{（支）}$$

根据以上计算结果，我们在重复抽样的条件下，应抽取300支电子管作为样本容量；而在不重复抽样的条件下，应抽取291支电子管作为样本容量。

再如，对某电冰箱厂的电冰箱进行抽查，已知进行的几次试验抽样调查的合格率为99%、97%、98%，请问在概率保证程度为95%，抽样极限误差不超过0.02的条件下，应抽取多少台电冰箱进行调查？

根据资料已知：F（t）=95%，t=1.96，Δ_p=0.02；同时，在试验调查的资料中，合格率为97%时，其方差最大，所以方差选择97%×（1−97%）=2.91%。

因为没有总体单位数目，所以，我们只计算在重复抽样条件下的必要样本单位数目：

$$n=\frac{t^2P(1-P)}{\Delta_p^{\ 2}}=\frac{1.96^2\times97\%\times(1-97\%)}{0.02^2}=279.48\text{（台）}$$

根据计算结果，我们应抽取280台电冰箱作为样本容量。

7.4.3　影响必要样本单位数目的因素

根据样本单位数目的计算公式，我们可以发现，影响必要样本单位数目的因素如下：

（1）总体各单位标志变异程度，即总体方差σ^2和P（1−P）的大小。总体标志变异程度大，要求样本单位数目就多些；反之，总体标志变异程度小，样本单位数目就可以少些。

（2）允许的极限误差$\Delta_{\bar{x}}$和Δ_p的大小。允许的极限误差越大，要求样本单位数目就越少；反之，允许的极限误差越小，要求样本单位数目也就越多。

（3）抽样推断的可靠程度即概率F（t）的大小。推断的可靠程度要求越高，即F（t）越大，要求样本单位数目就越多；反之，推断的可靠程度要求越低，要求样本单位数目也就越少。

（4）抽样的组织方式和抽样方法。在其他条件相同的情况下，重复抽样比不重复抽样要抽取多一些的单位数目。采用类型抽样的样本单位数目要少于采用简单随机抽样的样本单位数目。

7.5　抽样的组织方式

7.5.1　简单随机抽样

简单随机抽样也称纯随机抽样，它对总体单位不作任何分类排队，而是直接从总体中随机抽取一部分单位来组成样本的抽样组织方式。抽样的原理是以纯随机抽样为基础的，它是最简单又是最基本的抽样组织方式，也是其他复杂抽样组织方式的基础。简单随机抽样适用于总体各单位变异比较小且单位数目较少的情况。

采用简单随机抽样方式抽取样本，先要将总体各单位进行编码，然后按随机原则抽取若干数码，所有中选数码所对应的单位即构成样本，具体做法如下：

1）抽签法

当给定总体各单位编号后，把号码写在结构均匀的签上，将签均匀后即可从中抽取。采用这种方法简便易行，然而对于较大的总体，编号做签工作量很大，因此这种方法的应用有一定的局限性。

2）随机数字法

随机数字可以借助于计算机获得，也可以应用随机数表。表中数字是按照完全随机的方法产生的，随机数表的使用要遵守随机原则。首先，给总体编号，根据编号的最大数确定将要使用随机数表的列数，然后从表中任意一列、任意一行开始，由纵向或横向划线取数，遇到属于总体单位编号范围内的数组就确定为样本单位，然后继续向下找，如果要求不重复抽样，遇到重复出现的数组就弃之，直到取足要求的单位数目为止。

关于简单随机抽样的参数估计方法，我们在前面已经介绍过了，这里不再重复。

7.5.2 类型抽样

1）类型抽样的含义

类型抽样又称分层抽样，它的特点是先对总体按主要标志加以分组，然后再从各组中按随机原则抽选一定单位构成样本。

设总体由 N 个单位构成，把总体划分为 K 组，使 $N=N_1+N_2+N_3+\cdots+N_K$，然后从每组的 N_i 单位中抽取 n_i 单位构成样本容量为 n 的样本，使 $n=n_1+n_2+n_3+\cdots+n_k$，这样的抽样方法称为类型抽样。

通过分类，可以把总体中标志值比较接近的单位归为一组，减少各组内的差异程度，再从各组抽取样本单位就有更大的代表性，这样抽样误差也就相对缩小了。在总体单位标志值大小悬殊的情况下，运用类型抽样比简单随机抽样可以取得更加准确的效果。这种方法在实际工作中得到了广泛的应用。例如，农产量抽样按地理条件分组，职工家计调查按国民经济部门分组，产品质量抽检按加工车床型号分组等，都收到了明显的效果。

类型抽样的样本单位数在各类型之间的分配有三种方法：

（1）等数分配类型抽样法。它是在各类型组中分配同等的样本单位数的方法。这种方法只在各类型的总体单位数相等或差异不大的情况下才会使用。运用这种方法可以使综合计算比较简单。

（2）等比例类型抽样法。它是按照类型大小以相等的比例来分配样本的方法。由于是按有关标志分类，各组的单位数一般不同。单位数较多的组应该多取样，单位数较少的组则应少取样，保持从总体各组抽取的样本单位数占各组的总体单位数的比例与样本单位数占总体单位数的比例相同，用公式表示为：

$$\frac{n}{N}=\frac{n_1}{N_1}=\frac{n_2}{N_2}=\frac{n_3}{N_3}=\cdots=\frac{n_k}{N_K} \tag{7-21}$$

所以各组抽取的样本单位数为：

$$n_i=\frac{nN_i}{N} \tag{7-22}$$

采用等比抽样是为了使样本的结构接近总体的结构，避免样本平均数由于各组比重差异而引起误差。由于等比例类型抽样法对样本单位的分配比较合理，在实际工作中应用较多。

（3）不等比例类型抽样法。它是在各类型组中按不同的比例分配样本单位的方法，也叫最优分配法。当各类型组的单位数相差悬殊或标志变异程度相差较大时，上述两种样本分配方法的抽样效果就差些。此时宜采用不等比例类型抽样法抽取样本，标志变异程度大或单位数多的组，其抽取的比例可以大一些，即多抽一些单位；反之，标志变异程度小或单位数少的组，其抽样比例可以小一些，即少抽一些单位。

2）抽样平均误差的计算

下面主要介绍类型比例抽样的抽样平均误差的计算方法。

（1）推断总体平均数的抽样平均误差。

重复抽样条件下：

$$\mu_{\bar{x}}=\sqrt{\frac{\overline{\sigma^2}}{n}} \tag{7-23}$$

不重复抽样条件下：

$$\mu_{\bar{x}}=\sqrt{\frac{\overline{\sigma^2}}{n}\left(1-\frac{n}{N}\right)} \tag{7-24}$$

（2）推断总体成数的抽样平均误差。

重复抽样条件下：

$$\mu_p=\sqrt{\frac{\overline{P(1-P)}}{n}} \tag{7-25}$$

不重复抽样条件下：

$$\mu_p=\sqrt{\frac{\overline{P(1-P)}}{n}\left(1-\frac{n}{N}\right)} \tag{7-26}$$

上述公式中的$\overline{\sigma^2}$和$\overline{P(1-P)}$是总体各组的组内方差的平均数，其计算公式为：

$$\overline{\sigma^2}=\frac{\sum \sigma_i^2 N_i}{N}\quad (i=1,\ 2,\ 3,\ \cdots,\ K) \tag{7-27}$$

$$\overline{P(1-P)}=\frac{\sum P_i(1-P_i)N_i}{N}\quad (i=1,\ 2,\ 3,\ \cdots,\ K) \tag{7-28}$$

σ_i^2和$P_i(1-P_i)$是总体各组的方差，如果其数值未知，可利用样本的方差来代替。

例如，某县对本县农作物的产量进行了一次类型比例抽样调查，调查资料整理的结果见表7-3，试计算其抽样平均误差。

表7-3　**某县农作物产量抽样调查资料表**

按自然条件分组	抽样面积（公顷）n_i	单位面积产量（千克）$\bar{x}_i$	标准差（千克）s_i
平　原	30	6 200	58
山　地	15	2 600	110
丘　陵	18	3 800	86
合　计	63	—	—

根据表7-3的资料，我们可以计算出整个样本的平均数及标准差：

$$\bar{x}=\frac{\sum \bar{x}_i n_i}{n}=\frac{6\,200\times 30+2\,600\times 15+3\,800\times 18}{63}=4\,657.14\text{（千克）}$$

$$\overline{s^2}=\frac{\sum s_i^2 n_i}{n}=\frac{58^2\times 30+110^2\times 15+86^2\times 18}{63}=6\,596\text{（千克）}$$

$$\mu_{\bar{x}}=\sqrt{\frac{\overline{\sigma^2}}{n}}=\sqrt{\frac{\overline{s^2}}{n}}=\sqrt{\frac{6\,596}{63}}=10.23\text{（千克）}$$

在计算完抽样平均误差后，我们可以根据给定的概率保证程度，计算抽样极限误差，进而对总体进行区间估计。

3）等距抽样

等距抽样也称机械抽样或系统抽样，它是先按某一标志对总体各单位进行排队，然后依一定顺序和间隔来抽取样本单位的一种抽样组织形式。这种方法可以保证所取得的样本单位比较均匀地分布在总体的各个部分，有较高的代表性。

作为总体各单位排列顺序的标志，可以是无关标志，也可以是有关标志。所谓无关标志，是指作为排队顺序的和单位标志值的大小无关或不起主要作用的标志。例如，工业产品质量抽查按时间顺序取样，农产量抽样调查按田间的地理顺序取样等。

在对总体各单位的变异情况有所了解的情况下，可以采用有关标志进行总体单位排队。所谓有关标志，是指作为排队顺序的标志和单位标志值的大小有密切的关系。例如，对于职工家计调查，按上年职工平均工资排队。按有关标志排队实际上是运用类型抽样的一些特点，可以提高样本的代表性。

设总体由N个单位构成，现在需要抽取一个容量为n的样本。先将总体N个单位按某一标志排队，然后将N划分为n个相等部分，每部分包含k个单位。先从第一部分顺序为1，2，3，4，…，k个单位中随机抽取第i个单位，而在第二部分中抽取位置在i+k上的这个单位，在第三部分中抽取位置在i+2k上的这个单位，依此类推，在第n部分中抽取位置在j+（n-1）k上的单位，这样共有n个单位组成了样本。由此可见，等距抽样每个样本单位的间隔均为k，当第一个单位随机确定之后，其余各单位的位置也就确定了。用这样的方法可以抽取k套样本。

在等距抽样中，不论是按无关标志排队还是按有关标志排队，都要注意避免样本间隔与现象本身的周期性节奏相重合，引起系统性误差。例如，对于工业产品质量抽查，产品抽样时间间隔不宜和上下班时间一致，以免发生系统性误差，影响样本的代表性。

等距抽样的抽样平均误差和标志排列的顺序有关，情况比较复杂。通常，如果用来排队的标志是无关标志，而且随机起点取样，那么它的抽样平均误差就十分接近简单随机抽样的抽样平均误差，为了简便起见，可以采用简单随机抽样的抽样平均误差来近似地反映。如果是按有关标志排队，其抽样平均误差可以采用类型抽样的抽样平均误差来代替。

4）整群抽样

整群抽样也称集团抽样，它是将总体各单位划分成许多群，然后从中随机抽取部分群，对中选群的所有单位进行全面调查的抽样组织形式。例如，要调查家庭副业发展情况，不是直接抽取居民户，而是以村为单位，从中抽取若干村，然后对中选村的全体居民户进行调查。

设将总体的全部单位N划分为R群，每个群中包括M个单位，则有N=RM。现在从总体R群中随机抽取r群组成样本，并对中选的r群的所有M单位进行调查。

第i群的所有单位的样本平均数为：

$$\bar{x}_i=\frac{\sum_{j=1}^{M}x_{ij}}{M}\quad(i=1,2,3,\cdots,r)\tag{7-29}$$

全部样本平均数为：

$$\bar{x}=\frac{\sum_{i=1}^{r}\bar{x}_i}{r}\tag{7-30}$$

上述公式假设各群的单位数相等，所以只用简单算术平均数求全样本的平均数。从上式可以看出，整群抽样实质上是以群代替单位之后的简单随机抽样。因此，样本平均数的抽样平均误差可以根据群间方差来推算。

设$\delta_{\bar{x}}^2$为群平均数的群间方差，δ_p^2为群成数的群间方差，则：

$$\delta_{\bar{x}}^2=\frac{\sum(\bar{x}_i-\bar{x})^2}{r} \tag{7-31}$$

$$\delta_p^2=\frac{\sum(p_i-p)^2}{r} \tag{7-32}$$

上面公式中的总体指标常常是未知的，一般用相应的样本指标来代替。

整群抽样都采用不重复抽样方法，所以平均数与成数的抽样平均误差分别为：

$$\mu_{\bar{x}}=\sqrt{\frac{\delta_{\bar{x}}^2}{r}\left(1-\frac{r}{R}\right)} \tag{7-33}$$

$$\mu_p=\sqrt{\frac{\delta_p^2}{r}\left(1-\frac{r}{R}\right)} \tag{7-34}$$

例如，某商场购进一批苹果，入库前随机抽取1%箱，然后对抽取到的箱内的每个苹果进行质量检查，结果见表7-4。

表7-4　某商场对苹果的整群抽样检查结果

样本箱	每个苹果平均重量（克）$\bar{x}_i$	一级品率（%）p_i	$(\bar{x}_i-\bar{x})^2$（克）（$\bar{x}$=249）	$(p_i-p)^2$（%）（p=83）
第一箱	248	85	1	4
第二箱	246	80	9	9
第三箱	253	84	16	1
合　计	—	—	26	14

首先，计算样本平均数和样本成数：

$$\bar{x}=\frac{\sum\bar{x}_i}{r}=\frac{248+246+253}{3}=249\text{（克）}$$

$$p=\frac{\sum p_i}{r}=\frac{85\%+80\%+84\%}{3}=83\%$$

其次，计算样本平均数的群间方差和成数的群间方差：

$$\delta_{\bar{x}}^2=\frac{\sum(\bar{x}_i-\bar{x})^2}{r}=\frac{26}{3}=8.67$$

$$\delta_p^2=\frac{\sum(p_i-p)^2}{r}=\frac{14\%}{3}=4.67\%$$

最后，求出平均数和成数的抽样平均误差：

$$\mu_{\bar{x}}=\sqrt{\frac{\delta_{\bar{x}}^2}{r}\left(1-\frac{r}{R}\right)}=\sqrt{\frac{8.67}{3}\left(1-\frac{3}{300}\right)}=1.69\text{（克）}$$

$$\mu_p=\sqrt{\frac{\delta_p^2}{r}\left(1-\frac{r}{R}\right)}=\sqrt{\frac{4.67\%}{3}\left(1-\frac{3}{300}\right)}=12.41\%$$

整群抽样的好处是组织工作方便，确定一群便可以调查许多单位。但是由于抽样单位比较集中，限制了样本在总体分配的均匀性，所以代表性较低，抽样误差较大。在实际工作中，采用整群抽样方法通常都要增加一些样本单位，以减少抽样误差，提高估计的准确程度和可靠程度。

各种抽样对总体参数的推断方法基本都是一致的，只是在求抽样平均误差时有所差别，所以这里我们就不再给出具体的例子了。

7.6 假设检验

7.6.1 假设检验概述

假设检验是抽样推断的一个重要内容。所谓假设检验，就是事先对总体参数或总体分布形式做出一个假设，然后利用样本信息来判断原假设是否合理，即判断样本信息与原假设是否有显著差异，从而决定应接受或拒绝原假设。假设检验可分为两类：一类是参数假设检验；另一类是非参数假设检验。本章只介绍参数假设检验。

1）假设检验的基本思想

我们通过一个例子来说明假设检验的基本思想。例如，某公司进口一批钢筋，根据要求钢筋的平均拉力强度不能低于2 000千克，而供货商则一再强调其产品的平均拉力强度已经达到了这一要求。这时需要进口商对供货商提供的数据是否真实做出可靠的判断。

这是关于检验供货商的产品拉力强度是不是低于2 000千克的判断问题。这个问题的结果只有两种可能：一种可能是超过2 000千克，另一种可能是不到2 000千克。假设检验就是先对这两种结果的其中一种做出原假设，对相反的结果做出备择假设，然后利用样本的资料来判断这个原假设是否正确。

2）假设检验的步骤

假设检验的具体步骤如下：

（1）提出原假设和备择假设。对于每个假设检验的问题，一般可同时提出两个相反的假设：原假设和备择假设。原假设又称为零假设，记为H_0；备择假设是拒绝原假设后可供选择的假设，记为H_1。原假设和备择假设是相互对立的，检验结果为两者必取其一。接受H_0则必须拒绝H_1；反之，拒绝H_0则必须接受H_1。

原假设和备择假设不是随意提出的，应根据所检验问题的具体背景而定。常常是采取“不轻易拒绝原假设”的原则，即把没有充分理由不能轻易否定的命题作为原假设，而相应地把没有足够把握就不能轻易肯定的命题作为备择假设。

通常，假设有三种形式：

第一，H_0：$\mu=\mu_0$；H_1：$\mu\neq\mu_0$，这种形式的假设检验称为双侧检验。

第二，H_0：$\mu\leqslant\mu_0$；H_1：$\mu>\mu_0$，这种形式的假设检验称为右侧检验。

第三，H_0：$\mu\geqslant\mu_0$；H_1：$\mu<\mu_0$，这种形式的假设检验称为左侧检验。

左侧检验和右侧检验统称为单侧检验。采用哪种检验，要根据所研究的实际问题而定。如果对所研究的问题只需判断有无显著差异，则采用双侧检验；如果所关心的是总体参数是否比某个值偏大（或偏小），则宜采用单侧检验。在上例中，因为我们所关心的是钢筋的拉力强度是否超过2 000千克，所以这是个单侧检验问题。此时，我们可作假设如下：H_0：$\mu\leqslant 2\,000$；H_1：$\mu>2\,000$。

（2）选择适当的统计量，并确定其分布形式。在参数的假设检验中，如同在参数估计中一样，要借助于样本统计量（样本指标）进行统计推断。用于假设检验问题的统计量称为检验统计量。在具体问题中，选择什么样的统计量作为检验统计量，需要考虑的因素与参数估计相同。例如，用于进行检验的样本是大样本还是小样本，总体方差是已知还是未知等。在不同的条件下，应选择不同的检验统计量。

（3）选择显著性水平α，确定临界值。显著性水平是指当原假设正确时，人们却把它拒绝了的概率。在假设检验中存在两类错误：一类叫作“弃真”错误；另一类叫作“取伪”错误。所谓“弃真”错误，就是当原假设为真时，我们却将其拒绝了，此时犯了以真为假的错误，犯这类错误的概率即为显著性水平α，这在统计中称为第一类错误；所谓“取伪”错误，是指当原假设为假时，我们却将其接受了，此时犯了以假为真的错误，犯这类错误的概率为β，这在统计中称为第二类错误。假设检验的两类错误见表7-5。

表 7-5　**假设检验的两类错误**

	H_0为真	H_0为假
拒绝 H_0	第一类错误（弃真）（概率为α）	正确决策
接受 H_0	正确决策	第二类错误（取伪）（概率为β）

在假设检验中，人们通常只对犯第一类错误的概率加以规定，而很少考虑犯第二类错误的概率，这类检验称为显著性检验。通常α取值都很小，一般为0.05或0.01，这表明当做出接受原假设的决定时，其正确的可能性（概率）为95%或99%，而拒绝原假设的可能性只有5%或1%。假设检验应用的就是小概率事件实际极少发生的原理，这里的小概率就是α。如果在一次试验中，小概率事件发生了，我们当然有理由去说原假设是错误的。给定了α，就可在有关的概率分布表中查到临界值，从而确定H_0的接受区域和拒绝区域。临界值就是接受区域和拒绝区域的分界点。

对于不同形式的假设，H_0的接受区域和拒绝区域也有所不同。双侧检验的拒绝区域位于统计量分布曲线的两侧；左侧检验的拒绝区域位于统计量分布曲线的左侧；右侧检验的拒绝区域位于统计量分布曲线的右侧。

（4）做出结论。根据样本资料计算检验统计量的具体值，并与临界值进行比较，做出接受或拒绝原假设H_0的结论。如果检验统计量的值落在拒绝区域内，说明样本所描述的情况与原假设有显著性差异，应拒绝原假设；反之，则应接受原假设。

7.6.2　总体平均数、成数的假设检验

1）总体方差已知时对正态总体平均数的假设检验

设正态总体的平均数为μ，方差为σ^2，样本平均数（统计量）为$\bar{x}$。在此情况下，我们对正态总体的平均数μ进行假设检验。

根据抽样分布的原理，用于检验的样本统计量U分布为：

$$U=\frac{\bar{x}-\mu_0}{\sigma/\sqrt{n}} \sim N(0,\ 1) \qquad (7\text{-}35)$$

式中：N（0，1）代表标准正态分布。

利用服从正态分布的统计量U进行假设检验称为U检验法。根据已知的总体方差、样本容量n和样本平均数$\bar{x}$，计算出检验统计量U的值。对于给定的检验显著性水平α，查正态分布概率表可得临界值，将所计算的U值与临界值相比较，便可得出检验结论。

U检验法的结论为：

双侧检验时，若$|U|>U_{\alpha/2}$，拒绝原假设H_0，接受备择假设H_1。

左侧检验时，若$U<-U_\alpha$，则拒绝H_0，接受H_1。

右侧检验时，若$U>U_\alpha$，则拒绝H_0，接受H_1。

例如，根据过去大量资料，某厂生产的产品的使用寿命服从正态分布，其平均数μ为1 020小时，标准差$\sigma^2=100^2$。现从最近生产的一批产品中随机抽取16件，测得样本平均寿命为1 080小时，试在0.05的显著性水平下判断这批产品的使用寿命是否有显著提高。

根据上述资料，我们可以提出假设：

$H_0:\mu\leqslant 1\,020$；$H_1:\mu>1\,020$

检验统计量$U=\dfrac{\bar{x}-\mu_0}{\sigma/\sqrt{n}}=\dfrac{1080-1020}{100/\sqrt{16}}=2.4$

由$\alpha=0.05$，查表得知其临界值$U_{0.05}=1.645$。由于$U=2.4>U_\alpha=1.645$，所以选择拒绝H_0而接受H_1，即这批产品的使用寿命确有提高。

2）总体方差未知时对正态总体平均数的假设检验

在总体方差未知的情况下，此时对总体平均数的检验不能用上述U检验法，因为U检验法的统计量中包括了未知参数σ。此时，我们会用样本统计量s来代替σ，此时的检验统计量为：

$$T=\frac{\bar{x}-\mu_0}{s/\sqrt{n}}\sim t(n-1) \tag{7-36}$$

利用服从t分布的统计量去检验总体平均数的方法称为T检验法。其具体做法是：根据题意提出假设；构造检验统计量T，并根据样本信息计算其具体数值；对于给定的检验水平α，查t分布表得到临界值；将临界值与T值相比较，做出结论。

T检验法的结论为：

双侧检验时，若$|T|>t_{\alpha/2}$，则拒绝H_0，接受H_1。

左侧检验时，若$T<-t_\alpha$，则拒绝H_0，接受H_1。

右侧检验时，若$T>t_\alpha$，则拒绝H_0，接受H_1。

例如，从长期的资料可知，某厂生产的某种电子元件耐用时数服从平均数为200小时、标准差未知的正态分布，通过改变部分生产工艺后，抽得10件产品作为样本，得到的数据如下（单位：小时）：202，209，213，198，206，210，195，208，200，207。试根据抽样数据检验该产品经过改变部分工艺后，其耐用时数是否有显著提高。

根据上述资料，其检验目的是考查电子元件的平均数是否有所提高，因此，我们可以建立如下假设：

$H_0:\mu\leqslant 200$；$H_1:\mu>200$

计算出样本平均数和标准差分别为：

$\bar{x}=\dfrac{\sum x}{n}=204.8$（小时）

$s=\sqrt{\dfrac{\sum(x-\bar{x})^2}{n-1}}=5.789$（小时）

检验统计量$T=\dfrac{\bar{x}-\mu_0}{s/\sqrt{n}}=\dfrac{204.8-200}{5.789/\sqrt{10}}=2.622$

由$\alpha=0.05$，查表得知其临界值$t_{0.05}\times(10-1)=1.8331$。

由于$T=2.622>t_\alpha(n-1)=1.8331$，所以选择拒绝$H_0$而接受$H_1$，即接受这种电子元件在实行新工艺后，耐用时数有所提高的假设。

T检验法适用于小样本情况下总体方差未知时对正态总体平均数的假设检验。随着样本容量的增大，t分布趋近于标准正态分布，所以在大样本情况下，总体方差未知时对正态总体平均数的假设检验通常近似采用U检验法。同理，在大样本情况下非正态总体平均值的检验也可以采用U检验法。因为根据大样本的抽样分布定理，总体分布形式不明或为非正态总体时，样本平均数趋近于正态分布。

3）总体成数的假设检验

在对总体成数进行假设检验的情况下，样本的分布服从二项分布，因此可由二项分布来确定对总体成数进行假设检验，但其计算往往十分烦琐。在大样本情况下，二项分布近似服从正态分布。因此，对总体成数的假设检验通常是在大样本条件下进行的，根据正态分布来确定临界值，即采用U检验法。其检验步骤与平均数检验时的步骤相同，只是检验统计量不同。其检验统计量为：

$$U=\frac{p-P}{\sqrt{\frac{p(1-p)}{n}}}\sim N(0,1) \tag{7-37}$$

例如，调查人员在调查某企业的主要生产线时，被告知性能良好，生产稳定，产品合格率达到99%。调查人员随机抽查了200件产品，其中195件是合格品，试判断该厂宣称的合格率是否可信（$\alpha=10\%$）。

依据上述资料，我们可以建立如下假设：

$H_0: P=99\%$；$H_1: P\neq 99\%$

计算出样本成数为：

$$p=\frac{n_1}{n}=\frac{195}{200}=97.5\%$$

由于样本容量很大，所以可以近似采用U检验法。

$$U=\frac{p-P}{\sqrt{\frac{p(1-p)}{n}}}$$

$$=\frac{0.975-0.99}{\sqrt{\frac{0.975\times 0.025}{200}}}$$

$$=-1.359$$

由给定的$\alpha=0.1$，查正态分布表得知$\mu_{\alpha/2}=\mu_{0.05}=1.645$。由于$|U|=1.359<\mu_{\alpha/2}=1.645$，所以接受原假设，即可以认为厂方宣称的合格率为99%是可信的。

随堂测7

第 8 章

相关分析与回归分析

[学习目标]

通过本章的学习，要明晰相关关系的含义与种类；掌握相关关系的测定方法；掌握相关系数的计算和相关系数的意义；掌握回归分析与相关分析各自的特点；能熟练地进行回归分析计算。

8.1 相关分析概述

8.1.1 相关关系的含义

在自然界和社会经济现象中，任何现象都不是孤立存在的，现象间存在着普遍联系和相互制约的关系。现象间的普遍联系、相互制约的关系往往表现为相互依存的关系，这种关系通常有两种类型，即函数关系和相关关系。

（1）函数关系。它是指现象间存在的一种十分严格的数量依存关系。在这种关系中，某个现象的数值发生变化，另一个现象也有确定值与之相对应，这种关系可以用数学函数式反映出来，所以叫函数关系。例如，圆的面积随半径的变化而变化，每给定一个圆的半径，就有一个唯一确定的圆的面积与之相对应，所以面积是半径的函数。在社会经济现象中，同样也存在着这种关系。例如，商品销售额等于销售量乘以销售价格。当销售价格不变时，销售量发生变化，就有一个确定的销售额与之对应，销售额就是销售量的函数。

（2）相关关系。它是指现象之间存在的一种非确定性的相互依存关系。在这种关系中，对于某一现象的每一数值，可以有另一现象的若干数值与之相对应。例如，成本的高低与利润的多少有着密切关系，但某一确定的成本与之相对应的利润却是不确定的。这是因为影响利润的因素除了成本外，还有价格、供求平衡、消费嗜好等因素及其他偶然性因素。

相关关系与函数关系既有区别，又有联系。有些函数关系往往因为观察或测量误差，以及各种随机因素的干扰等原因，在实际应用中常常通过相关关系表现出来；而在研究相关关系时，其数量间的规律性通常也是通过函数关系来近似地表现出来的。从这个角度讲，相关关系是相关分析的研究对象，函数关系是相关分析的工具。相关分析就是要通过对大量数据资料的研究，消除偶然因素的影响，探求现象之间相关关系的密切程度和表现形式。由此，我们把研究现象之间相关关系的理论和方法称为相关分析法。

在相关分析中，若相关现象之间存在一定的因果关系，通常把起决定作用的变量作为自变量，也称为解释变量，一般用x表示；把受自变量影响而相应变化的变量作为因变量，也称为被解释变量，一般用y表示。例如，研究劳动生产率与利润之间的关系时，劳动生产率为自变量，利润为因变量。若现象只存在相关关系并不存在明显的因果关系，如每万元产值耗电量与产值之间的关系，究竟哪种现象为自变量，哪种现象为因变量，则要根据研究的目的来决定。

8.1.2 相关关系的种类

现象之间的相关关系从不同的角度可以分为不同的类型。

1）按照相关关系涉及变量（或因素）的多少分为单相关、复相关和偏相关

（1）单相关又称一元相关，是指两个变量之间的相关关系，如广告费用与产品销售量之间的相关关系。

（2）复相关又称多元相关，是指三个或三个以上变量之间的相关关系，如商品销售额与居民收入、商品价格之间的相关关系。

（3）偏相关，即在一个变量与两个或两个以上变量相关的条件下，当假定其他变量不变时，其中两个变量的相关关系。例如，在假定商品价格不变的条件下，该商品的需求量与消费者收入水平的相关关系即为偏相关。

2）按照相关的形式分为直线相关和曲线相关

（1）直线相关也称线性相关，是指当一个变量变动时，另一个变量随之发生大致均等的变动。从图形上看，其观察点的分布近似地表现为一条直线。例如，人均消费水平与人均收入水平通常呈直线相关关系。

（2）曲线相关也称非线性相关，即一个变量变动时，另一个变量也随之发生相应的变动，但这种变动不是均等的。从图形上看，其观察点的分布近似地表现为一条曲线，如抛物线、指数曲线等。例如，农作物的施肥量与亩产量之间的关系，当施肥量在一定限度内，亩产量会上升，上升到一定程度后，随着施肥量的增加，亩产量却会下降，这就是一种曲线相关关系。

3）按照相关关系变化的方向不同分为正相关和负相关

（1）正相关，即当一个变量的值增加或减少时，另一个变量的值也会随之增加或减少。如家庭人均收入的提高，使家庭支出也随之提高。

（2）负相关，即当一个变量的值增加或减少时，另一个变量的值随之减少或增加。如随着单位成本的降低，利润会随之上升；随着产量的增加，单位成本也会随之下降等。

4）按照相关程度分为完全相关、不相关和不完全相关

（1）完全相关，即当一个变量的数量完全由另一个变量的数量变化所决定时，两者之间即为完全相关。例如，在价格不变的条件下，销售额与销售量之间的关系即为函数关系，因为此时销售额的数值完全取决于销售量的大小，此时的相关关系就变成了函数关系。

（2）不相关，即当变量之间彼此互不影响，其数量变化各自独立时，变量之间为不相关。例如，学生的学习成绩与企业的单位成本之间一般情况下是不相关的。

（3）不完全相关，即两个现象介于完全相关和不相关之间，一个变量发生了变化，另

一个变量会随之发生相应的变化，但变化值是不确定的。大多数相关关系均属于不完全相关关系。

相关关系的各种形态通常表现为：(a) 正相关，(b) 负相关，(c) 曲线相关，(d) 特例相关——函数关系，(e) 不相关，如图8-1所示。

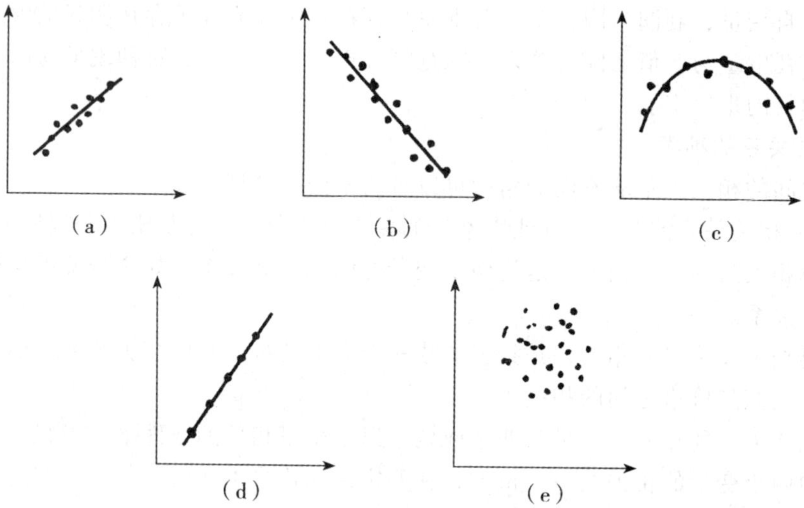

图8-1 相关关系的表现形态

8.1.3 相关分析的主要内容

相关关系表现的是现象之间存在的非确定性的数量关系，但其变化规律也并非不可掌握。相关分析就是要通过对大量现象、资料的分析，探索具有相关关系的现象之间关系的表现形式和密切程度，并对其数量上的变化规律做出判断。依据对现象分析研究的层次不同，相关分析的内容可分为狭义的相关分析和广义的相关分析。

1）狭义的相关分析的主要内容

狭义的相关分析的主要内容包括：

(1) 定性与定量相结合，正确选择变量，确定变量之间有无关系。

(2) 确定相关关系的表现形式、密切程度和方向。

2）广义的相关分析的主要内容

广义的相关分析的主要内容除了包括狭义的相关分析的内容以外，还包括：

(1) 确定相关关系的数学表达式，据以掌握现象之间数值变化的规律。

(2) 确定因变量估计值的误差程度，并根据现象之间的数学表达式，以自变量的数值推算因变量的数值。

8.2 相关关系的测定

相关关系的测定，首先要判定现象之间是否存在着相关关系，可根据分析者所掌握的知识和经验来判定。比如家庭收入与支出的关系、GDP与教育经费投入之间的关系等，都是有一定的数量依存关系的，这是人们根据长时间的经验和知识得到的结论。但这种关系是一种什么形式的关系呢？是正相关还是负相关，相关的程度又如何呢？这需要通过以下方式进一步判断。

8.2.1　相关表和相关图

1）相关表

相关表是一种反映变量之间相关关系的统计表。它包括简单相关表、单变量分组相关表和双变量分组相关表。

（1）简单相关表。将相关的两个变量的变量值一一对应地填列在同一张表格上，这样的表格叫简单相关表，举例见表 8-1。

表 8-1　**我国 1999—2016 年国内生产总值与教育经费数据表**

年　度	国内生产总值（亿元）	教育经费（亿元）
1999 年	90 564.40	3 349.04
2000 年	100 280.10	3 849.08
2001 年	110 863.10	4 637.66
2002 年	121 717.40	5 480.03
2003 年	137 422.00	6 208.27
2004 年	161 840.20	7 242.60
2005 年	187 318.90	8 418.84
2006 年	219 438.50	9 815.31
2007 年	270 092.30	12 148.07
2008 年	319 244.60	14 500.74
2009 年	348 517.70	16 502.71
2010 年	412 119.30	19 561.85
2011 年	487 940.20	23 869.29
2012 年	538 580.00	28 655.31
2013 年	592 963.20	30 364.72
2014 年	641 280.60	32 806.46
2015 年	685 992.90	36 129.19
2016 年	740 060.80	38 888.39

资料来源：根据国家统计局历年统计公报整理而得。

从表 8-1 我们可以看出，随着国内生产总值的增长，教育经费也在增长，二者呈正相关关系。简单相关表适用于资料的项数比较少的情况。

（2）单变量分组相关表。对自变量进行分组，对因变量不分组，只是计算出其次数和平均数，这种表格称为单变量分组相关表。例如，从某城市所有家庭中抽取 100 户家庭，调查某月家庭收入与支出的情况，得到的数据见表 8-2。

表8-2　　　　某城市居民家庭月收入与月平均支出相关表

家庭月收入（元）	家庭户数（户）	家庭月平均支出（元）
1 000以下	3	928
1 000 ~ 2 000	6	1 243
2 000 ~ 3 000	7	1 643
3 000 ~ 4 000	10	2 030
4 000 ~ 5 000	18	3 568
5 000 ~ 6 000	22	3 875
6 000 ~ 7 000	16	4 056
7 000 ~ 8 000	8	4 239
8 000 ~ 9 000	5	4 558
9 000 ~ 10 000	3	4 782
10 000以上	2	5 043

单变量分组相关表可以大大简化原始资料，在原始数据较多的情况下，使用单变量分组相关表可以更清晰地反映现象的相互依存关系，找出变量间数据变化的规律性。

（3）双变量分组相关表。将自变量和因变量都进行分组编制成的统计表，称为双变量分组相关表。如上例，可将其变化成表8-3的形式，表8-3即为双变量分组相关表。

表8-3　　　　某城市居民家庭月收入与月支出相关表

家庭月收入（元）	家庭月支出（元）					
	1 000以下	1 000 ~ 2 000	2 000 ~ 3 000	3 000 ~ 4 000	4 000 ~ 5 000	5 000以上
1 000以下	3					
1 000 ~ 2 000		6				
2 000 ~ 3 000		7				
3 000 ~ 4 000			10			
4 000 ~ 5 000				18		
5 000 ~ 6 000				22		
6 000 ~ 7 000					16	
7 000 ~ 8 000					8	
8 000 ~ 9 000					5	
9 000 ~ 10 000					3	
10 000以上						2

双变量分组相关表可适用于大量复杂数据的处理和分析。

2）相关图

相关图又称散点图，它是用直角坐标系的x轴代表自变量，y轴代表因变量，将两个变量间相对应的变量值用坐标点的形式描绘出来，用以表明相关点分布状况的图形。

根据表8-1的资料，可以绘制相关图，如图8-2所示。

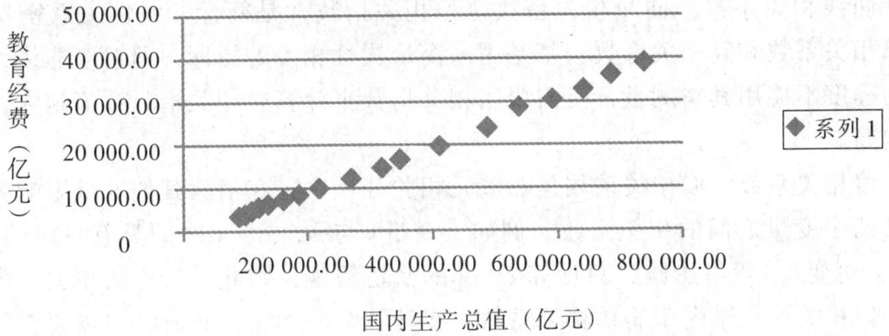

图8-2　国内生产总值与教育经费相关图

由图8-2可知，国内生产总值与教育经费二者之间呈直线相关的关系，随着国内生产总值的增加，教育经费也在不断增加，二者呈正相关关系。

根据表8-2的资料，可以绘制相关图，如图8-3所示。

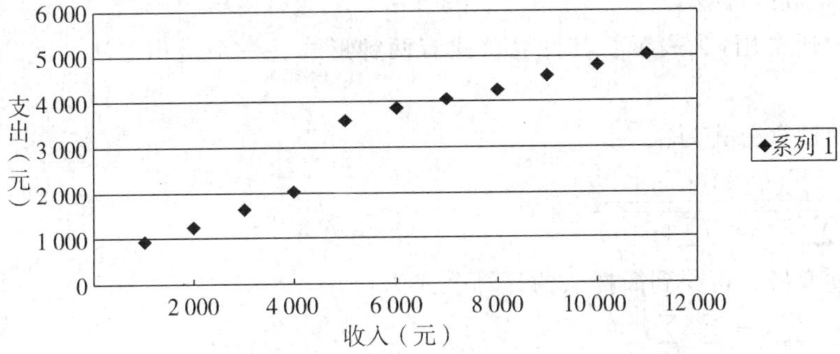

图8-3　某城市居民家庭月收入与月平均支出相关图

从图8-3我们可以看出，收入和支出二者之间呈正的线性相关，即随着收入的增长，支出也在不断增加。

8.2.2　相关系数

1）相关系数的概念

相关表和相关图可以反映变量之间的相互关系及相关方向，但无法确切地表明变量之间相关的密切程度。为了进一步掌握现象之间相关的密切程度，我们可以通过相关系数来测定。相关系数是描述相关的变量之间密切程度的统计分析指标。

2）相关系数的种类

相关系数根据所要分析的现象的相关形式及相关变量的多少不同，主要分为以下四种。

（1）简单相关系数。简单相关系数是描述呈线性相关的两个变量之间密切程度及相关方向的指标。

（2）复相关系数。复相关系数是测量一个因变量y与其他多个自变量x_1，x_2，x_3，…，x_p之间线性相关程度的指标。它不能直接测算，只能采取一定的方法进行间接测算。它可以利用简单相关系数和偏相关系数求得。复相关系数取值在0和1之间。复相关系数越接近于1，表明变量之间的线性相关程度越密切；越接近于0，表明变量之间的密切程度越低。复相关系数只能测定相关的程度，而无法测定相关的方向。

（3）曲线相关系数。曲线相关系数也称相关指数，是衡量非线性关系密切程度的指标。简单相关系数和复相关系数，都是用来衡量线性相关的指标，但对于非线性的相关关系，密切程度不能用其来测量，而需要用相关指数来计算。相关指数数值越大，表明其相关程度越高。

（4）偏相关系数。偏相关系数是在多元相关分析中，在消除其他变量影响的条件下所计算的某两个变量之间的相关系数。例如，变量y与x_1，x_2，x_3之间具有一定的相关关系，假定x_1，x_2对变量y没有影响，只计算x_3与y的密切程度，则此时计算的相关系数称为偏相关系数。偏相关系数不同于简单相关系数。在计算简单相关系数时，只需要掌握两个变量的观测数据，并不考虑其他变量对这两个变量可能产生的影响；而在计算偏相关系数时，需要掌握多个变量的数据，一方面考虑多个变量相互之间可能产生的影响，另一方面需采用一定的方法控制其他变量，专门考察两个特定变量的净相关关系。

本章只介绍简单相关系数的相关内容，以下所称相关系数，皆为简单相关系数。

3）相关系数的计算

相关系数通常用r来表示，其计算公式有两种形式：一个是积差法公式；另一个是简捷法公式。

积差法的计算公式为：

$$r=\frac{\sigma_{xy}^2}{\sigma_x\sigma_y}=\frac{\sum(x-\bar{x})(y-\bar{y})}{\sqrt{\sum(x-\bar{x})^2}\sqrt{\sum(y-\bar{y})^2}} \tag{8-1}$$

上式经过变换，可得到简捷法的计算公式为：

$$r=\frac{n\sum xy-\sum x\sum y}{\sqrt{n\sum x^2-(\sum x)^2}\sqrt{n\sum y^2-(\sum y)^2}} \tag{8-2}$$

根据这一公式，只需要计算x^2，y^2，xy，不必计算平均数、协方差和标准差，大大简化了运算过程。

相关系数的值介于-1和1之间，即$-1\leq r\leq 1$。其性质如下：

（1）当$r>0$时，表明两个变量呈正相关关系；当$r<0$时，表明两个变量呈负相关关系。

（2）当$|r|=1$时，表明两个变量之间为完全的相关关系，即为函数关系。

（3）当$r=0$时，表明两个变量之间没有直线相关关系。

（4）当$0<|r|<1$时，表明两个变量存在一定程度的直线相关关系。$|r|$越接近于1，两变量之间的相关关系越密切；$|r|$越接近于0，表明两个变量之间的相关关系越弱。

（5）相关的密切程度一般可以划分为：$|r|$在0.3以下为无相关，$|r|$在0.3～0.5为低度相关，$|r|$在0.5～0.8为显著相关，$|r|$在0.8以上为高度相关。

利用相关系数时，需要注意两个问题：其一，相关系数只适合于测定两个变量的直线相关的密切程度，如果计算结果数值很小，并非就说明二者之间没有相关关系或相关程度很低，也许现象之间还存在着其他形式的相关关系。其二，相关系数有一个明显的缺点，即它的数值与实际观测的数据组数有关，当n较小时，相关系数的波动较大，对有些样本相关系数的绝对值易接近于1；当n较大时，相关系数的绝对值容易偏小，特别是当n=2时，相关系数的绝对值总为1。因此，在样本容量n较小时，仅凭相关系数较大就判定变量之间的关系密切程度也是不妥当的。

例如，在某企业中随机抽取10名职工进行调查，以了解其工龄与工资水平的关系，调查结果及相关系数计算见表8-4。

表8-4　**某企业10名职工工龄与工资水平相关系数计算表**

序　号	职工工龄（年）x	职工月工资（元）y	x^2	y^2	xy
1	2	1 200	4	1 440 000	2 400
2	5	1 500	25	2 250 000	7 500
3	7	1 600	49	2 560 000	11 200
4	10	1 750	100	3 062 500	17 500
5	10	1 800	100	3 240 000	18 000
6	11	1 780	121	3 168 400	19 580
7	15	2 200	225	4 840 000	33 000
8	16	2 500	256	6 250 000	40 000
9	18	2 800	324	7 840 000	50 400
10	20	3 200	400	10 240 000	64 000
合　计	114	20 330	1 604	44 890 900	263 580

将上表计算结果代入简捷法公式中，便可得到相关系数：

$$r=\frac{n\sum xy-\sum x\sum y}{\sqrt{n\sum x^2-(\sum x)^2}\sqrt{n\sum y^2-(\sum y)^2}}$$

$$=\frac{10\times 263\,580-114\times 20\,330}{\sqrt{10\times 1\,604-114^2}\sqrt{10\times 44\,890\,900-20\,330^2}}$$

$$=\frac{318\,180}{\sqrt{3\,044}\sqrt{35\,600\,100}}=\frac{318\,180}{329\,190.98}=0.97$$

计算结果表明，职工的工龄和月工资水平之间存在高度的正相关关系。

通过以上的计算与分析过程，我们可以看到：统计所研究现象之间的相关关系，应该是真实的、客观存在的相关关系，而不是主观臆造的，或者形式上的偶然巧合。这就要求我们在实际进行相关关系分析时，应依据有关科学理论，通过观察和试验，在对现象进行深入分析的基础上，确定这种相关关系。另外，由于相关系数是根据样本计算得到的统计量，其数值的高低有一定的随机性，样本容量越小，这种随机性就越大。例如，两个变量只有两对样本数据时，相关系数为1，但这并不能说明两个变量是完全相关的。因此，只有对相关系数进行显著性检验后，才能判定是否相关的结论（本书不涉及相关系数检验的相关内容）。

8.3 一元直线回归分析

8.3.1 回归分析的含义

相关分析中的相关系数指标，可以从数量上说明在直线相关的条件下，变量之间相关关系的方向和密切程度，但它不能反映一个变量发生一定数量的变化，而另一个变量会发生多少变化。为解决这一问题，就必须采用回归分析方法。

回归分析是指通过一个变量或一些变量的变化，解释另一变量的变化。其主要内容和步骤是：首先，根据理论和对问题的分析判断，将变量分为自变量和因变量；其次，设法找出合适的数学方程式（即回归模型）描述变量间的关系；再次，由于涉及的变量具有不确定性，还要对回归模型进行统计检验；统计检验通过后，最后是利用回归模型，根据自变量的数值去估计因变量的数值。

回归分析可以从不同的角度划分为不同的种类。按照自变量的个数多少可分为一元回归分析和多元回归分析。只有一个自变量的回归分析叫一元回归分析；有两个或两个以上自变量的回归分析叫多元回归分析。按照回归的形式可分为直线回归分析和曲线回归分析。这里我们只讨论一元直线回归分析。

8.3.2 相关分析和回归分析的关系

1）相关分析和回归分析的联系

相关分析是回归分析的基础和前提，回归分析则是相关分析的深入和继续。相关分析需要依靠回归分析来表现变量之间数量相关的具体形式，而回归分析则需要依靠相关分析来表现变量之间的相关程度。只有当变量之间存在高度相关时，进行回归分析寻求其相关的具体形式才有意义。如果在对变量之间是否相关以及相关方向和程度做出正确判断之前，就进行回归分析，很容易造成“虚假回归”。与此同时，相关分析的具体形式，也无法从一个变量的变化来推测另一个变量的变化情况，因此，在具体应用过程中，只有把相关分析和回归分析结合起来，才能达到研究和分析的目的。

2）相关分析和回归分析的区别

相关分析和回归分析的区别主要有以下三个方面：

（1）在相关分析中涉及的变量不存在自变量和因变量的划分问题，变量之间的关系是对等的；而在回归分析中，则必须根据研究对象的性质和研究分析的目的，对变量进行自变量和因变量的划分，因此其变量之间的关系是不对等的。

（2）在相关分析中所有的变量都必须是随机变量；而在回归分析中，自变量是给定的，因变量才是随机的。

（3）相关分析主要是通过一个指标即相关系数来反映变量之间相关密切程度的大小，由于变量之间是对等的，因此相关系数是唯一确定的；而在回归分析中，对于互为因果关系的两个变量（如人的身高与体重），则有可能存在两个回归方程。

8.3.3 一元直线回归模型的建立

1）一元直线回归模型的描述

一元直线回归模型又称简单直线回归模型，它是根据成对的两个变量的数据，配合直线方程，并根据自变量的变动，来推算因变量发展趋势和水平的一种数学关系式。其数学表达式为：

$$y_c=a+bx \tag{8-3}$$

式中：y_c代表因变量的估计值，也叫理论值。a和b代表两个待定参数，其中，a代表回归直线的起始值，也是直角坐标系上y轴上的截距，即x=0时的y_c值，从数学意义上理解，它表示在没有自变量x的影响时，其他各种因素对因变量y的影响；b代表回归系数，也是回归直线的斜率，表示自变量x每变动一个单位时，因变量y平均变动b个单位。

2）一元直线回归模型的参数计算

在回归直线的数学表达式中，只要能确定两个待定参数a和b，那么回归模型也就确定了。统计理论已经证明，用最小平方法求解待定参数a和b而建立的回归模型最具有代表性，也是所有观测点的最优拟合线。

应用最小平方法配合直线方程，其基本要求是实际值与估计理论值的离差平方和为最小值，用公式表示为：

$$\sum(y-y_c)^2=\sum(y-a-bx)^2=\text{最小值} \tag{8-4}$$

根据数学中对二元函数求极值的原理，我们可以得到求解a和b的标准方程组如下：

$$\sum y=na+b\sum x \tag{8-5}$$

$$\sum xy=a\sum x+b\sum x^2 \tag{8-6}$$

将上述方程组进一步整理，就会得到求解a和b的计算公式如下：

$$b=\frac{n\sum xy-\sum x\sum y}{n\sum x^2-(\sum x)^2} \tag{8-7}$$

$$a=\frac{\sum y}{n}-b\frac{\sum x}{n} \tag{8-8}$$

例如，某企业在全国各地都有其产品的代理商，为研究其产品的销售额与其广告费用之间的关系，该企业随机抽取了10家代理商进行调查，调查结果及回归方程的建立过程见表8-5。

表8-5　**广告费用与产品销售额回归分析计算表**　单位：万元

序　号	年广告投入x	月销售额y	xy	x^2
1	12.5	21.2	265.00	156.25
2	15.3	23.9	365.67	234.09
3	23.2	32.9	763.28	538.24
4	26.4	34.1	900.24	696.96
5	33.5	42.5	1 423.75	1 122.25
6	34.4	43.2	1 486.08	1 183.36
7	39.4	49.0	1 930.60	1 552.36
8	45.2	52.8	2 386.56	2 043.04
9	55.4	59.4	3 290.76	3 069.16
10	60.9	63.5	3 867.15	3 708.81
合　计	346.2	422.5	16 679.09	14 304.52

设回归方程为$y_c=a+bx$，其中a和b分别计算得：

$$b=\frac{n\sum xy-\sum x\sum y}{n\sum x^2-(\sum x)^2}=\frac{10\times 16\,679.09-346.2\times 422.5}{10\times 14\,304.52-346.2^2}=\frac{20\,521.4}{23\,190.76}=0.8849$$

$$a=\frac{\sum y}{n}-b\frac{\sum x}{n}=\frac{422.5}{10}-0.8849\times\frac{346.2}{10}=11.61$$

将a和b代入所设的回归方程中，则得到所建立的回归模型为：

$$y_c=a+bx=11.61+0.8849x$$

8.3.4 多元线性回归分析

前面研究了一元回归的问题，它反映的是因变量与一个自变量之间的关系。但是客观现象之间的联系是复杂的，许多现象的变动都涉及多个变量之间的数量关系。例如，某块耕地面积上粮食产量的高低，一方面受施肥量的影响，另一方面也受浇水量、温度、管理等诸多因素的影响。由于客观现象具有多方面的相互联系，我们就需要进一步研究和掌握分析这类问题的方法。在统计中，把研究一个因变量与多个自变量之间相互关系的理论和方法，称为多元回归分析或复回归分析。

多元回归分析可以分为多元线性回归分析和多元非线性回归分析。我们在这里只讨论多元线性回归分析的问题。

多元线性回归分析是在现象之间存在着直线相关关系的条件下，研究现象之间的一般规律，即建立回归方程，并通过回归方程来进行预测。

多元回归方程是用于表达一个因变量与多个自变量之间相互关系及其规律性的一种数学模型。当研究一个变量y值的变动受x_1，x_2，x_3，…，x_n等多个因素的影响时，我们可以把y作为因变量，把x_1，x_2，x_3，…，x_n作为自变量。如果它们之间存在着直线相关的关系，这时可以建立的直线回归方程为：

$$y_c=a_0+a_1x_1+a_2x_2+a_3x_3+\cdots+a_nx_n \tag{8-9}$$

式中：y_c代表多元回归的估计值，也叫理论值；a_0，a_1，a_2，a_3，…，a_n分别代表y对自变量x_1，x_2，x_3，…，x_n的回归系数。

在多元回归方程中，y对某一自变量的回归系数表示当其他自变量都固定时，该自变量变化一个单位而使y平均改变的数值，也通称为偏回归系数。

与研究一元回归时的情形相似，求参数a_0，a_1，a_2，a_3，…，a_n的方法，还是采用最小平方法，即要求：

$$\sum(y-y_c)^2=\text{最小值}$$

通过求极值的方法，我们可以得到多元线性回归方程的参数的求解方程组。以两个自变量为例，设其直线回归方程为：

$$y_c=a_0+a_1x_1+a_2x_2 \tag{8-10}$$

则其求解参数a_0，a_1，a_2的回归方程组为：

$$\sum y=na_0+a_1\sum x_1+a_2\sum x_2 \tag{8-11}$$

$$\sum x_1y=a_0\sum x_1+a_1\sum x_1^2+a_2\sum x_1x_2 \tag{8-12}$$

$$\sum x_2y=a_0\sum x_2+a_1\sum x_1x_2+a_2\sum x_2^2 \tag{8-13}$$

通过以上的方程组，我们可以求得a_0，a_1，a_2，然后代入到直线回归方程中，就可以得到直线回归方程。这里我们就不详细叙述了。

8.3.5　估计标准误差

1）估计标准误差的含义

回归方程的一个重要作用在于根据自变量的已知值去估计因变量的理论值，而理论值y_c与实际值y存在着差距，这就产生了推算结果的准确性问题。如果差距小，说明推算结果的准确性高；反之，说明推算结果的准确性差。为此，分析理论值与实际值的差距有很现实的意义。为了度量y的实际水平和估计值y_c离差的一般水平，可计算估计标准误差。估计标准误差是说明回归直线代表性大小的统计分析指标，它说明观察值围绕着回归直线的变化程度或分散程度。

2）估计标准误差的计算

估计标准误差通常用S_{yx}表示，其计算公式为：

$$S_{yx}=\sqrt{\frac{\sum(y-y_c)^2}{n-2}} \tag{8-14}$$

这个公式比较形象地说明了估计标准误差的含义，但在实际计算时，会非常麻烦，如上例中，如果按这个公式计算，需要计算出每个自变量观测值的理论值，然后还需要和其实际值进行比较，才能计算出估计标准误差。估计标准误差的计算见表8-6。

表8-6　**估计标准误差计算表**　单位：万元

企业序号	年广告投入x	月销售额y	y_c	$y-y_c$	$(y-y_c)^2$
1	12.5	21.2	22.66	−1.46	2.13
2	15.3	23.9	25.14	−1.24	1.54
3	23.2	32.9	32.13	0.77	0.59
4	26.4	34.1	34.96	−0.86	0.74
5	33.5	42.5	41.24	1.26	1.59
6	34.4	43.2	42.04	1.16	1.35
7	39.4	49.0	46.47	2.53	6.40
8	45.2	52.8	51.60	1.20	1.44
9	55.4	59.4	60.62	−1.22	1.49
10	60.9	63.5	65.49	−1.99	3.96
合　计	346.2	422.5	422.35	—	21.23

将表8-6中的计算结果代入估计标准误差公式，可得：

$$S_{yx}=\sqrt{\frac{\sum(y-y_c)^2}{n-2}}=\sqrt{\frac{21.23}{10-2}}=1.63\text{（万元）}$$

从上面的计算来看，这种计算比较麻烦，因此，我们通过对上述公式进行变换，最终得到如下公式来求解估计标准误差：

$$S_{yx}=\sqrt{\frac{\sum y^2-a\sum y-b\sum xy}{n-2}} \tag{8-15}$$

利用这个公式，我们可以根据计算相关系数和建立回归方程时的有关资料来求解估计标准误差。在本例中，我们计算的$\sum y^2$=19 687.81，则其估计标准误差为：

$$S_{yx}=\sqrt{\frac{\sum y^2-a\sum y-b\sum xy}{n-2}}$$

$$=\sqrt{\frac{19\,687.81-11.61\times 422.5-0.8849\times 16\,679.09}{10-2}}=1.71\text{（万元）}$$

用上述两个公式计算的估计标准误差有一点误差，这主要是在计算过程中，由取舍小数的问题造成的。

3）估计标准误差的作用

在相关分析中，一个很重要的任务就是要利用相关资料来建立回归方程，并利用回归方程来预测。那么，这个回归方程是否能更好地代表现象之间的一般关系，根据这个方程进行预测得到的预测值（理论值）是否准确，准确程度怎样，这些问题的解决都是要通过估计标准误差来完成的。概括起来，估计标准误差有如下三个作用：

（1）说明以回归直线为中心的所有相关点的离散程度；

（2）说明回归直线的代表性大小；

（3）可以对因变量的值进行区间估计。

4）估计标准误差与相关系数之间的关系

估计标准误差S_{yx}与相关系数r在数量上也存在着密切的关系，这就从另一个角度说明了相关分析与回归分析之间的关系。二者之间的关系可由下列公式来表述：

$$r=\sqrt{1-\frac{S_{yx}^{\ 2}}{\sigma_y^{\ 2}}} \tag{8-16}$$

$$S_{yx}=\sigma_y\sqrt{1-r^2} \tag{8-17}$$

从这两个公式可以看出，r与S_{yx}的变化方向是相反的。当r越大时，S_{yx}越小，相关密切程度越高，回归直线的代表性越大；当$r=\pm 1$时，$S_{yx}=0$，现象间完全相关，各相关点均落在回归直线上，这时对x的任何变化，y总有一个相应的值与之对应；当r越小时，S_{yx}就越大，这时相关密切程度就越低，回归直线的代表性就越小；当$r=0$时，S_{yx}取得最大值，这时现象间不存在直线关系。

8.3.6 回归分析的预测和估计

回归方程概括地描述了现象之间的数量关系，可以反映现象之间的一般规律性，我们可以通过回归方程，用自变量的数值，来估计因变量的数值。其估计方法有两种：一种是点估计；另一种是区间估计。

1）点估计

点估计就是将给定的自变量x_0代入回归方程求出y_0的估计值。例如，利用年广告投入和月销售收入之间的回归方程式，当自变量年广告投入为50万元时，我们对因变量月销售收入进行点估计，其估计值为：

$$y_c=a+bx=11.61+0.8849x=11.61+0.8849\times 50=55.86\text{（万元）}$$

2）区间估计

回归分析的区间估计是在一定的概率下，给出一个自变量x_0，然后利用回归方程，求出一个因变量y_0的估计值的区间范围。

因变量估计值的区间为：$(y_c-tS_{yx},\ y_c+tS_{yx})$。其中：t可通过查正态分布概率表来求得，其方法与抽样推断概率度的求法一样。

这里需要指出，一个回归方程只能作一种推算，不能进行相反推算，即只能以自变量x推算因变量y的数值，而不能以因变量y来推算自变量x的数值。例如，对于年广告投入和月销售额的回归方程，我们只可以利用这个回归方程的自变量年广告投入来推断因变量月销售额的数值，而不能利用这个回归方程的因变量月销售额去推算自变量年广告投入的数值。而在互为因果关系的变量之间，根据研究需要，可建立y对x的回归方程和x对y的回归方程，但此时这两个回归方程是两个不同的回归方程，具有不同的斜率和意义，各自只能根据给定的自变量去推算相应的因变量的数值。

8.4 相关分析与回归分析的应用

8.4.1 相关分析应用实例

应用相关分析的理论，我们可以根据现象之间数量关系的变化规律，进行静态和动态预测。我们在这里主要讨论在一定时间上对现象之间因果关系的预测，而对于现象未来发展的动态预测，将另作讨论。

下面我们举例说明相关分析的主要内容及计算过程。例如，为了研究家庭收入和食品支出的关系，我们随机抽取了10个家庭的样本，得到的数据见表8-7。

表8-7 **家庭收入与食品支出样本数据表** 单位：百元

家庭收入	20	30	33	40	15	13	26	38	35	43
食品支出	7	9	8	11	5	4	8	10	9	10

根据表8-7的资料，要求：

(1) 判断家庭收入和食品支出之间是否存在着相关关系以及相关的形式。

(2) 如果存在着相关关系，判断二者的相关程度。

(3) 建立回归方程。

(4) 计算估计标准误差。

(5) 在家庭收入为4 000元时，对食品支出进行点估计和区间估计（概率保证程度为95%）。

具体分析步骤如下：

(1) 确定现象之间是否具有相关关系。经验告诉我们，家庭收入与食品支出有一定的关系，一般来说，家庭收入越高，家庭的食品支出也就越多，二者之间存在着正相关的关系。

(2) 判定相关的形式。根据实际调查的资料，我们可以通过相关图来确定家庭收入和食品支出的关系形式，如图8-4所示。通过家庭收入和食品支出相关图，我们可以看出家庭收入和食品支出二者之间存在着直线相关的关系。

(3) 通过以上分析，我们知道家庭收入和食品支出二者之间存在着正的直线相关关系，所以，我们可以进一步计算二者之间的相关系数，以便判断二者的密切程度，具体见表8-8。

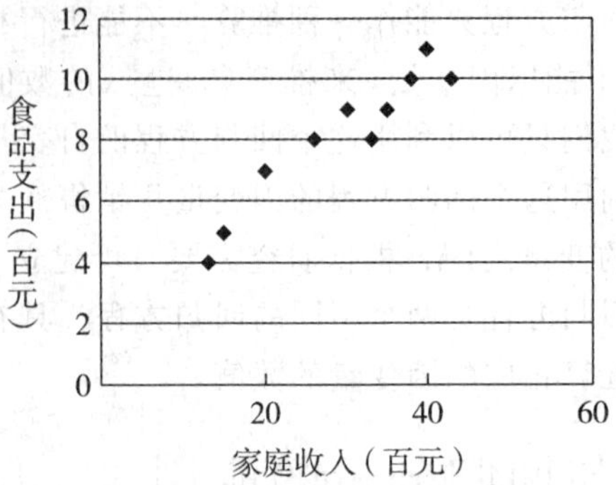

图 8-4 家庭收入与食品支出相关图

表 8-8 **相关分析计算表** 单位：百元

家 庭	家庭收入 x	食品支出 y	x^2	y^2	xy
1	20	7	400	49	140
2	30	9	900	81	270
3	33	8	1 089	64	264
4	40	11	1 600	121	440
5	15	5	225	25	75
6	13	4	169	16	52
7	26	8	676	64	208
8	38	10	1 444	100	380
9	35	9	1 225	81	315
10	43	10	1 849	100	430
合 计	293	81	9 577	701	2 574

根据以上计算结果，我们先来计算相关系数：

$$r=\frac{n\sum xy-\sum x\sum y}{\sqrt{n\sum x^2-(\sum x)^2}\sqrt{n\sum y^2-(\sum y)^2}}$$

$$=\frac{10\times 2\,574-293\times 81}{\sqrt{10\times 9\,577-293^2}\sqrt{10\times 701-81^2}}$$

$$=0.95$$

通过相关系数的计算，我们可以判定二者之间存在着高度的正相关关系。

（4）建立直线回归方程。

设直线回归方程为 $y_c=a+bx$，其 a 和 b 的值分别为：

$$b=\frac{n\sum xy-\sum x\sum y}{n\sum x^2-(\sum x)^2}=\frac{10\times 2\,574-293\times 81}{10\times 9\,577-293^2}=\frac{2\,007}{9\,921}=0.202$$

$$a=\frac{\sum y}{n}-b\frac{\sum x}{n}=\frac{81}{10}-0.202\times\frac{293}{10}=2.18$$

故直线方程为：$y_c=2.18+0.202x$

（5）计算估计标准误差。

$$S_{yx}=\sqrt{\frac{\sum y^2-a\sum y-b\sum xy}{n-2}}$$

$$=\sqrt{\frac{701-2.18\times 81-0.202\times 2\,574}{10-2}}$$

=0.75（百元）

（6）利用回归方程对因变量进行估计。

①进行点估计。

当家庭收入为4 000元时，运用回归方程，我们可以得到食品支出为：

$y_c=2.18+0.202x=2.18+0.202\times 40=10.26$（百元）

因此，当家庭收入为4 000元时，用在食品上的支出一般应为1 026元。

②进行区间估计。

当自变量家庭收入为4 000元时，食品支出的估计值y_c为10.26百元，S_{yx}为0.75百元。通过查表我们可知，在概率保证程度为95%时，t=1.96。由此，我们可以得到食品支出的区间为：

下限为：$y_c-tS_{yx}=10.26-1.96\times 0.75=8.79$（百元）

上限为：$y_c+tS_{yx}=10.26+1.96\times 0.75=11.73$（百元）

因此，当家庭收入为4 000元时，以95%的概率保证程度，食品支出的范围在［8.79，11.73］（单位：百元）之间，预测误差为0.75百元。

8.4.2 应用相关分析和回归分析需注意的问题

1）在进行相关分析时，必须以现象之间客观存在的相关关系为基础

判断现象之间是否存在相关关系，是进行相关分析首先要解决的问题。但是，由于社会经济现象错综复杂，哪些现象之间确实存在直接的依存关系，哪些现象之间只有间接关系，哪些现象之间根本没有关系，并不是一目了然的。判断现象之间有没有关系，是什么关系，关系是否密切，需要根据经济理论、有关的专业知识和实践经验进行反复研究，获得了准确的定性认识之后才能应用相关方法作进一步的分析。因此，在相关分析中，有无关系和关系密切程度的判断是第一位的，相关分析方法的进一步应用是第二位的。这个位置不能颠倒，否则就可能把关系搞错。如果把没有关系的现象当作它们有相关关系，运用相关分析去测定它们之间的数量变化关系，就会发生虚假相关的现象而导致认识上的错误。

2）回归方程、相关系数和回归误差需结合起来应用

回归方程抽象地反映了现象之间数量关系变化的规律，根据回归方程，只要确定了自变量的数值，就可以推算出因变量的数值。但是，回归方程不能说明现象之间数量相关关系的密切程度，也不能说明根据回归方程所做出的估计或预测的误差和可靠程度，所以要对现象之间数量关系进行系统相关分析，必须在配合回归方程的同时，计算并结合运用相关系数及回归标准误差，只有这样才有可能系统地、全面地认识相关现象数量变动的规律，做出较准确的分析和判断。

3）应用相关分析进行预测要注意其他有关现象所产生的作用

相关分析的预测，是根据历史资料配合的回归方程来进行的，是根据经验公式来进行预测的。因此，运用时要注意条件的相对稳定，尤其是延伸回归直线进行外推预测，要考虑相关关系是否仍然存在及其密切程度，回归误差有无变化，慎重应用为妥。在预测时，

不仅要选用最主要的影响因素，而且还要充分考虑其他相关因素的影响。在条件发生变化时，只要相关关系仍然较为显著，回归方程还是可以作为预测的依据，但要进行一定的修正，以提高其可靠程度。

4）注意社会经济现象的复杂性

社会经济现象之间的数量关系比自然技术现象之间的数量关系更为复杂。社会经济现象之间数量关系的变化不仅受自然技术因素的影响，而且不可避免地受到政治、经济、伦理道德、情理等因素的影响，而且这些影响因素往往是交互的，所以要充分注意社会经济现象的复杂性。

例如，商品价格与销售量之间有着显著的相关关系，但是销售量的变化，不仅受到商品价格的影响，同时还受到政治形势、经济政策、消费心理、产品质量、产品升级换代等许多因素的制约。这些因素都是很难进行定量分析的。

因此，应用相关分析法研究社会经济现象之间数量关系的变化时，不仅要注意它的复杂性，还要注意定性分析和定量分析相结合应用。

随堂测8

第9章

Excel在统计分析中的应用

[学习目标]

通过本章的学习，要掌握利用Excel进行统计上的一些数据整理和分析的方法，主要包括利用Excel进行统计分组，编制统计表，绘制统计图；熟练掌握利用Excel进行统计数据描述的方法；熟练掌握利用Excel进行统计回归分析的计算；熟练掌握Excel公式的编写；掌握利用Excel进行统计推断、指数分析及时间序列分析的一些方法。

● 9.1 Excel的统计数据处理分析功能概述

9.1.1 数据分析工具库宏程序的开户和操作

1）加载Excel数据分析宏程序

作为Office电子表格文件处理工具的Excel，不仅具有进行相关电子表格处理的功能，而且还带有一个可以用来进行统计数据处理分析的宏程序库——“分析工具库”。通常计算机安装了Office后，其Excel电子表格系统并不能直接用来进行统计数据的处理分析，需要通过加载宏，启动“数据分析”宏“分析工具库”系统后，才能运行统计数据的数理分析工具。

打开Excel电子表格系统后，如果在“工具”项的菜单中没有“数据分析”命令出现，则说明Excel电子系统尚未加载分析工具宏程序，必须在Excel中加载并启动“分析工具库”宏程序。

打开Excel后，点击工具栏中的加载宏，在弹出的“加载宏”对话框中勾选“分析工具库”，然后点击确定，即完成了Excel数据分析宏程序的加载，此时，会在Excel的“工具”菜单中出现“数据分析”的命令选项，如图9-1所示。

2）使用Excel数据分析程序进行统计数据处理分析

完成了Excel数据分析宏程序的加载后，点击“工具”菜单中的“数据分析”命令，即弹出Excel的统计分析工具对话框，如果选中其中的某一个统计分析工具，并点击“确定”按钮，就会跳出该分析工具的运行对话框，然后通过运行对话框的对话可以进一步进入该统计分析工具宏程序的运行过程。在整个分析工具宏程序库中，设有各种数据处理分析的工具宏程序，包括用于进行描述统计分析的描述统计和直方图分析工具宏等，也包括

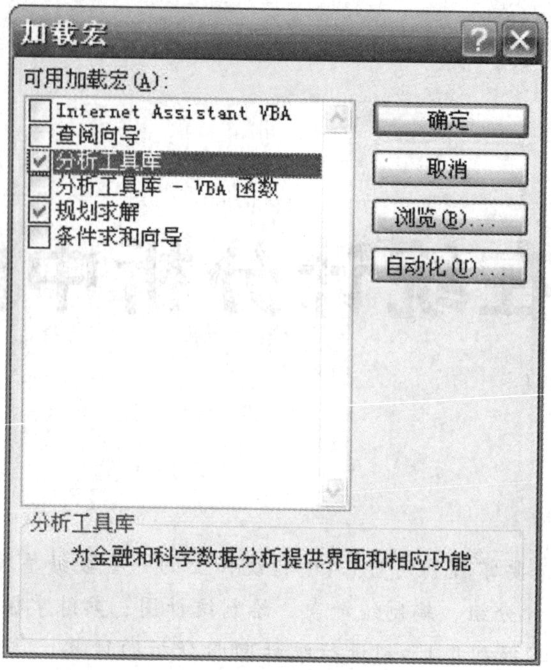

图9-1　数据分析命令选项示意图

可能进行推断统计分析的方差分析、相关和回归分析、统计推断和检验以及时间序列指数平滑法等分析工具宏，如图9-2所示。

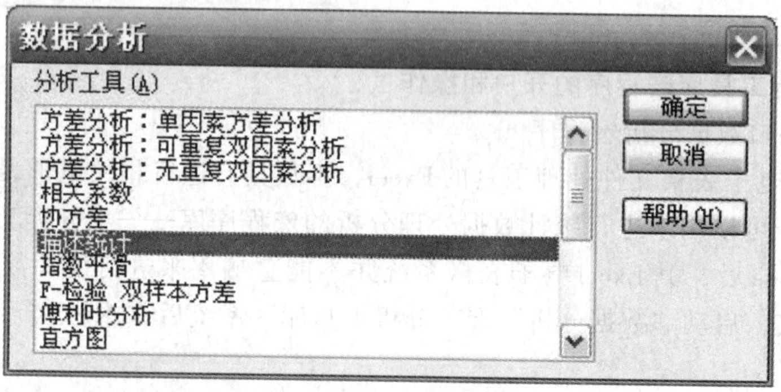

图9-2　数据分析工具示意图

9.1.2　Excel统计函数及其使用

Excel具有大量的内置函数，如财务函数、日期和时间函数、数学和三角函数以及统计函数，如图9-3所示。通常在应用Excel进行数据处理分析时，应尽量使用这些内置函数，其一方面可以减少因计算公式的输入带来的麻烦，另一方面可以根据处理分析的需要，在电子表格上编辑出多种内置函数组合应用研究活动工作簿，以适应某些多步骤运算过程的特殊处理分析需要。

在Excel运行过程中，调用统计函数主要采用两种方法：其一，在工作簿的单元格中直接输入统计函数的函数名称（必须在统计函数名称前加“=”号），立即就会弹出该函数的初始输入对话框，只要在有关的参数选项内填入确定的参数就能得到函数的计算结果值。其二，在工作簿的单元格内输入“=”号后，查找工作簿左上方的“名称”显示格内出现的函数选择表，选择某个函数名称，同样会得到该函数的初始输入对话框。

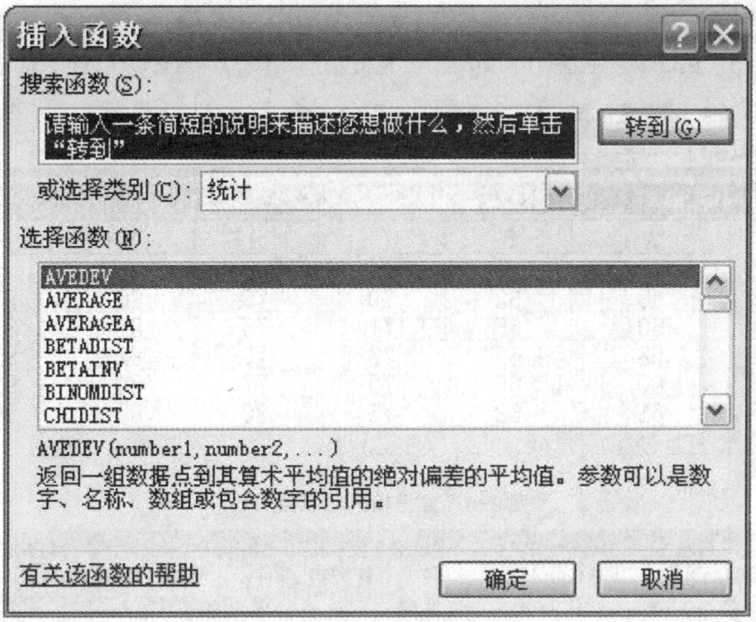

图9-3　内置函数示意图

● 9.2　Excel在统计整理中的应用

统计整理的主要内容包括如何进行统计分组、编制分配数列、编制统计表和绘制统计图等。这里主要介绍如何进行统计分组，并根据编制的分配数列统计表绘制统计图。

例如，某高校30名学生的“统计学”考试成绩，资料如下：

48　50　58　60　61　62　65　65　66　68　70　71　73　73　75

75　75　76　77　80　80　81　82　84　85　88　89　91　92　95

根据以上数据，进行统计分组，并编制统计表和绘制统计图。

9.2.1　进行统计分组

用Excel进行统计分组有两种方法：一是利用“Frequency”函数；二是利用数据分析中的“直方图”工具。这里我们仅介绍利用“Frequency”函数进行统计分组的方法。

函数向导“Frequency”可用来对一系列数据进行分组，并自动计算各级的分配次数。“Frequency”的参数为“Data_array”和“Bins_array”。其中，“Data_array”为待分组的数据的单元地址，存放方式为一个向量区域。“Bins_array”为用于对前述数据系列进行分组的间隔点的单元地址，存放方式也为一个向量区域。其具体分组步骤如下：

第一步，启动Excel，新建一个工作簿，并将上面的数据资料输入到表格中，如图9-4所示。

第二步，确定每一组的上限值。确定上限值是编制分配数列的关键，确定了每一组的上限值，即确定了每一组的组限和组距。本例中，输入的上限值分别是59、69、79、89、100，把这些值输入到H2：H6中，将选取的结果存放的单元格区域为I2：I6。

第三步，将光标移至拟存放首组频数的单元格I2上，启动函数向导“Frequency”，如图9-5所示，然后点击“确定”。

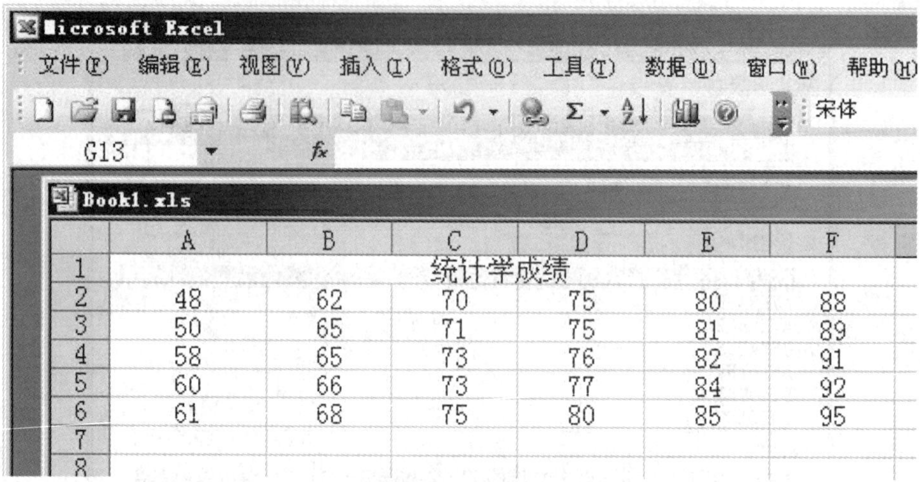

图9-4 数据输入示意图（1）

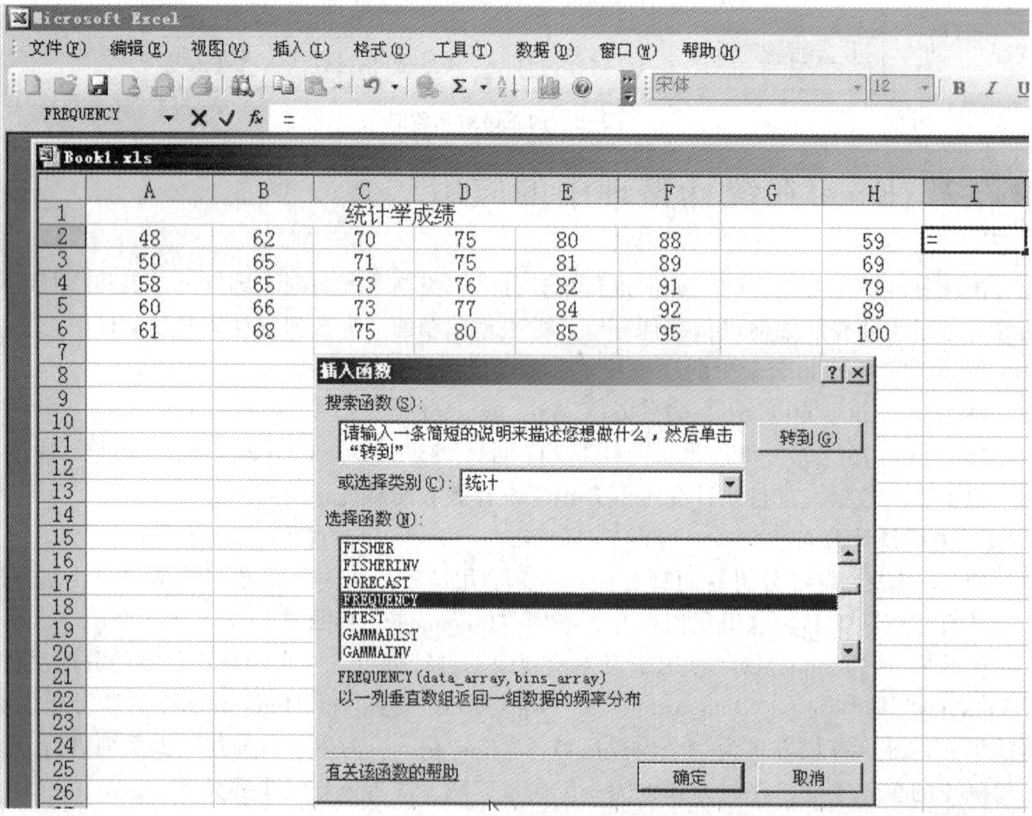

图9-5 函数向导示意图（1）

第四步，在“Data_array”中，引用A2：F6，在“Bins_array”中，引用H2：H6，如图9-6所示。

第五步，点击“确定”，得到首组的次数，然后从首组次数单元格I2拉动光框到I6，得一反白区域，如图9-7所示。

第六步，按下F2键，然后按住“Ctrl+Shift+Enter”组合键，即可获得各组相应的次数，得到关于30名学生的“统计学”成绩的分配数列，如图9-8所示。

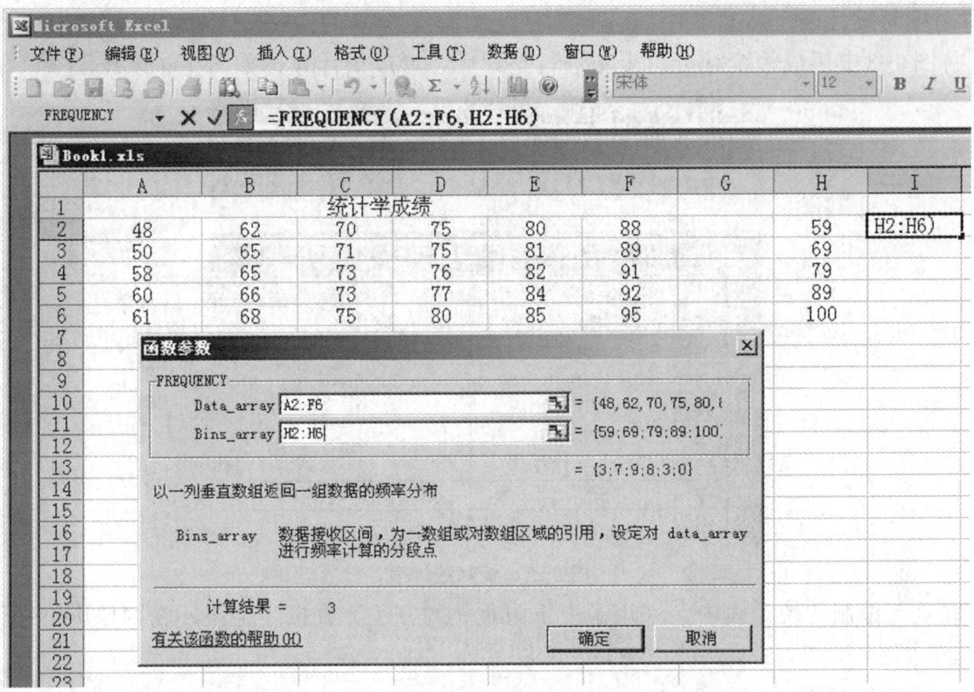

图 9-6　函数向导示意图（2）

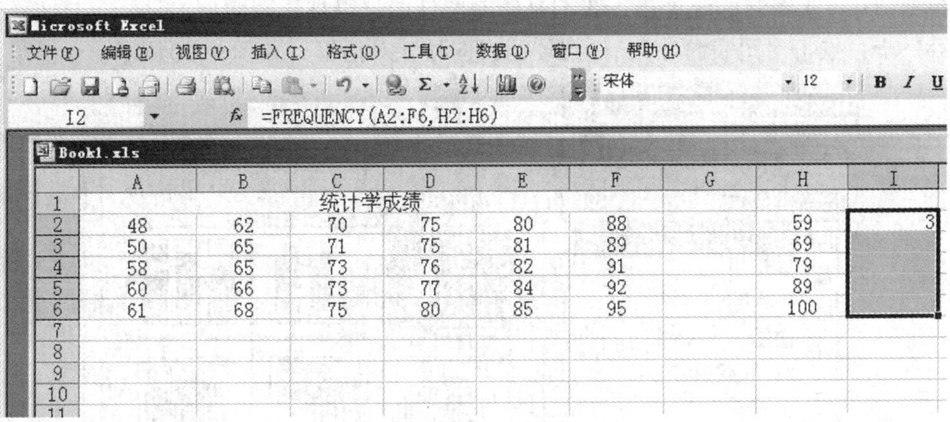

图 9-7　函数向导示意图（3）

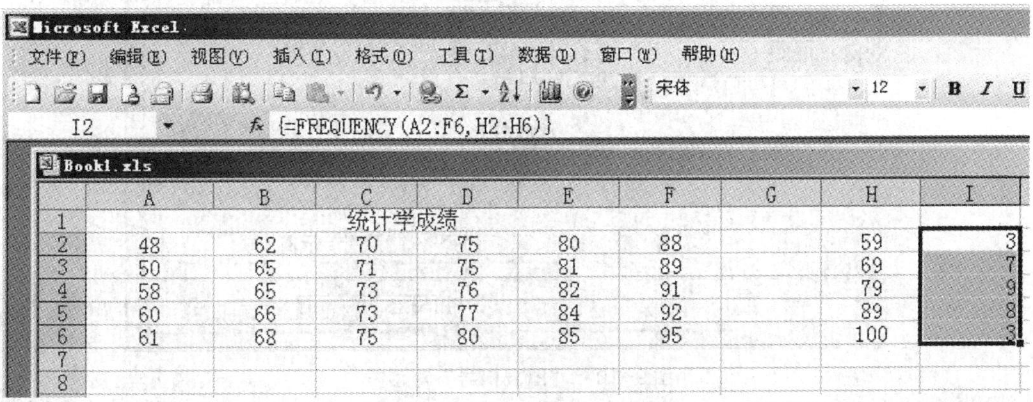

图 9-8　分配数列示意图

9.2.2 编制统计表

将图9-8中形成的统计分组重新进行整理后，形成统计表，如图9-9所示。

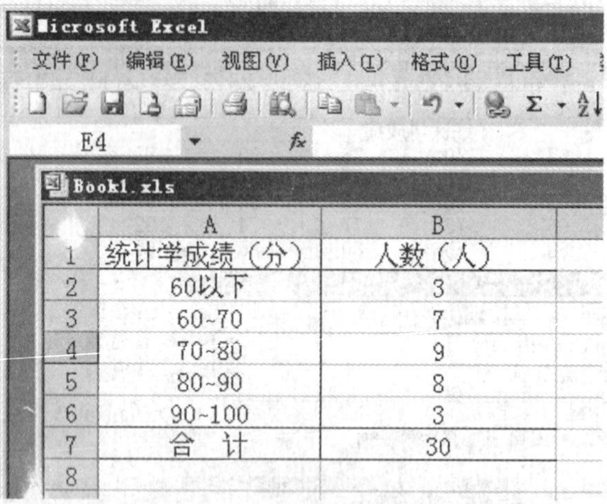

图9-9 编制统计表

在重新编制的统计表中，采用了上下限重叠的方法，并按“上限不在内原则”进行了分组。

9.2.3 绘制统计图

根据图9-9所编制的统计表，我们来绘制统计图，以柱形图为例。

第一步，点击“图表向导”，得到“图表向导”对话框，如图9-10所示。

图9-10 “图表向导”对话框

第二步，在图表类型中选择柱形图，在子表类型中选择第一个。点击“下一步”，在出现的新对话框中的数据区域中，输入“=Sheet1！A2：B6”，或在统计表中选中“统计学”成绩和人数的数据区域，如图9-11所示。

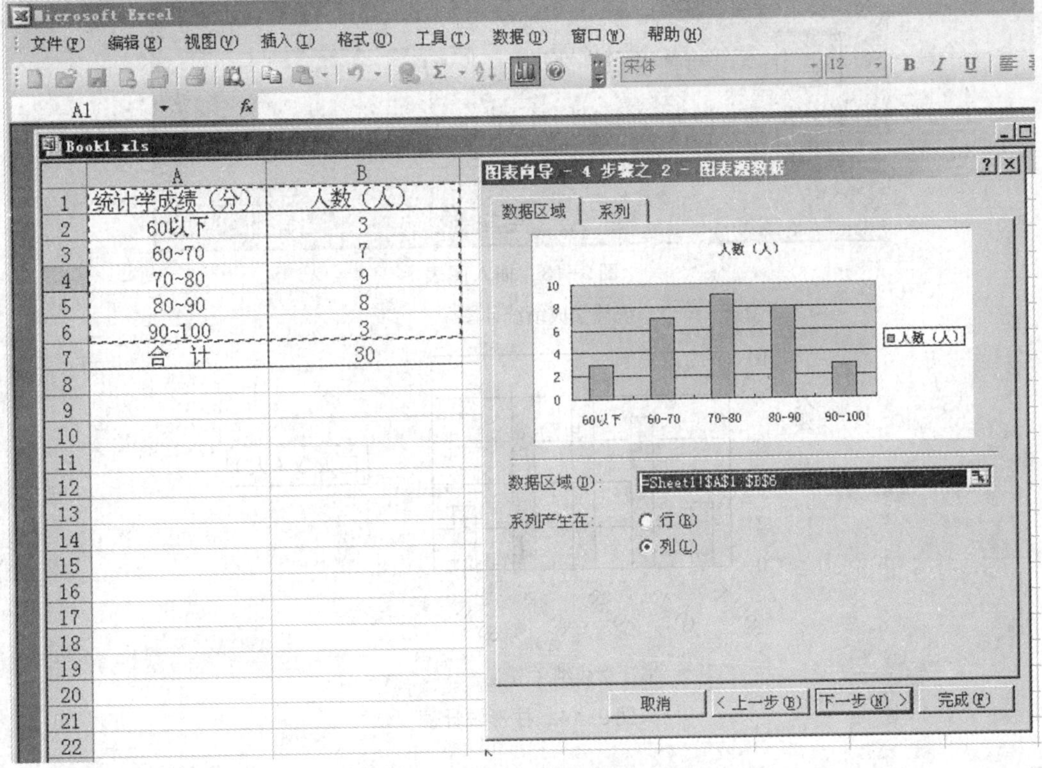

图9-11 选中数据区域

第三步，点击“下一步”，然后在对话框的“图表标题（T）”中输入“统计学成绩统计图”，在“分类（X）轴（C）”中输入“统计学成绩”，在“数值（Y）轴（V）”中输入“人数”，如图9-12所示。

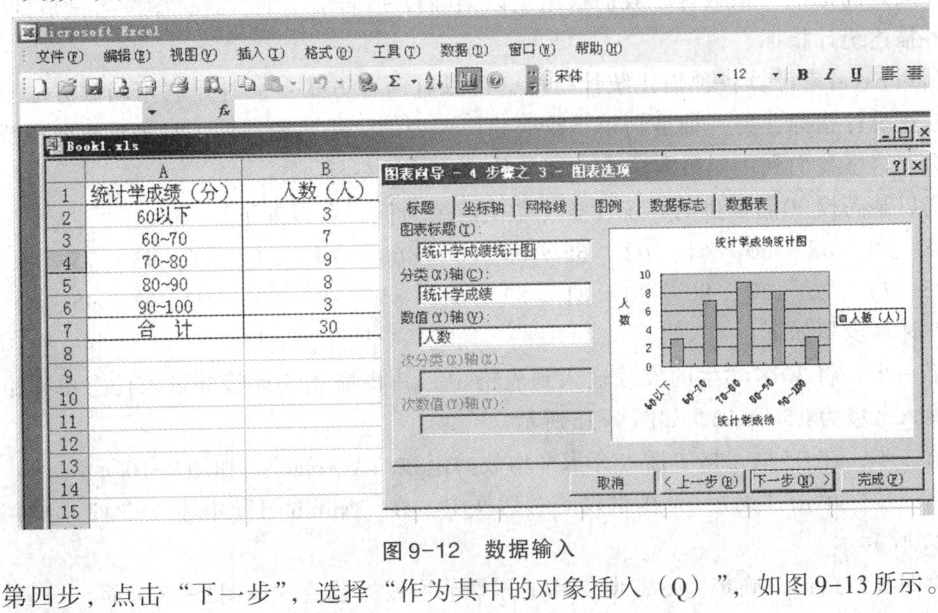

图9-12 数据输入

第四步，点击“下一步”，选择“作为其中的对象插入（O）”，如图9-13所示。

第五步，点击“完成”，便得到了柱形统计图，如图9-14所示。

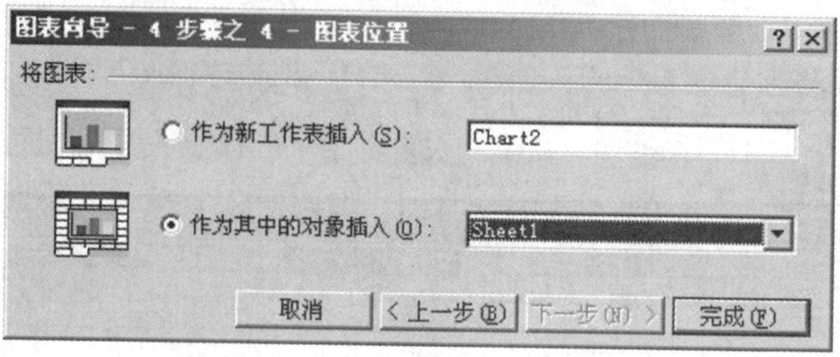

图9-13　插入图表

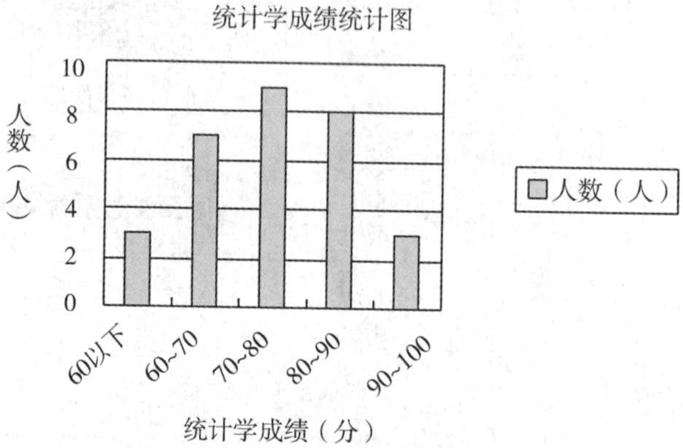

图9-14　柱形统计图

● 9.3　Excel在数据描述中的应用

常用的描述统计指标有算术平均数、调和平均数、几何平均数、中位数、众数、全距、标准差和标准差系数等。我们这里仍以某高校30名学生的“统计学”考试成绩为例，计算各描述统计指标。

利用Excel来计算各种描述统计指标，可以有两种方式：一种是利用函数方法来计算各种描述统计指标，另一种是利用“数据分析”中的“描述统计”工具来计算各种描述统计指标。这里我们利用函数方法来计算各种描述统计指标。

仍以某高校30名学生的“统计学”考试成绩为例，资料如下：

48　50　58　60　61　62　65　65　66　68　70　71　73　73　75
75　75　76　77　80　80　81　82　84　85　88　89　91　92　95

其计算步骤如下：

第一步，将30名学生的成绩输入到表格中，并将描述统计指标输入任意单元格，本例中输入区域为C5：C12，如图9-15所示。

第二步，在D5单元格中插入算术平均数的函数“Average”，如图9-16所示。

第三步，单击“确定”，在出现的对话框中，在“Number1”中输入“A2：A31”，如图9-17所示。

第四步，点击“确定”后，便得到了算术平均数的数值，如图9-18所示。

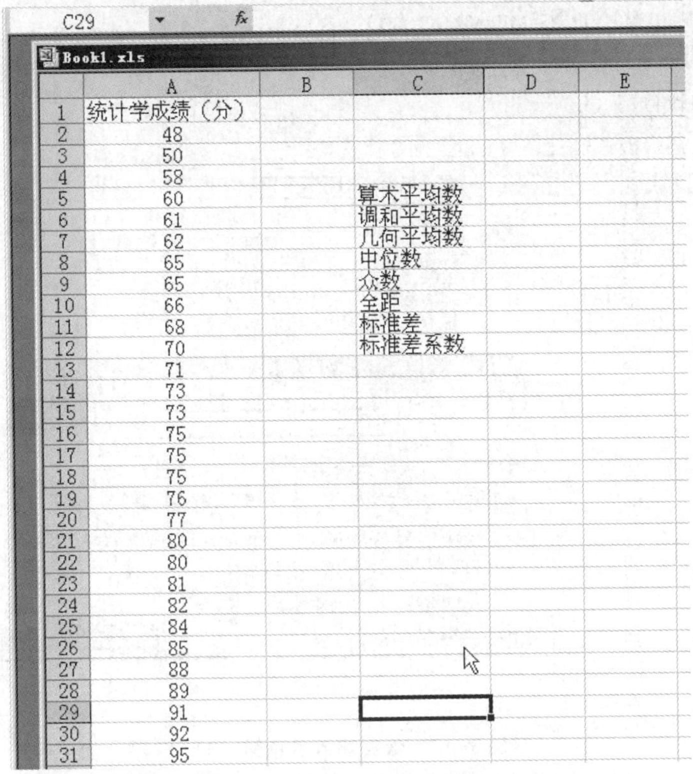

图 9-15　数据输入示意图（2）

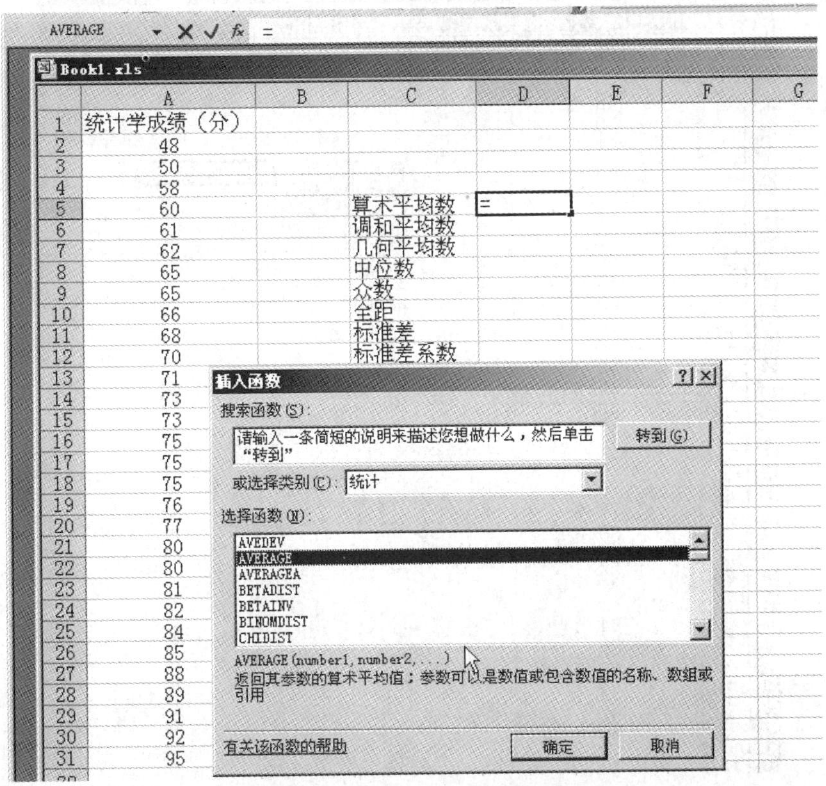

图 9-16　插入算术平均数函数

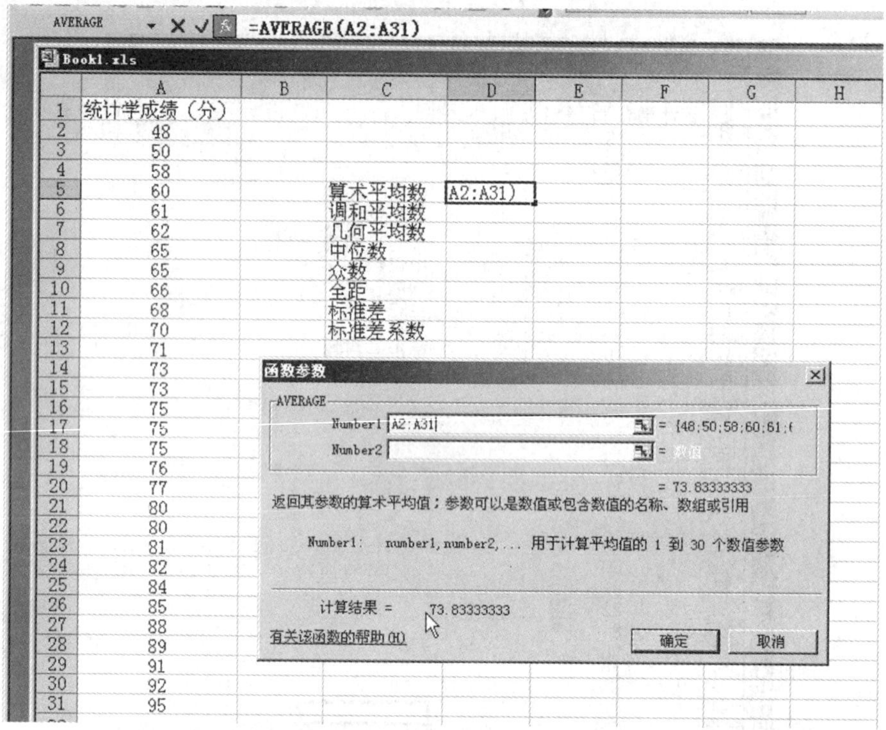

图 9-17　数据输入示意图（3）

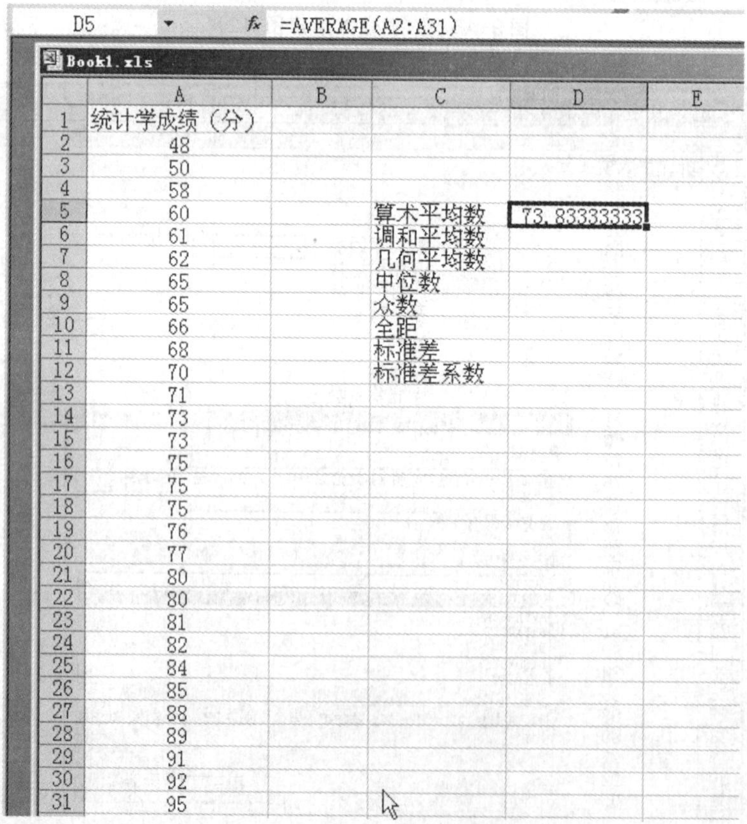

图 9-18　计算算术平均数数值

按以上步骤，分别在D6、D7、D8、D9、D11中输入计算调和平均数（Harmean）、几何平均数（Geomean）、中位数（Median）、众数（Mode）、标准差（Stdev）的函数，得到的结果如图9-19所示。

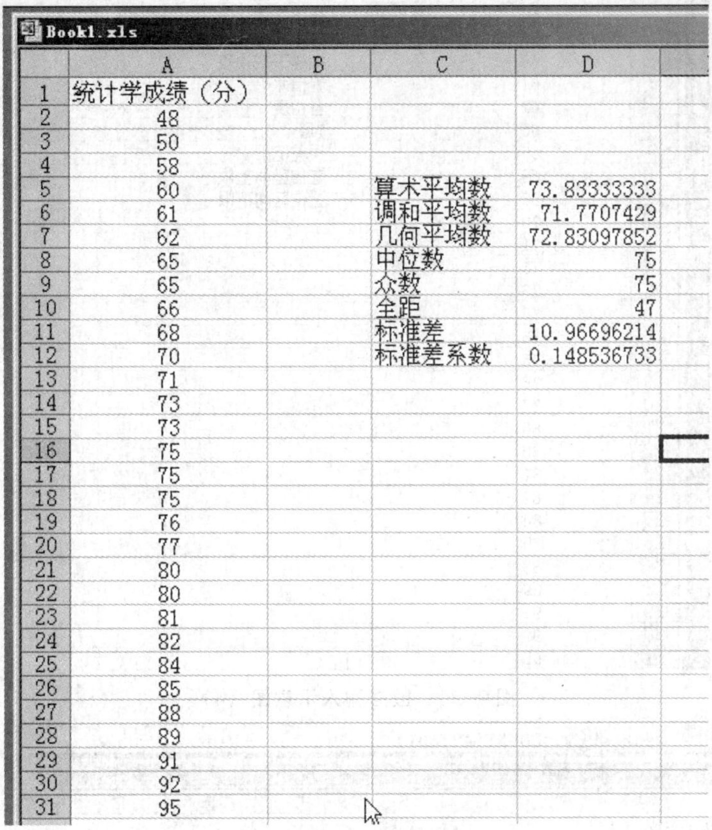
Book1.xls

	A	B	C	D
1	统计学成绩（分）			
2	48			
3	50			
4	58			
5	60		算术平均数	73.83333333
6	61		调和平均数	71.7707429
7	62		几何平均数	72.83097852
8	65		中位数	75
9	65		众数	75
10	66		全距	47
11	68		标准差	10.96696214
12	70		标准差系数	0.148536733
13	71			
14	73			
15	73			
16	75			
17	75			
18	75			
19	76			
20	77			
21	80			
22	80			
23	81			
24	82			
25	84			
26	85			
27	88			
28	89			
29	91			
30	92			
31	95			

图9-19 各描述统计指标计算结果

在D10单元格中，输入“=MAX（A2：A31）-MIN（A2：A31）”，然后回车，得到全距。在D12单元格中，输入“=D11/D5”，回车后，得到标准差系数。

● 9.4 Excel在参数估计中的应用

仍以某高校30名学生的“统计学”考试成绩为例，在95%的概率保证程度下，利用30名学生的“统计学”平均成绩估计该校全体学生的“统计学”平均成绩的置信区间。

第一步，将数据输入到一个新的工作簿中，同时，以C2单元格为起始位置，在C列中输入相关的指标名称，如图9-20所示。

第二步，计算样本个数。在D2单元格中，插入统计函数“Count”，单击“确定”后，在显示的对话框的“Value1”格内，输入“A2：A31”，如图9-21所示。单击“确定”，得到样本单位的个数，如图9-22所示。

第三步，计算样本均值。在D3单元格中，插入统计函数“Average”，单击“确定”后，在出现的对话框的“Number1”格内，输入“A2：A31”，如图9-23所示。单击“确定”，得到样本均值，如图9-24所示。

图 9-20　数据输入示意图（4）

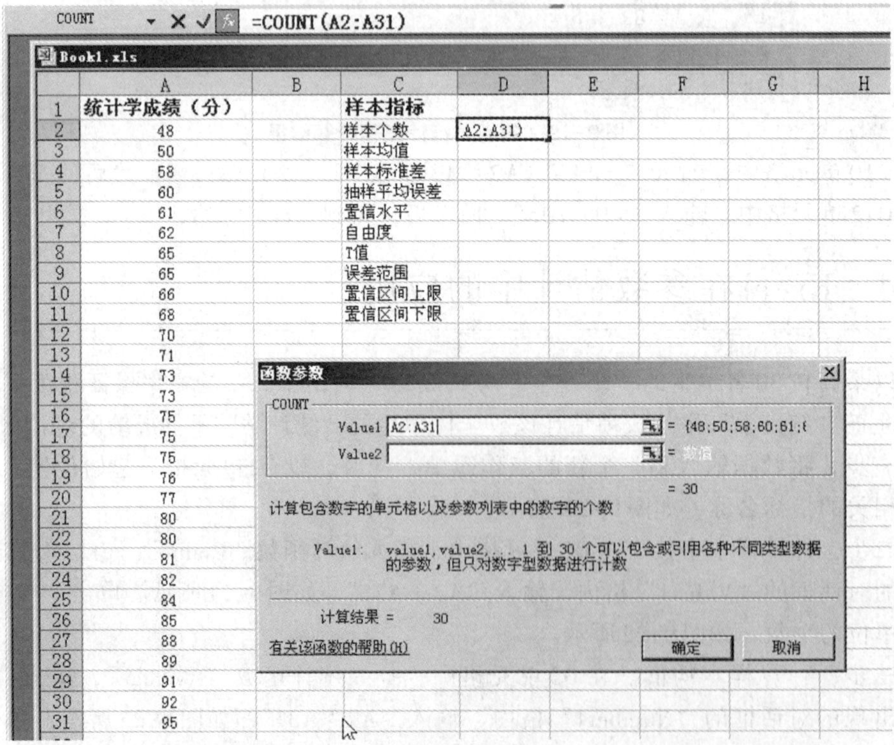

图 9-21　数据输入示意图（5）

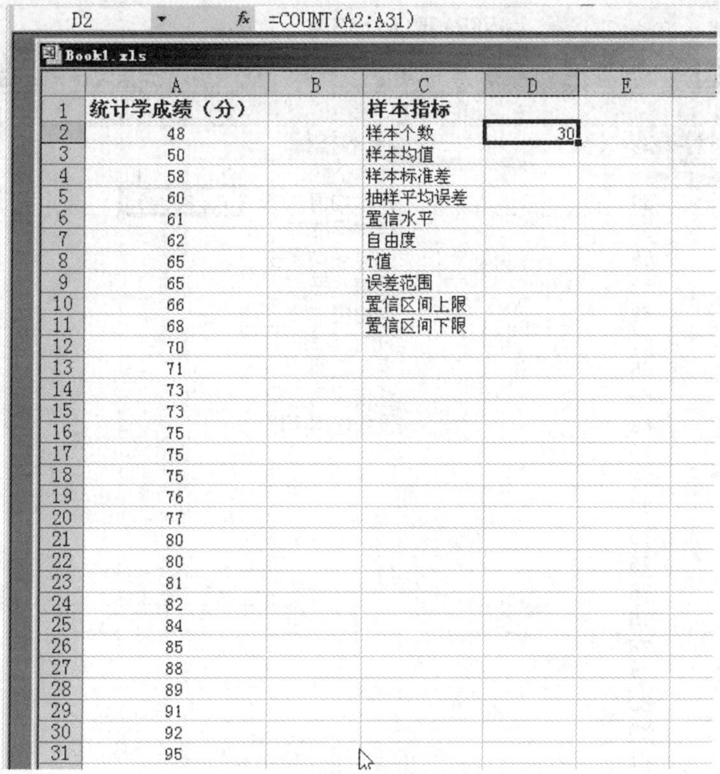

图 9-22　计算样本个数

图 9-23　数据输入示意图（6）

D3 =AVERAGE(A2:A31)

Book1.xls

	A	B	C	D	E	F
1	统计学成绩（分）		样本指标			
2	48		样本个数	30		
3	50		样本均值	73.833333		
4	58		样本标准差			
5	60		抽样平均误差			
6	61		置信水平			
7	62		自由度			
8	65		T值			
9	65		误差范围			
10	66		置信区间上限			
11	68		置信区间下限			
12	70					
13	71					
14	73					
15	73					
16	75					
17	75					
18	75					
19	76					
20	77					
21	80					
22	80					
23	81					
24	82					
25	84					
26	85					
27	88					
28	89					
29	91					
30	92					
31	95					

图9-24 计算样本均值

第四步，计算样本标准差。在D4单元格内，插入统计函数“STDEV”，单击“确定”后，在出现的对话框的“Number1”格内，输入“A2：A31”，如图9-25所示。单击“确定”，得到样本标准差，如图9-26所示。

第五步，计算抽样平均误差。在D5单元格内，输入“=D4/SQRT（D2）”，如图9-26所示，然后回车，得到抽样平均误差，如图9-27所示。

第六步，输入置信度。在D6单元格内，输入“95%”。

第七步，计算自由度。在D7单元格内，输入“=D2-1”，如图9-27所示，回车后，得到自由度，如图9-28所示。

第八步，计算t值。在D8单元格内，输入“=tinv（1-D6，D7）”，如图9-28所示，回车后，得到t值，如图9-29所示。

第九步，计算误差范围。在D9单元格内，输入“=D8*D5”，如图9-29所示，回车后，得到误差范围，如图9-30所示。

第十步，计算置信区间上限。在D10单元格内，输入“=D3+D9”，如图9-30所示，回车后，得到置信区间的上限，如图9-31所示。

图 9-25　数据输入示意图（7）

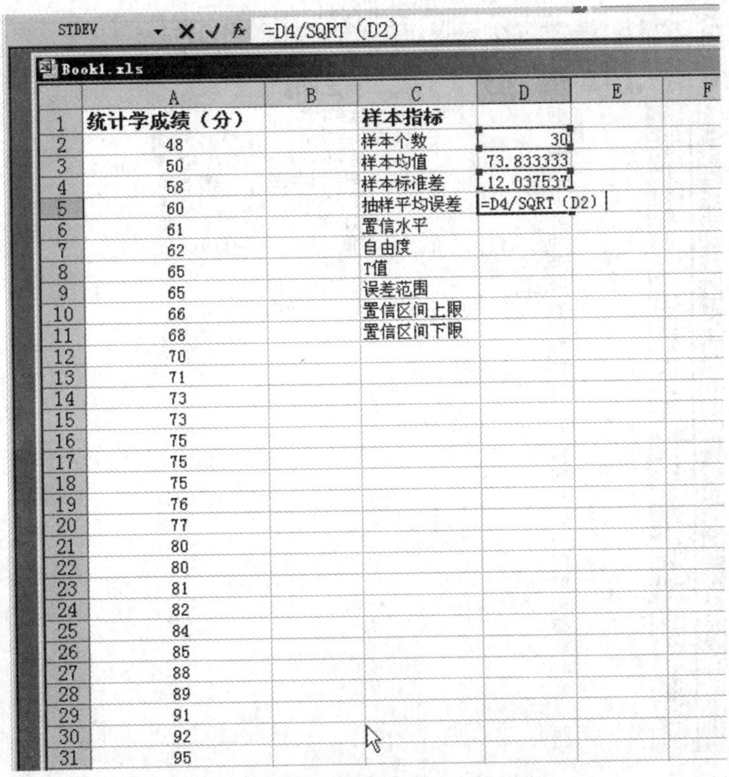

图 9-26　数据输入示意图（8）

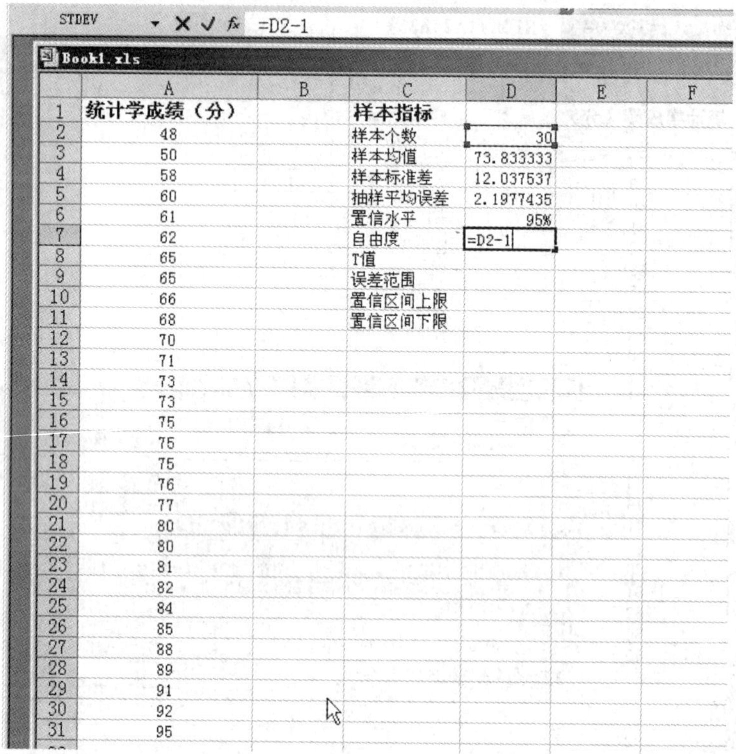

STDEV =D2-1

Book1.xls

	A	B	C	D	E	F
1	统计学成绩（分）		样本指标			
2	48		样本个数	30		
3	50		样本均值	73.833333		
4	58		样本标准差	12.037537		
5	60		抽样平均误差	2.1977435		
6	61		置信水平	95%		
7	62		自由度	=D2-1		
8	65		T值			
9	65		误差范围			
10	66		置信区间上限			
11	68		置信区间下限			
12	70					
13	71					
14	73					
15	73					
16	75					
17	75					
18	75					
19	76					
20	77					
21	80					
22	80					
23	81					
24	82					
25	84					
26	85					
27	88					
28	89					
29	91					
30	92					
31	95					

图9-27 数据输入示意图（9）

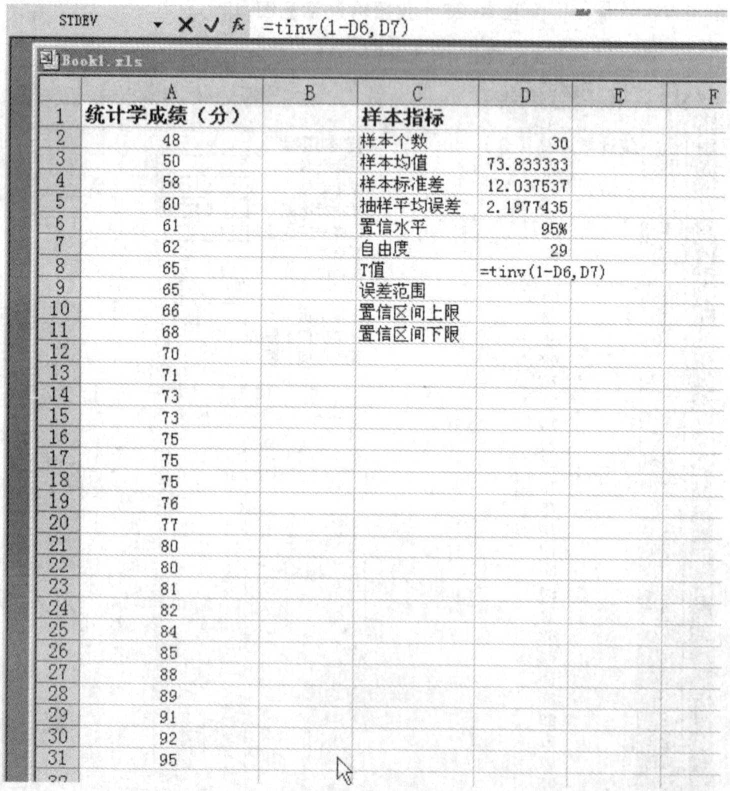

STDEV =tinv(1-D6,D7)

Book1.xls

	A	B	C	D	E	F
1	统计学成绩（分）		样本指标			
2	48		样本个数	30		
3	50		样本均值	73.833333		
4	58		样本标准差	12.037537		
5	60		抽样平均误差	2.1977435		
6	61		置信水平	95%		
7	62		自由度	29		
8	65		T值	=tinv(1-D6,D7)		
9	65		误差范围			
10	66		置信区间上限			
11	68		置信区间下限			
12	70					
13	71					
14	73					
15	73					
16	75					
17	75					
18	75					
19	76					
20	77					
21	80					
22	80					
23	81					
24	82					
25	84					
26	85					
27	88					
28	89					
29	91					
30	92					
31	95					

图9-28 数据输入示意图（10）

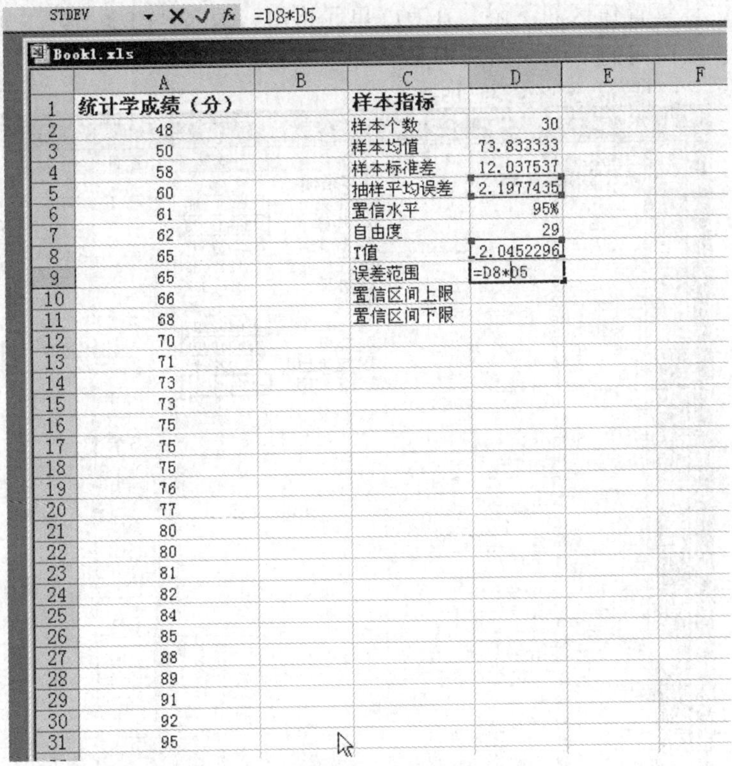

STDEV　=D8*D5

Book1.xls

	A	B	C	D
1	统计学成绩（分）		样本指标	
2	48		样本个数	30
3	50		样本均值	73.833333
4	58		样本标准差	12.037537
5	60		抽样平均误差	2.1977435
6	61		置信水平	95%
7	62		自由度	29
8	65		T值	2.0452296
9	65		误差范围	=D8*D5
10	66		置信区间上限	
11	68		置信区间下限	
12	70			
13	71			
14	73			
15	73			
16	75			
17	75			
18	75			
19	76			
20	77			
21	80			
22	80			
23	81			
24	82			
25	84			
26	85			
27	88			
28	89			
29	91			
30	92			
31	95			

图 9-29　数据输入示意图（11）

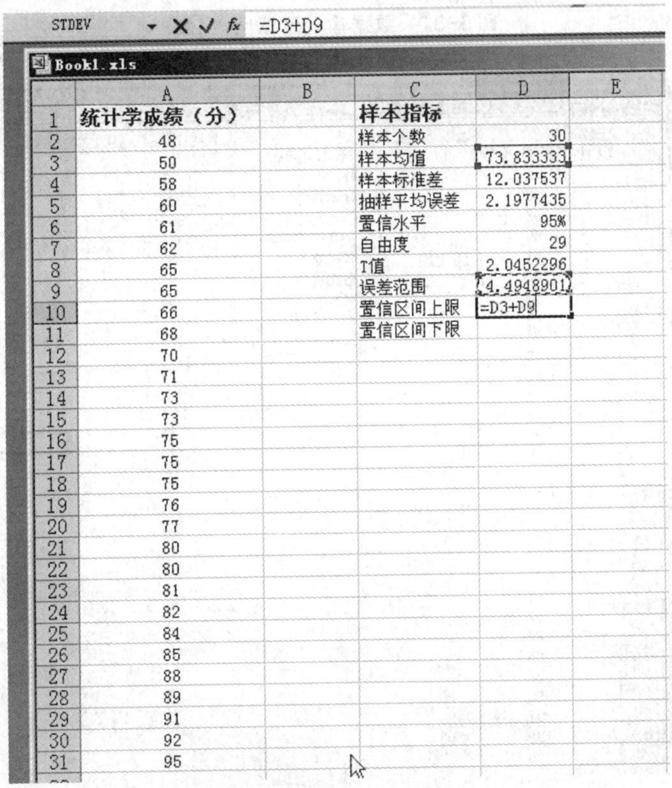

STDEV　=D3+D9

Book1.xls

	A	B	C	D
1	统计学成绩（分）		样本指标	
2	48		样本个数	30
3	50		样本均值	73.833333
4	58		样本标准差	12.037537
5	60		抽样平均误差	2.1977435
6	61		置信水平	95%
7	62		自由度	29
8	65		T值	2.0452296
9	65		误差范围	4.4948901
10	66		置信区间上限	=D3+D9
11	68		置信区间下限	
12	70			
13	71			
14	73			
15	73			
16	75			
17	75			
18	75			
19	76			
20	77			
21	80			
22	80			
23	81			
24	82			
25	84			
26	85			
27	88			
28	89			
29	91			
30	92			
31	95			

图 9-30　数据输入示意图（12）

第十一步，计算置信区间下限。在D11单元格内，输入“=D3-D9”，如图9-31所示，回车后，得到置信区间的下限，如图9-32所示。

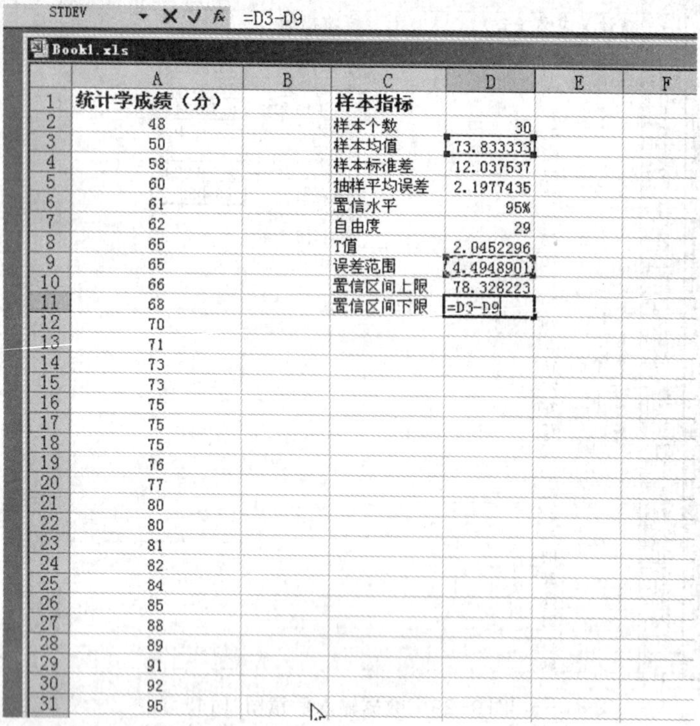

STDEV =D3-D9

Book1.xls

	A	B	C	D	E	F
1	统计学成绩（分）		样本指标			
2	48		样本个数	30		
3	50		样本均值	73.833333		
4	58		样本标准差	12.037537		
5	60		抽样平均误差	2.1977435		
6	61		置信水平	95%		
7	62		自由度	29		
8	65		T值	2.0452296		
9	65		误差范围	4.4948901		
10	66		置信区间上限	78.328223		
11	68		置信区间下限	=D3-D9		
12	70					
13	71					
14	73					
15	73					
16	75					
17	75					
18	75					
19	76					
20	77					
21	80					
22	80					
23	81					
24	82					
25	84					
26	85					
27	88					
28	89					
29	91					
30	92					
31	95					

图9-31　数据输入示意图（13）

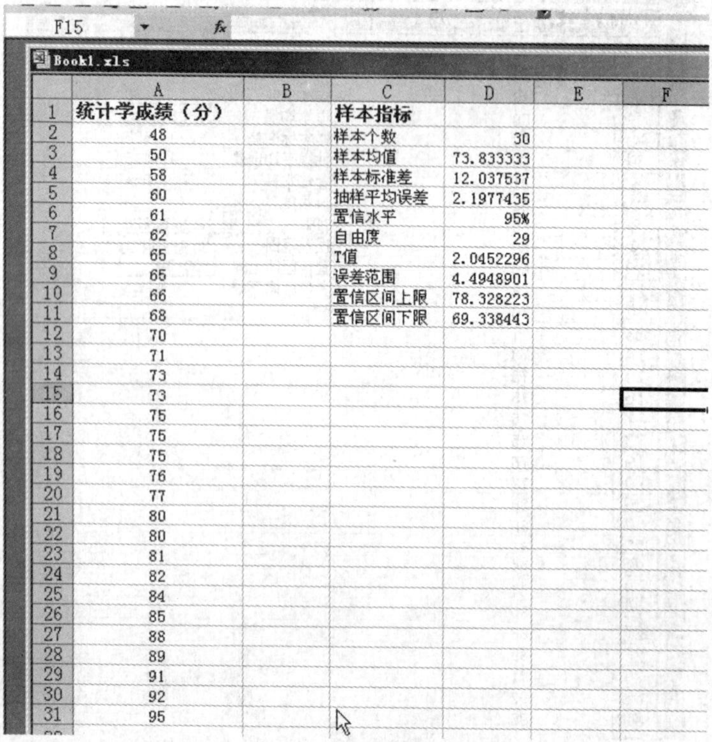

F15

Book1.xls

	A	B	C	D	E	F
1	统计学成绩（分）		样本指标			
2	48		样本个数	30		
3	50		样本均值	73.833333		
4	58		样本标准差	12.037537		
5	60		抽样平均误差	2.1977435		
6	61		置信水平	95%		
7	62		自由度	29		
8	65		T值	2.0452296		
9	65		误差范围	4.4948901		
10	66		置信区间上限	78.328223		
11	68		置信区间下限	69.338443		
12	70					
13	71					
14	73					
15	73					
16	75					
17	75					
18	75					
19	76					
20	77					
21	80					
22	80					
23	81					
24	82					
25	84					
26	85					
27	88					
28	89					
29	91					
30	92					
31	95					

图9-32　30名学生统计学平均成绩置信区间

通过Excel的计算，得到30名学生统计学平均成绩的置信区间为［69.34，78.33］。

● 9.5　Excel在相关分析和回归分析中的应用

在相关分析和回归分析中，我们主要介绍一元线性相关分析和一元线性回归分析。

例如，某企业的年广告费用与月销售额资料，如图9-33所示。

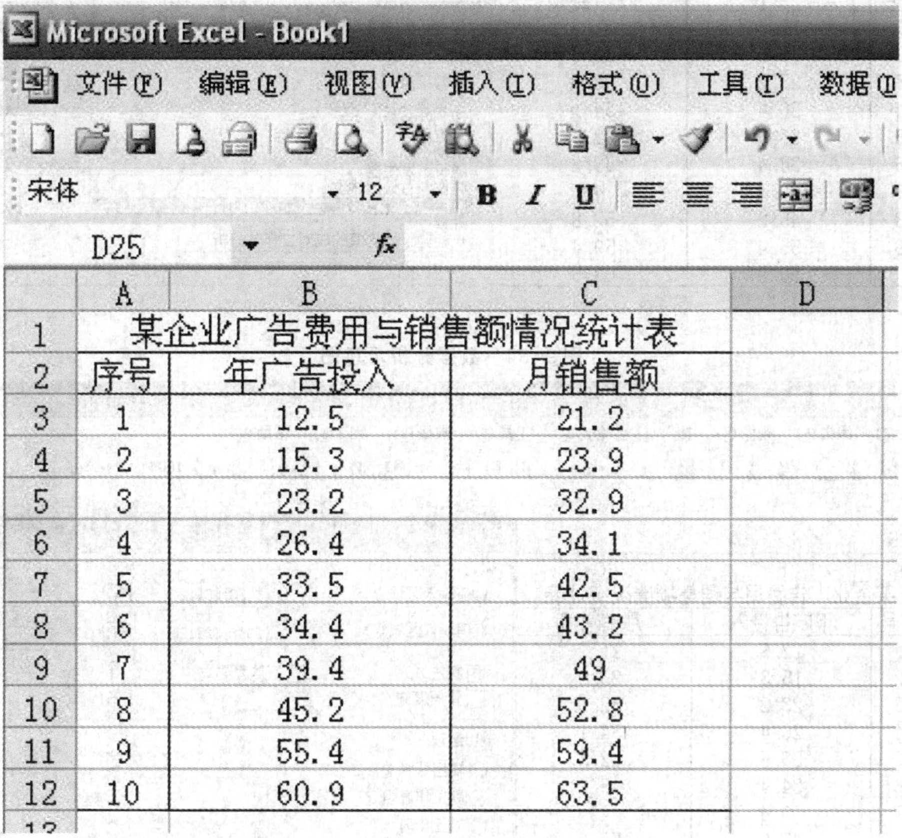

	A	B	C	D
1	某企业广告费用与销售额情况统计表			
2	序号	年广告投入	月销售额	
3	1	12.5	21.2	
4	2	15.3	23.9	
5	3	23.2	32.9	
6	4	26.4	34.1	
7	5	33.5	42.5	
8	6	34.4	43.2	
9	7	39.4	49	
10	8	45.2	52.8	
11	9	55.4	59.4	
12	10	60.9	63.5	

图9-33　某企业年广告费用与月销售额资料

根据图9-33的资料，进行相关分析和回归分析。

进行相关分析和回归分析，既可以采用函数方法，也可以采用数据分析的方法。这里我们主要介绍数据分析的方法。

利用数据分析的方法，既可计算相关系数、可决系数、调整后的相关系数；确定可解释的离差、残差、总离差和它们的自由度以及由此计算出的F统计量和相应的显著水平；建立回归方程。

第一步，在“工具”下拉菜单中选择“数据分析”选项，在打开的对话框中，选择“回归”选项，如图9-34所示，然后单击“确定”。

第二步，在弹出的回归对话框中，在“Y值输入区域（Y）”中，输入“C3：C12”，在“X值输入区域（X）”中，输入“B3：B12”。在“输出选项”中，选择“新工作表组（P）”，如图9-35所示。

第三步，单击“确定”，得到回归分析结果，如图9-36所示。

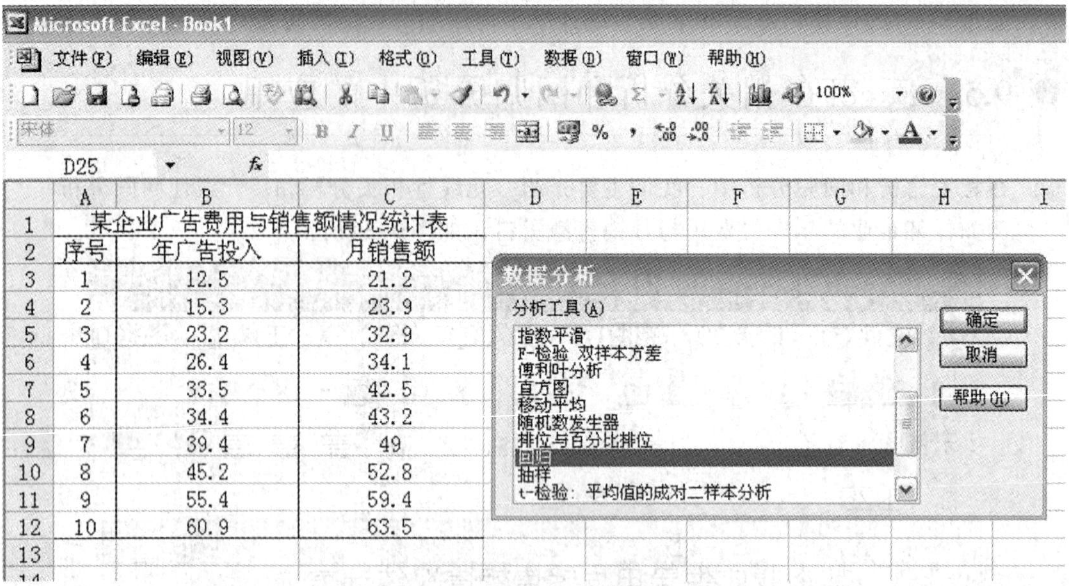

图9-34 数据分析示意图

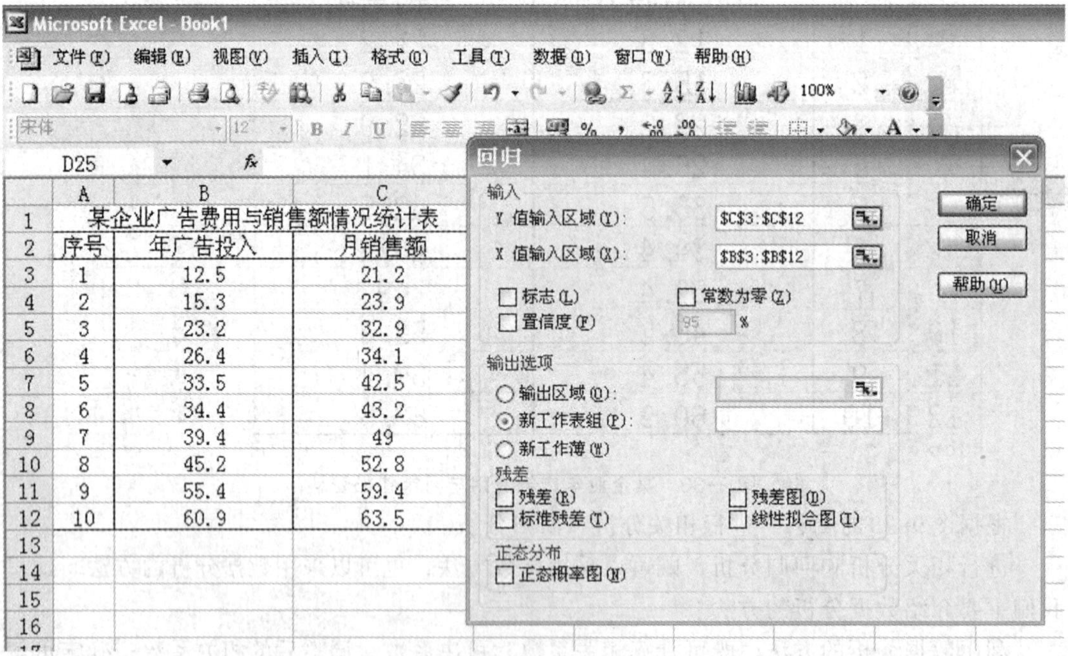

图9-35 数据输入示意图（14）

图9-36中的结果可以分为三部分：第一部分是回归统计的结果，包括相关系数，其值为0.994198；可决系数R^2，其值为0.98843；调整之后的相关系数，其值为0.986984；回归标准误差为1.630011，以及样本个数为10。第二部分是方差分析的结果，包括可解释的离差、残差、总离差和它们的自由度以及由此计算出的F统计量和相应的显著水平。第三部分是回归方程的截距和斜率的估计值以及它们的估计标准误差、t统计量大小、双边拖尾概率值以及估计值的上下界。根据这部分的结果可知回归方程为：$y=11.61492+0.884896x$。

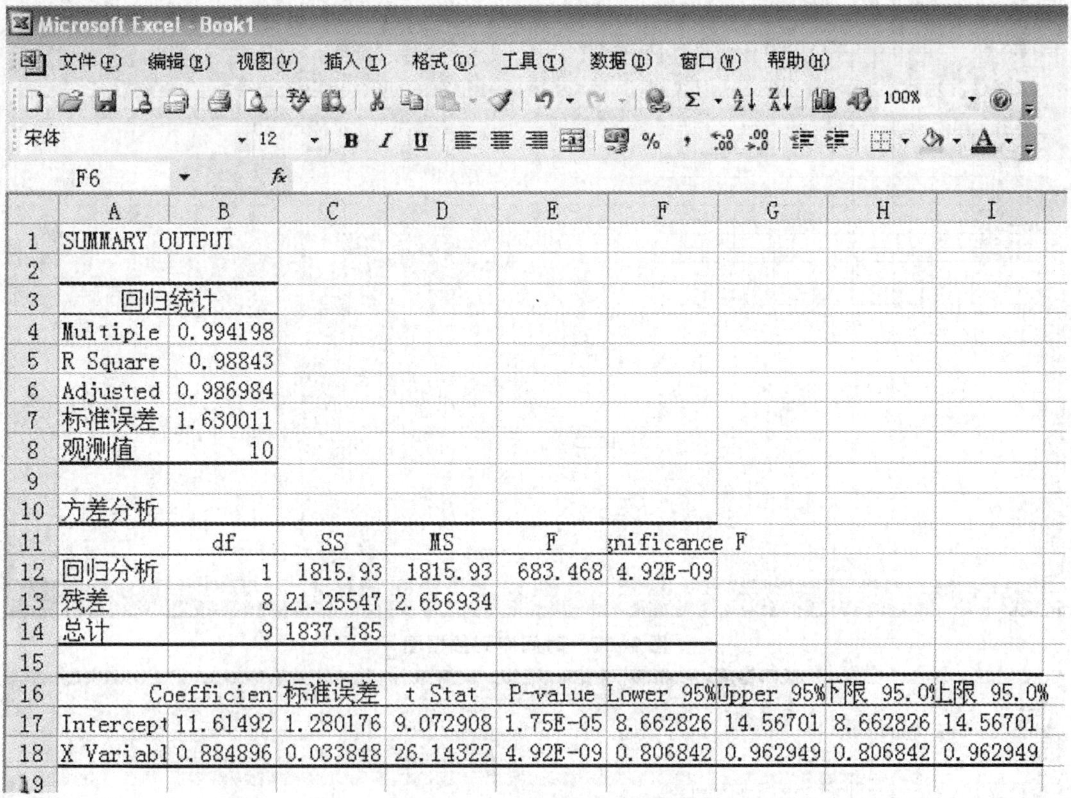

	A	B	C	D	E	F	G	H	I
1	SUMMARY OUTPUT								
2									
3	回归统计								
4	Multiple	0.994198							
5	R Square	0.98843							
6	Adjusted	0.986984							
7	标准误差	1.630011							
8	观测值	10							
9									
10	方差分析								
11		df	SS	MS	F	gnificance F			
12	回归分析	1	1815.93	1815.93	683.468	4.92E-09			
13	残差	8	21.25547	2.656934					
14	总计	9	1837.185						
15									
16		Coefficien	标准误差	t Stat	P-value	Lower 95%	Upper 95%	下限 95.0%	上限 95.0%
17	Intercept	11.61492	1.280176	9.072908	1.75E-05	8.662826	14.56701	8.662826	14.56701
18	X Variabl	0.884896	0.033848	26.14322	4.92E-09	0.806842	0.962949	0.806842	0.962949
19									

图 9-36　回归分析结果示意图

9.6　Excel在时间数列分析中的应用

这里我们主要介绍利用Excel对时间序列进行水平分析和速度分析，具体介绍增长量和平均增长量、发展速度和平均发展速度、增长速度和平均增长速度以及增长百分之一绝对值的计算方法。

这些指标的计算，主要是通过在Excel单元格中编制计算公式，从而计算得到相应的指标数值。

1）时间序列分析指标的计算

例如，2011—2018年我国国内生产总值资料见表9-1。

表 9-1　　2011—2018年我国国内生产总值资料表

时　间	2011年	2012年	2013年	2014年	2015年	2016年	2017年	2018年
国内生产总值（亿元）	487 940.2	538 580.0	592 963.2	641 280.6	685 992.9	740 060.8	820 754.3	900 309.0

根据表9-1中的数据，计算时间序列分析指标。

首先，计算逐期增长量。

第一步，将时间序列的数据输入到Excel中，如图9-37所示。

第二步，在C3单元格内，输入“=C2-B2”，如图9-38所示。

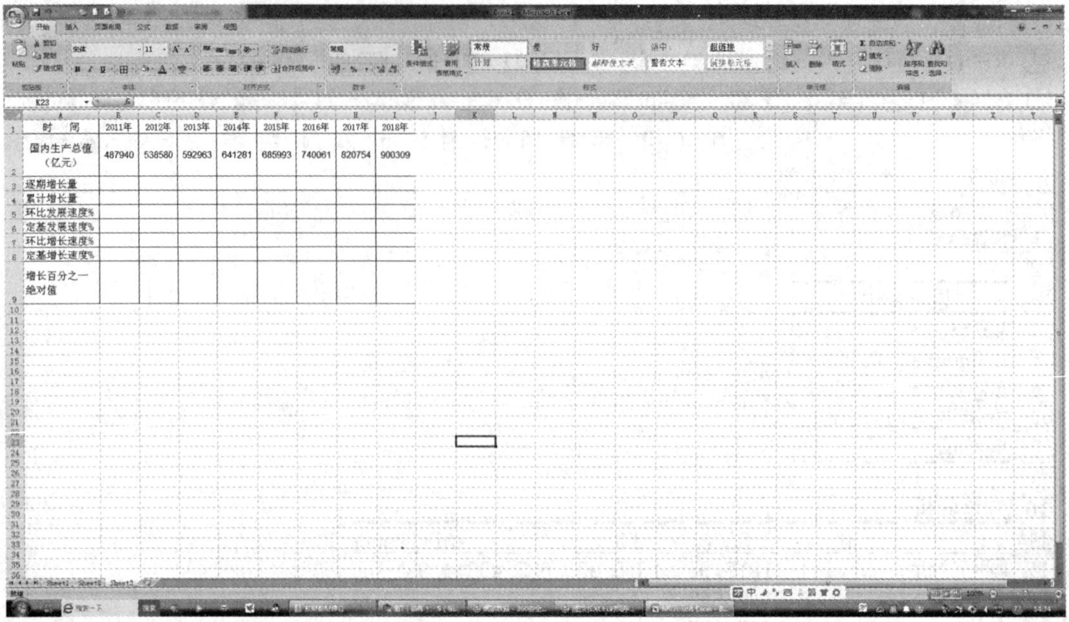

图9-37 时间序列数据图

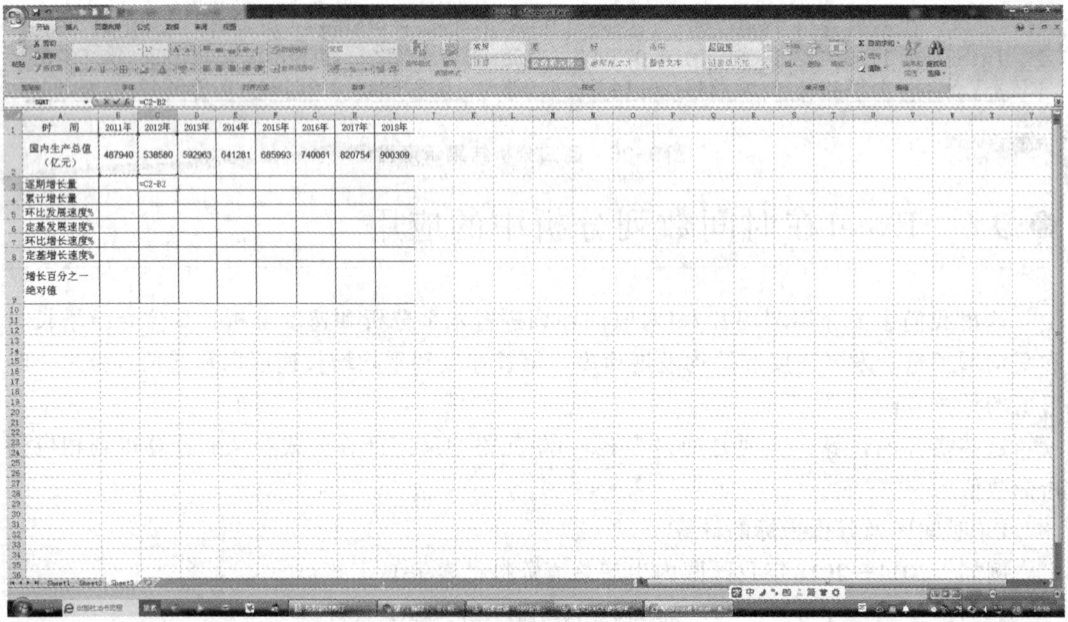

图9-38 逐期增长量计算公式

第三步，回车后，得到2012年的逐期增长量，然后点击C3单元格的右下角，变成加号时，用鼠标拖曳到I3，即可得到各年度的逐期增长量，如图9-39所示。

其次，计算累计增长量。

第一步，在C4单元格内，输入“=C2-487940”，如图9-40所示。

第二步，回车后，得到2012年的累计增长量，然后点击C4单元格的右下角，变成加号时，用鼠标拖曳到I4，即可得到各年度的累计增长量，如图9-41所示。

这里需要注意的是，累计增长量的计算公式与逐期增长量的计算公式的不同。逐期增

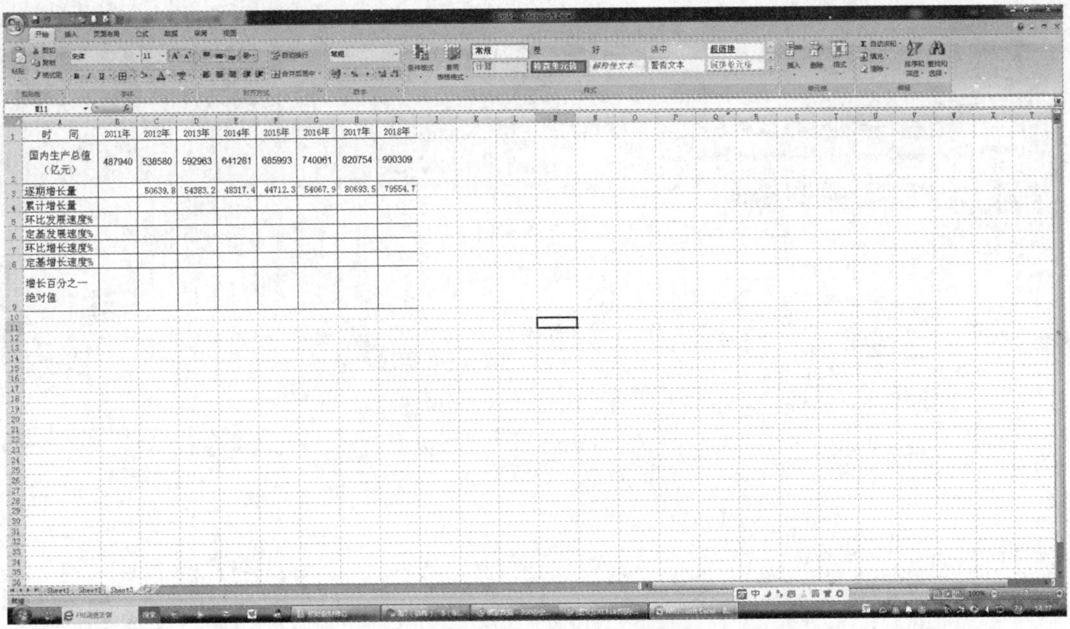

图 9-39　逐期增长量计算结果

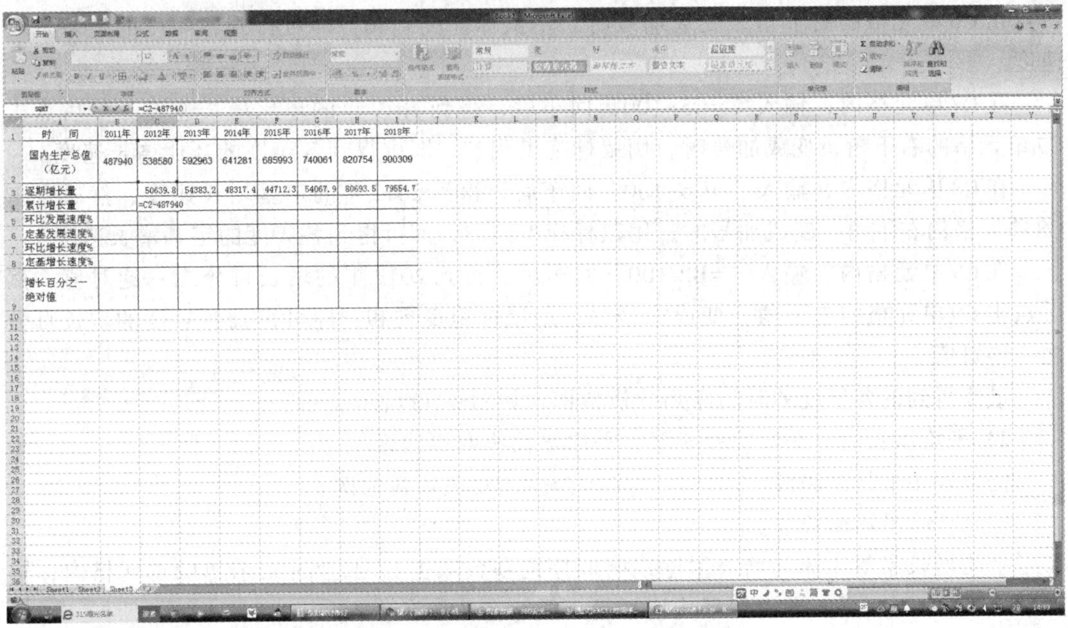

图 9-40　累计增长量计算公式

长量是用报告期水平减去前一期水平，所以用“C2-B2”来计算；而累计增长量是用报告期水平减去最初水平，所以用C2单元格数据减去最初水平487 940亿元，而不能直接减去B2来计算。

依此类推，在C5单元格内，输入“=C2/B2*100”回车后，得到2012年的环比发展速度，然后点击C5单元格的右下角，变成加号时，用鼠标拖曳到I5，即可得到各年度的环比发展速度。

在C6单元格内，输入“=C2/487940*100”回车后，得到2012年的定基发展速度，然

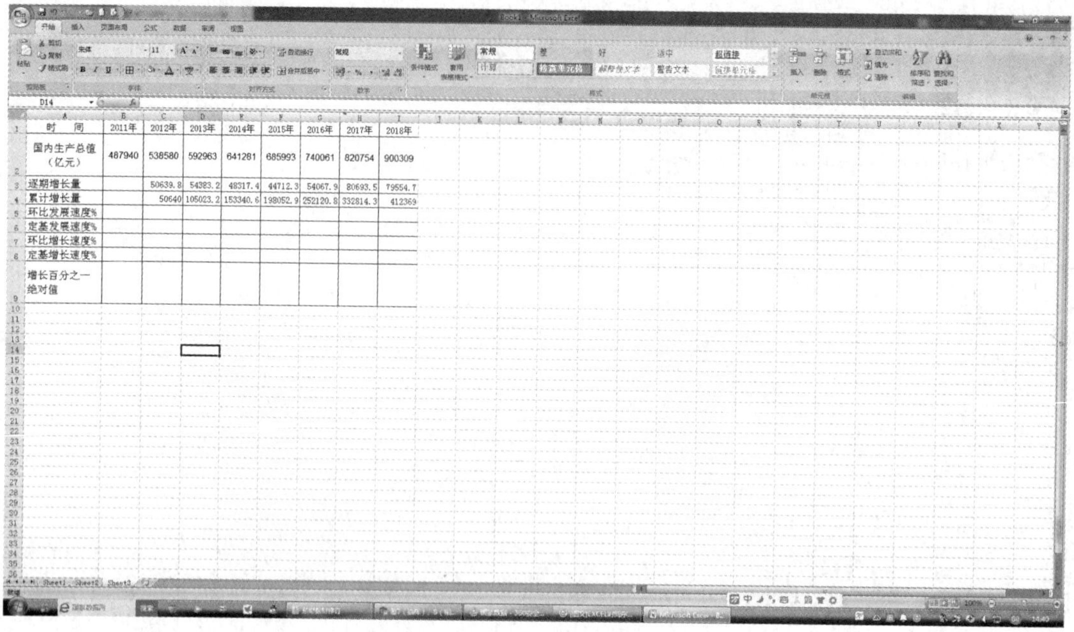

图 9-41 累计增长量计算结果

后点击C6单元格的右下角，变成加号时，用鼠标拖曳到I6，即可得到各年度的定基发展速度。

在C7单元格内，输入“=C5-100”回车后，得到2012年的环比增长速度，然后点击C7单元格的右下角，变成加号时，用鼠标拖曳到I7，即可得到各年度的环比增长速度。

在C8单元格内，输入“=C6-100”回车后，得到2012年的定基增长速度，然后点击C8单元格的右下角，变成加号时，用鼠标拖曳到I8，即可得到各年度的定基增长速度。

在C9单元格内，输入“=B2/100”回车后，得到2012年的增长百分之一绝对值，然后点击C9单元格的右下角，变成加号时，用鼠标拖曳到I9，即可得到各年度的增长百分之一绝对值。

最终得到的各年度的时间序列分析指标，如图9-42所示。

2）平均增长量、平均发展速度、平均增长速度的计算

仍以表9-1中的2011—2018年我国国内生产总值资料为例。

（1）计算平均增长量。

平均增长量等于累计增长量除以时间序列项数减去1。此例中，在B12单元格内，输入“=I4/7”，回车后，即得到平均增长量，显示在B13单元格内。

（2）计算平均发展速度。

平均发展速度等于环比发展速度连乘积的n次方根。此例中，利用Excel中的几何平均数的函数来进行计算，点击B13单元格，然后插入函数fx，选择函数“GEOMEAN”，如图9-43所示。

点击“确定”，得到“函数参数”对话框，如图9-44所示。

在“Number1”中，输入“C5：I5”，如图9-45所示。

点击“确定”，即可得到平均发展速度，显示在B13单元格内。

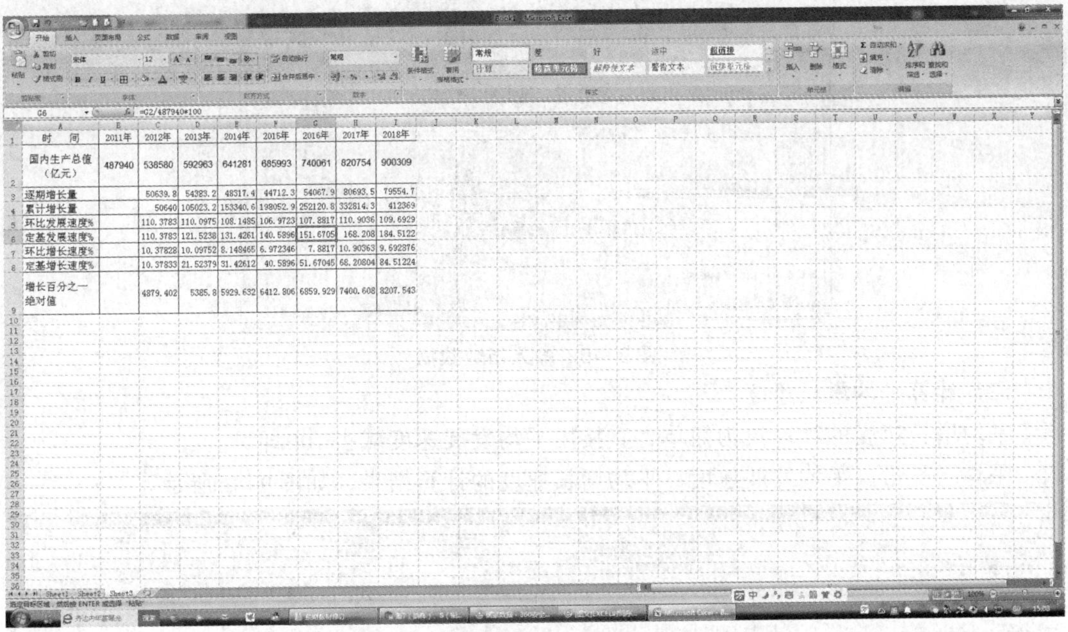

图 9-42　时间序列分析指标计算结果

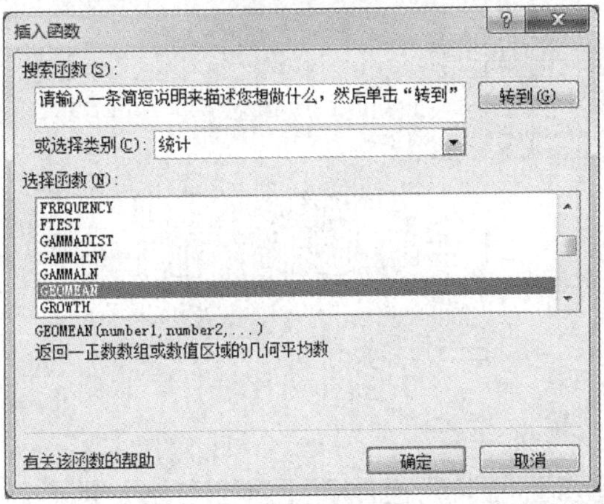

图 9-43　插入几何平均数函数

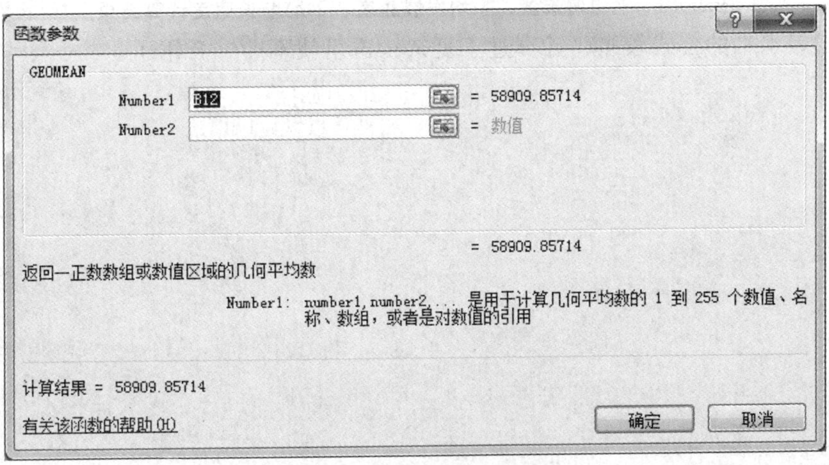

图 9-44　函数参数对话框

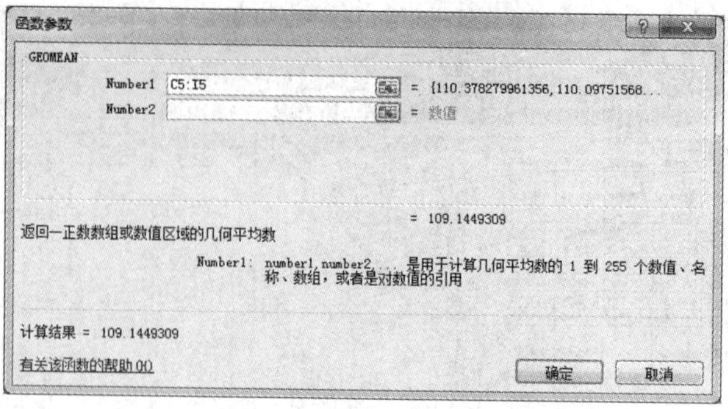

图 9-45 输入函数数据

（3）计算平均增长速度。

平均增长速度的计算较为简单，直接用平均发展速度减去100即可。

平均增长量、平均发展速度、平均增长速度的计算结果，如图9-46所示。

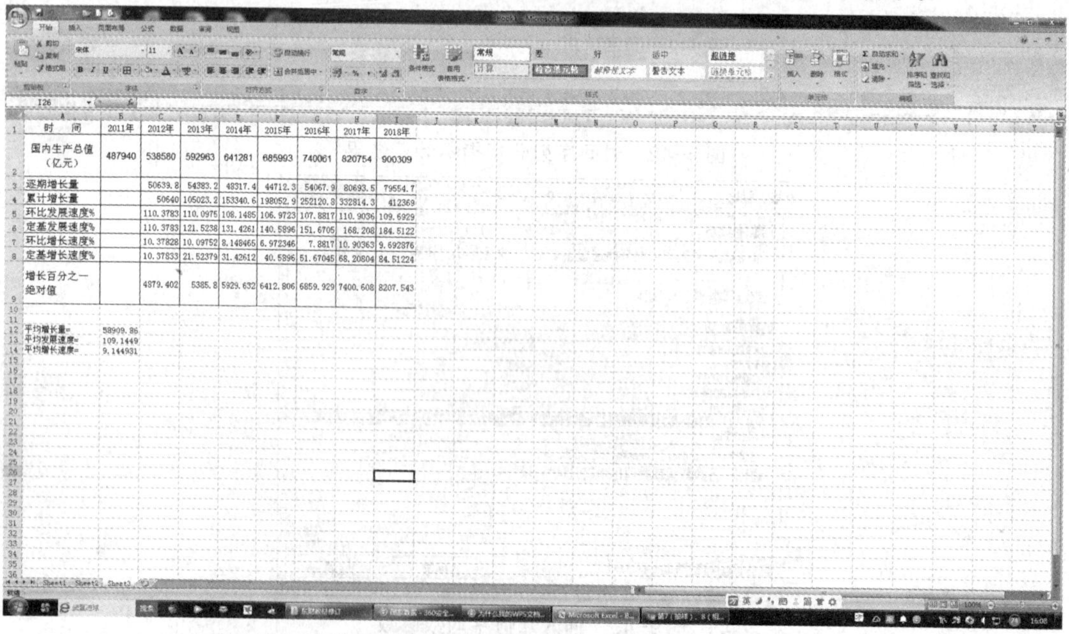

图 9-46 平均增长量、平均发展速度、平均增长速度计算结果

平均发展水平的公式较多，计算过于复杂，这里就不一一介绍了。

附录1

模拟试题及参考答案

● 模拟试题1

（考试时间：120分钟）

一、单项选择题（下列每小题备选答案中，只有一个符合题意。请将选定的答案序号填入括号内。每小题1分，共10分）

随堂测附1-1

1.连续变量分组，若第一组为200以下，第二组为200～300，第三组为300～400，第四组为400以上，则数据200在（　　）。

A.第一组　　B.第二组

C.第三组　　D.第四组

2.某种产品产量2017年比2016年增长了10%，2018年比2016年增长了12%，则2018年比2017年增长了（　　）。

A. 12%÷10%　　B.（112%÷110%）-1

C. 112%÷110%　　D. 110%÷112%

3.统计指数按其所考察的范围不同，可以分为（　　）。

A.个体指数和总指数　　B.数量指标指数和质量指标指数

C.动态指数和静态指数　　D.简单指数和加权指数

4.统计研究的前提条件是（　　）。

A.大量性　　B.变异性　　C.可靠性　　D.灵活性

5.某厂A产品的总成本比去年增长了50%，产量增长了25%，则单位成本增加了（　　）。

A.25%　　B.2%　　C.75%　　D.20%

6.在统计的三层含义中，统计学与统计活动的关系是（　　）。

A.过程与成果的关系　　B.理论与实践的关系

C.本质与内容的关系　　D.没有关系

7.若要了解50名学生的学习情况，总体单位是（　　）。

A.50名学生　　B.50名学生的学习成绩

C.每名学生

D.每名学生的学习成绩

8.下列属于时点总量指标的是（　　）。

A.2018年的产品产量

B.2018年的死亡人数

C.2018年增加工资的职工人数

D.2018年的外资企业数

9.把两个地区2018年的苹果产量进行对比，所得到的相对数是（　　）。

A.比例相对指标

B.比较相对指标

C.动态相对指标

D.强度相对指标

10.相关分析是研究（　　）。

A.变量之间的数量关系

B.变量之间的变动关系

C.变量之间相互关系的密切程度

D.变量之间的因果关系

二、多项选择题（下列每小题备选答案中，有两个或两个以上符合题意。请将选定的答案序号填入括号内，多选、少选或错选均不得分。每小题2分，共10分）

随堂测附1-2

1.我国第六次人口普查规定的标准时间是2010年11月1日零时，下列情况应该计算人口数的有（　　）。

A.2010年11月2日出生的婴儿

B.2010年10月31日21时出生、11月1日8时死亡的婴儿

C.2010年10月29日23时36岁死亡的人

D.2010年10月30日8时出生、10月30日20时死亡的婴儿

E.2010年11月1日1时90岁死亡的人

2.典型调查的主要特点有（　　）。

A.调查单位是根据调查目的有意识选择出来的少数具有代表性的单位

B.非全面调查，调查结果具有一定的代表性

C.调查单位少，具有一定的代表性

D.调查方法机动灵活，省时省力

E.调查单位多，具有一定的代表性

3.下列指标属于质量指标的有（　　）。

A.劳动生产率

B.废品量

C.单位产品工时消耗量

D.商品库存量

E.成本利润率

4.下列属于标准差计算公式的有（　　）。

A.$\sigma = \sqrt{pq}$

B.$\sigma = \sqrt{\frac{\sum(x-\bar{x})^2}{n}}$

C.$\sigma = \sqrt{p(1-p)}$

D.$\sigma = \sqrt{q(1-q)}$

E.$\sigma = \sqrt{(x-\bar{x})}$

5.从指标的性质来看，下列指标属于平均指标的有（　　）。

A.人均粮食产量

B.人均粮食消费量

C.平均每一工人日产量

D.平均每一工人月收入

E.人均住房面积

三、判断题（将判断结果填入括号内，正确的打√，错误的打×。每小题1分，共6分）

随堂测附1-3

1.我国的人口普查每10年进行一次，因此，它是一种经常性调查方式。（ ）

2.各组次数占总体次数的比值通常称为频数。（ ）

3.当众数相邻两组的次数相等时，众数的值就是众数组的组中值。（ ）

4.估计标准误差是反映因变量估计值可靠程度的指标。（ ）

5.环比速度与定基速度之间存在如下关系式：各期环比增长速度的连乘积等于定基增长速度。（ ）

6.标志是说明总体特征的，而指标是说明总体单位特征的。（ ）

四、简答题（每小题6分，共18分）

随堂测附1-4

1.什么是抽样调查？抽样调查有什么特点？

2.什么是统计分组？它有什么作用？举例说明研究人口总体通常如何进行结构分析。

3.如何编制一个科学的统计调查方案？

五、计算题（每小题 10 分，共 40分。计算结果保留两位小数）

1.某农产品零售市场三种蔬菜的交易资料如下：

品 名	单价（元/千克）	交易量（千克）	交易额（元）
茄子	2.40	1 000	2 400
黄瓜	2.10	1 500	3 150
土豆	1.80	2 000	3 600

要求：按以下两种方法分别计算三种蔬菜的平均交易价格：

（1）加权算术平均数。

（2）加权调和平均数。

随堂测附1-5

2.某厂对本期生产的全部产品进行质量检验，从全部产品中随机抽查100件，发现其中有10件不合格。

要求：以95.45%的概率保证程度计算：

（1）该厂全部产品合格率的可能范围在多大比例之间。

（2）若要求合格率的抽样极限误差不超过3%，以同样的概率保证程度应抽取多少件产品为样本？

3.某企业上半年产品产量与单位成本资料如下：

月 份	产品产量（千件）	单位成本（元/件）
1	2	73
2	3	72
3	4	71
4	3	73
5	4	69
6	5	68
合 计	21	426

要求：

（1）计算相关系数。

（2）建立直线回归方程，并指出产量每增加1 000件时，单位成本下降多少？

（3）假定产量为4 500件，则单位成本为多少？

4.某企业A产品2013—2018年销售额的有关资料如下：

年份		2013年	2014年	2015年	2016年	2017年	2018年
销售额（万元）		120	130	150	145	160	180
增长量（万元）	逐期						
	累计						
发展速度（%）	环比						
	定基						
增长速度（%）	环比						
	定基						

要求：（1）填写表中空白处。

（2）计算年平均增长量。

（3）计算年平均发展速度。

（4）计算年平均增长速度。

六、综合分析题（本小题16分，计算结果保留两位小数）

随堂测附1-6

某企业1月份和2月份三种产品产量及单位成本资料如下：

产品名称	计量单位	产品产量q		单位成本（元）p	
		1月份 q_0	2月份 q_1	1月份 p_0	2月份 p_1
甲	件	50	55	100	105
乙	台	20	22	5 000	4 950
丙	只	2 000	2 200	80	80

要求：根据所学知识，对该企业的总销售额变化情况从相对数和绝对数方面进行分析，并说明产生这种变化的原因。

● 模拟试题2

（考试时间：120分钟）

一、单项选择题（下列每小题备选答案中，只有一个符合题意。请将选定的答案序号填入括号内。每小题1分，共10分）

1.对全市的工人进行调查，每名工人是总体单位，则每名工人的年龄是（　　）。

A. 质量指标　　　　B. 数量指标

C. 品质标志　　　　D. 数量标志

随堂测附2-1

2.企业的机床台数、产品销售收入是（　　）。

A. 连续变量

B. 前者是连续变量，后者是离散变量

C. 离散变量

D. 前者是离散变量，后者是连续变量

3.调查单位与报告单位的关系是（　　）。

A.二者是一致的　　　　B.二者有时是一致的

C.二者没有关系　　　　D.调查单位大于报告单位

4.某连续变量数列，其末组为600以上，其邻组的组中值为580，则末组的组中值为（　　）。

A. 620　　B. 610　　C. 630　　D. 640

5.在变量数列中，（　　）。

A.某组频数越小，其反映标志值作用越大

B.某组频数越大，其反映标志值作用越小

C.某组频数越大，其反映标志值作用越大

D.频数大小不能反映标志值作用的大小

6.反映总体内部构成指标的是（　　）。

A.计划完成相对数　　　　B.结构相对指标

C.比较相对指标　　　　D.强度相对指标

7.某企业2017年完成产值400万元，2018年计划增长10%，实际完成500万元，则该企业超额完成计划（　　）。

A.10%　　B.25%　　C.112.56%　　D.13.64%

8.将分配数列各组的次数均乘以4，则计算出来的平均数（　　）。

A.减少了4倍　　　　B.减少了3倍

C.不变　　　　D.增加了3倍

9.某企业的产值逐年有所增长，2018年比2017年增长了7%，2017年比2016年增长了5%，2016年比2015年增长了8%，则2018年比2016年定基增长速度为（　　）。

A.7%+5%+8%　　　　B.7%×5%×8%

C.（107%×105%×108%）−1　　　　D.（7%×5%×8%）−1

10.为使抽样误差减少一半（在其他条件不变的情况下），抽样单位数必须（　　）。

A.增加2倍　　B.增加到2倍　　C.增加4倍　　D.增加到4倍

二、多项选择题（下列每小题备选答案中，有两个或两个以上符合题意。请将选定的答案序号填入括号内，多选、少选或错选均不得分。每小题2分，共10分）

随堂测附2-2

1.在全国人口普查中，（　　）。

A.全国人口总数是统计总体　　　　B.每一户是总体单位

C.人的年龄是变量　　　　D.男性是品质标志表现

E.人口的平均年龄是统计指标

2.制订一份周密的统计调查方案，应包括的内容有（　　）。

A.确定调查目的　　B.确定调查对象

C.确定标志性质　　D.确定资料的使用范围

E.确定调查项目

3.统计分组的主要应用有（　　）。

A.区分现象的类型　　B.反映现象总体的内部结构

C.比较现象间的一般水平　　D.分析现象的变化关系

E.研究现象之间的数量依存关系

4.编制时间数列的可比性原则体现在（　　）。

A.时间长度的可比性

B.总体空间范围的前后一致性

C.统计指标内容的可比性

D.时间数列长度与研究范围长度的相同性

E.统计指标计算方法的统一性

5.抽样调查可以应用在（　　）。

A.某些不可能或不必要全面调查的现象

B.电视机使用寿命的测试

C.具有破坏性产品的质量检验

D.可以进行全面调查但有其特殊作用的场合

E.可以进行全面调查但实际操作起来很困难的场合

三、判断题（将判断结果填在括号内，正确的打√，错误的打×。每小题1分，共6分）

1.总体的同质性是指总体中的各个单位在所有标志上都相同。（　　）

2.调查时间是指可以开始进行调查工作的时间。（　　）

3.重复抽样的抽样误差不一定大于不重复抽样的抽样误差。（　　）

4.同一总体的一部分数值与另一部分数值对比得到的相对指标是比较相对指标。（　　）

随堂测附2-3

5.标志变异指标既反映了总体各单位标志值的共性，也反映了它们之间的差异性。（　　）

6.算术平均数的大小，受总体各单位标志值大小的影响。（　　）

四、简答题（每小题6分，共18分）

1.什么是标志？什么是指标？二者有什么联系与区别？

2.什么是动态数列？编制动态数列的原则是什么？

3.什么是平均指标？平均指标有哪几种？平均指标有什么作用？

随堂测附2-4

五、计算题（每小题10分，共40分。计算结果保留两位小数，并要求有计算公式）

1.某班级学生在“统计学”考试中的成绩如下：

考试成绩（分）	学生人数（人）
60以下	1
60～70	7
70～80	15
80～90	5
90～100	3
合 计	31

要求：计算该班级学生“统计学”考试的平均成绩及标准差系数。

2.从某火柴厂仓库中随机抽查400盒火柴进行检验，结果发现平均每盒火柴为98支，样本标准差为9支。

随堂测附2-5

要求：

（1）当可靠程度为99.73%时，估计该仓库中平均每盒火柴支数的区间范围。

（2）如果将抽样极限误差减少到原来的1/2，若可靠程度仍为99.73%，需要抽查多少盒火柴为样本？

3.已知2013—2018年相关数据资料如下：

年 份	2013年	2014年	2015年	2016年	2017年	2018年
产值（万元）	500.00					
逐期增长量（万元）	—	50.00				40.00
环比发展速度（%）	—		115.00			
环比增长速度（%）	—			5.00		
增长1%绝对值（万元）	—					6.20

要求：运用动态分析指标的相互关系，计算表中空格处的指标数值，并计算2014—2018年的平均发展速度及平均增长速度。

4.某地区5个企业2018年固定资产价值与工业总产值之间的关系如下：

企 业	固定资产价值（万元）	工业总产值（万元）
A	6	30
B	8	40
C	10	50
D	12	50
E	14	60

要求：

（1）绘制相关图。

（2）计算固定资产价值与工业总产值的相关系数，并指出是何种相关关系。

（3）求出工业总产值对固定资产价值的直线回归方程。

六、综合分析题（本小题16分。计算结果保留两位小数，并要求有计算公式）

某企业召开职工代表大会，企业领导在作财务报告时称，2018年企业职工的工资有所增长：工人的月平均工资从2017年的1 400元，增长到2018年的1 420元，增长了1.4%；管理人员的月平均工资从2017年的1 600元，增长到2018年的1 610元，增长了0.6%。但有的职工代表对此提出了异议：企业全部职工的月平均工资从2017年的1 440元，下降到2018年的1 437.27元，下降了2.73元，企业职工的月平均工资是下降的。

随堂测附2-6

该企业提供的职工人数及月平均工资资料如下：

职 工	人数（人）		月平均工资（元）	
	2017年 f_0	2018年 f_1	2017年 x_0	2018年 x_1
工人	1 200	1 500	1 400	1 420
管理人员	300	150	1 600	1 610
合　计	1 500	1 650	1 440	1 437.27

要求：请根据你所掌握的统计分析方法，结合企业提供的有关数据，从绝对数和相对数两个方面对增长或下降的原因进行分析，给职工代表一个满意的答复。

附录 2

正态概率表

t	F（t）	t	F（t）	t	F（t）	t	F（t）
0.00	0.0000	0.32	0.2510	0.64	0.4778	0.96	0.6629
0.01	0.0080	0.33	0.2586	0.65	0.4843	0.97	0.6680
0.02	0.0160	0.34	0.2661	0.66	0.4907	0.98	0.6729
0.03	0.0239	0.35	0.2737	0.67	0.4971	0.99	0.6778
0.04	0.0319	0.36	0.2812	0.68	0.5035	1.00	0.6827
0.05	0.0399	0.37	0.2886	0.69	0.5098	1.01	0.6875
0.06	0.0478	0.38	0.2961	0.70	0.5161	1.02	0.6923
0.07	0.5580	0.39	0.3035	0.71	0.5223	1.03	0.6970
0.08	0.0638	0.40	0.3108	0.72	0.5285	1.04	0.7017
0.09	0.7170	0.41	0.3182	0.73	0.5346	1.05	0.7063
0.10	0.7970	0.42	0.3255	0.74	0.5407	1.06	0.7109
0.11	0.0876	0.43	0.3328	0.75	0.5467	1.07	0.7154
0.12	0.0960	0.44	0.3401	0.76	0.5527	1.08	0.7199
0.13	0.1034	0.45	0.3473	0.77	0.5587	1.09	0.7243
0.14	0.1113	0.46	0.3545	0.78	0.5646	1.10	0.7287
0.15	0.1182	0.47	0.3616	0.79	0.5705	1.11	0.7330
0.16	0.1271	0.48	0.3688	0.80	0.5763	1.12	0.7373
0.17	0.1350	0.49	0.3759	0.81	0.5821	1.13	0.7415
0.18	0.1428	0.50	0.3829	0.82	0.5878	1.14	0.7457
0.19	0.1507	0.51	0.3899	0.83	0.5935	1.15	0.7499
0.20	0.1585	0.52	0.3996	0.84	0.5991	1.16	0.7540
0.21	0.1663	0.53	0.4039	0.85	0.6047	1.17	0.7580
0.22	0.1741	0.54	0.4108	0.86	0.6102	1.18	0.7660
0.23	0.1819	0.55	0.4177	0.87	0.6157	1.19	0.7680
0.24	0.1897	0.56	0.4215	0.88	0.6211	1.20	0.7699
0.25	0.1197	0.57	0.4313	0.89	0.6265	1.21	0.7737
0.26	0.2051	0.58	0.4381	0.90	0.6319	1.22	0.7775
0.27	0.2128	0.59	0.4448	0.91	0.6372	1.23	0.7813
0.28	0.2205	0.60	0.4515	0.92	0.6424	1.24	0.7850
0.29	0.2282	0.61	0.4581	0.93	0.6476	1.25	0.7887
0.30	0.2358	0.62	0.4647	0.94	0.6528	1.26	0.7923
0.31	0.2334	0.63	0.4713	0.95	0.6579	1.27	0.7959

续表

t	F（t）	t	F（t）	t	F（t）	t	F（t）
1.28	0.7995	1.61	0.8926	1.94	0.9476		
1.29	0.8030	1.62	0.8948	1.95	0.9488	2.54	0.9889
1.30	0.8064	1.63	0.8969	1.96	0.9500	2.56	0.9895
1.31	0.8098	1.64	0.8990	1.97	0.9512	2.58	0.9901
1.32	0.8132	1.65	0.9011	1.98	0.9523	2.60	0.9907
1.33	0.8165	1.66	0.9031	1.99	0.9534	2.62	0.9912
1.34	0.8198	1.67	0.9051	2.00	0.9545	2.64	0.9917
1.35	0.8230	1.68	0.9070	2.02	0.9566	2.66	0.9922
1.36	0.8262	1.69	0.9090	2.04	0.9587	2.68	0.9926
1.37	0.8293	1.70	0.9109	2.06	0.9606	2.70	0.9931
1.38	0.8324	1.71	0.9127	2.08	0.9625	2.72	0.9935
1.39	0.8355	1.72	0.9146	2.10	0.9643	2.74	0.9939
1.40	0.8385	1.73	0.9164	2.12	0.9660	2.76	0.9942
1.41	0.8415	1.74	0.9181	2.14	0.9676	2.78	0.9946
1.42	0.8444	1.75	0.9199	2.16	0.9692	2.80	0.9949
1.43	0.8473	1.76	0.9226	2.18	0.9545	2.82	0.9952
1.44	0.8501	1.77	0.9233	2.20	0.9722	2.84	0.9955
1.45	0.8529	1.78	0.9249	2.22	0.9736	2.86	0.9958
1.46	0.8557	1.79	0.9265	2.24	0.9749	2.88	0.9960
1.47	0.8584	1.80	0.9281	2.26	0.9742	2.90	0.9962
1.48	0.8611	1.81	0.9297	2.28	0.9774	2.92	0.9965
1.49	0.8638	1.82	0.9312	2.30	0.9786	2.94	0.9967
1.50	0.8664	1.83	0.9328	2.32	0.9797	2.96	0.9969
1.51	0.8690	1.84	0.9432	2.34	0.9807	2.98	0.9971
1.52	0.8715	1.85	0.9357	2.36	0.9817	3.00	0.9973
1.53	0.8740	1.86	0.9371	2.38	0.9827	3.20	0.9993
1.54	0.8764	1.87	0.9385	2.40	0.9836	3.40	0.9996
1.55	0.8789	1.88	0.9399	2.42	0.9845	3.60	0.9997
1.56	0.8812	1.89	0.9412	2.44	0.9853	3.80	0.9998
1.57	0.8836	1.90	0.9426	2.46	0.9861	4.00	0.9999
1.58	0.8859	1.91	0.9439	2.48	0.9869	4.50	0.99999
1.59	0.8882	1.92	0.9451	2.50	0.9876	5.00	0.99999
1.60	0.8904	1.93	0.9464	2.52	0.9883		

附录 3

Excel统计函数

函数	说明
AVEDEV 函数	返回数据点与它们的平均值的绝对偏差平均值
AVERAGE 函数	返回其参数的平均值
AVERAGEA 函数	返回其参数的平均值，包括数字、文本和逻辑值
AVERAGEIF 函数	返回区域中满足给定条件的所有单元格的平均值（算术平均值）
AVERAGEIFS 函数	返回满足多个条件的所有单元格的平均值（算术平均值）
BETA.DIST 函数	返回 Beta 累积分布函数
BETA.INV 函数	返回指定 Beta 分布的累积分布函数的反函数
BINOM.DIST 函数	返回二项式分布的概率值
BINOM.INV 函数	返回使累积二项式分布小于或等于临界值的最小值
CHISQ.DIST 函数	返回累积 Beta 概率密度函数
CHISQ.DIST.RT 函数	返回 χ2 分布的单尾概率
CHISQ.INV 函数	返回累积 Beta 概率密度函数
CHISQ.INV.RT 函数	返回 χ2 分布的单尾概率的反函数
CHISQ.TEST 函数	返回独立性检验值
CONFIDENCE.NORM 函数	返回总体平均值的置信区间
CONFIDENCE.T 函数	返回总体平均值的置信区间（使用学生的 t 分布）
CORREL 函数	返回两个数据集之间的相关系数
COUNT 函数	计算参数列表中数字的个数
COUNTA 函数	计算参数列表中值的个数
COUNTBLANK 函数	计算区域内空白单元格的数量
COUNTIF 函数	计算区域内符合给定条件的单元格的数量

续表

函数	说明
COUNTIFS 函数	计算区域内符合多个条件的单元格的数量
COVARIANCE.P 函数	返回协方差（成对偏差乘积的平均值）
COVARIANCE.S 函数	返回样本协方差，即两个数据集中每对数据点的偏差乘积的平均值
DEVSQ 函数	返回偏差的平方和
EXPON.DIST 函数	返回指数分布
F.DIST 函数	返回 F 概率分布
F.DIST.RT 函数	返回 F 概率分布
F.INV 函数	返回 F 概率分布的反函数
F.INV.RT 函数	返回 F 概率分布的反函数
F.TEST 函数	返回 F 检验的结果
FISHER 函数	返回 Fisher 变换值
FISHERINV 函数	返回 Fisher 变换值的反函数
FORECAST 函数	返回沿线性趋势的值
FREQUENCY 函数	以垂直数组的形式返回频率分布
GAMMA.DIST 函数	返回 γ 分布
GAMMA.INV 函数	返回 γ 累积分布函数的反函数
GAMMALN 函数	返回 γ 函数的自然对数，Γ（x）
GAMMALN.PRECISE 函数	返回 γ 函数的自然对数，Γ（x）
GEOMEAN 函数	返回几何平均值
GROWTH 函数	返回沿指数趋势的值
HARMEAN 函数	返回调和平均值
HYPGEOM.DIST 函数	返回超几何分布
INTERCEPT 函数	返回线性回归线的截距
KURT 函数	返回数据集的峰值
LARGE 函数	返回数据集中第 k 个最大值
LINEST 函数	返回线性趋势的参数
LOGEST 函数	返回指数趋势的参数
LOGNORM.DIST 函数	返回对数累积分布函数

续表

函 数	说 明
LOGNORM.INV 函数	返回对数累积分布的反函数
MAX 函数	返回参数列表中的最大值
MAXA 函数	返回参数列表中的最大值，包括数字、文本和逻辑值
MEDIAN 函数	返回给定数值集合的中值
MIN 函数	返回参数列表中的最小值
MINA 函数	返回参数列表中的最小值，包括数字、文本和逻辑值
MODE.MULT 函数	返回一组数据或数据区域中出现频率最高或重复出现的数值的垂直数组
MODE.SNGL 函数	返回在数据集内出现次数最多的值
NEGBINOM.DIST 函数	返回负二项式分布
NORM.DIST 函数	返回正态累积分布
NORM.INV 函数	返回标准正态累积分布的反函数
NORM.S.DIST 函数	返回标准正态累积分布
NORM.S.INV 函数	返回标准正态累积分布函数的反函数
PEARSON 函数	返回 Pearson 乘积矩相关系数
PERCENTILE.EXC 函数	返回区域中数值的第 k 个百分点的值，其中 k 为 0 到 1 之间的值，不含 0 和 1
PERCENTILE.INC 函数	返回区域中数值的第 k 个百分点的值
PERCENTRANK.EXC 函数	将某个数值在数据集中的排位作为数据集的百分点值返回，此处的百分点值的范围为 0 到 1（不含 0 和 1）
PERCENTRANK.INC 函数	返回数据集中值的百分比排位
PERMUT 函数	返回给定数目对象的排列数
POISSON.DIST 函数	返回泊松分布
PROB 函数	返回区域中的数值落在指定区间内的概率
QUARTILE.EXC 函数	基于百分点值返回数据集的四分位，此处的百分点值的范围为 0 到 1（不含 0 和 1）
QUARTILE.INC 函数	返回一组数据的四分位点
RANK.AVG 函数	返回一列数字的数字排位
RANK.EQ 函数	返回一列数字的数字排位

续表

函 数	说 明
RSQ 函数	返回 Pearson 乘积矩相关系数的平方
SKEW 函数	返回分布的不对称度
SLOPE 函数	返回线性回归线的斜率
SMALL 函数	返回数据集中的第 k 个最小值
STANDARDIZE 函数	返回正态化数值
STDEV.P 函数	基于整个样本总体计算标准偏差
STDEV.S 函数	基于样本估算标准偏差
STDEVA 函数	基于样本（包括数字、文本和逻辑值）估算标准偏差
STDEVPA 函数	基于总体（包括数字、文本和逻辑值）计算标准偏差
STEYX 函数	返回通过线性回归法预测每个 x 的 y 值时所产生的标准误差
T.DIST 函数	返回学生的 t 分布的百分点（概率）
T.DIST.2T 函数	返回学生的 t 分布的百分点（概率）
T.DIST.RT 函数	返回学生的 t 分布
T.INV 函数	返回作为概率和自由度函数的学生 t 分布的 t 值
T.INV.2T 函数	返回学生的 t 分布的反函数
TREND 函数	返回沿线性趋势的值
TRIMMEAN 函数	返回数据集的内部平均值
T.TEST 函数	返回与学生的 t 检验相关的概率
VAR.P 函数	计算基于样本总体的方差
VAR.S 函数	基于样本估算方差
VARA 函数	基于样本（包括数字、文本和逻辑值）估算方差
VARPA 函数	计算基于总体（包括数字、文本和逻辑值）的标准偏差
WEIBULL.DIST 函数	返回 Weibull 分布
Z.TEST 函数	返回 z 检验的单尾概率值

主要参考文献及网站

［1］李洁明．统计学原理［M］．上海：复旦大学出版社，2017.

［2］廖颖杰．统计学［M］．北京：人民邮电出版社，2019.

［3］宫春子．统计学原理［M］．北京：机械工业出版社，2017.

［4］向荣美．统计学［M］．北京：机械工业出版社，2013.

［5］向荣美，王青华．统计学导论［M］．成都：西南财经大学出版社，2015.

［6］贾俊平．统计学［M］．北京：中国人民大学出版社，2018.

［7］李金昌．统计学［M］．北京：机械工业出版社，2014.

［8］马丽平，张玉春．统计学原理［M］．北京：电子工业出版社，2018.

［9］李丽清，管仕平．统计学原理及应用［M］．武汉：华中科技大学出版社，2019.

［10］杨灿．国民经济统计学［M］．北京：中国统计出版社，2008.

［11］朱胜．统计学原理［M］．北京：中国统计出版社，2009.

［12］万哨凯．新编统计学［M］．北京：北京理工大学出版社，2009.

［13］宋延山．应用统计学［M］．成都：西南财经大学出版社，2007.

［14］张泽滨．统计学［M］．北京：电子工业出版社，2011.

［15］王云峰．统计学原理——理论与方法［M］．上海：复旦大学出版社，2010.

［16］莱文．以Excel为决策工具的商务统计［M］．张建同，译．北京：机械工业出版社，2003.

［17］中华人民共和国国家统计局网站，http：//www.stats.gov.cn/.

［18］东北财经大学统计学院网站，http：//stat.dufe.edu.cn/.

［19］中国人民大学统计学院网站，http：//stat.ruc.edu.cn/.